経済理論・応用・実証分析の新展開

松本 昭夫　編著

中央大学経済研究所
研究叢書 72

中 央 大 学 出 版 部

はしがき

1. 非線形経済理論研究部会活動

本書は，2014年4月から2017年3月まで組織された非線形経済理論研究部会のメンバーによる研究成果の一部をまとめたものである。この部会は1996年4月に発足した非線形経済理論研究会を発展させたもので，研究会は当時隆盛を極めていたカオス，ソリトン，フラクタルというような概念が中心的な役割を果たしていた非線形動学理論を経済動学分析に応用し，伝統的な経済動学理論を進展させ，さらに新たな地平の開拓を目指すものであった。爾来経済研究所の公開研究会等を通じて多くのそして様々な分野の研究者と交流を重ねて経済動学理論の発展に寄与すべく研鑽を続けてきた。2014年4月からは部会として主に二つの研究活動を行ってきた。一つは，従来からの継続として，研究会やセミナーなどを通じた経常的な研究活動，もう一つは，各年度末に湘南国際村のIPC国際交流センターに集まり，1年間の研究成果を発表するイベント的な研究究活動である。前者の活動の成果は中央大学経済研究所年報，経済学論纂（中央大学），*Journal of Economic Dynamics and Control*, *Metroeconomica*, *Frontiers in Applied Mathematics and Statistics*, *International Journal of Economic Behavior and Organization* などの専門雑誌などを通じて公表しているが，後者についてはなかなか公表する機会がないので，以下部会が継続していた期間内で開催された3回の年度末研究会のプログラムを掲載して，その研究活動の一部を公表する。この年度末研究会は，部会のメンバーはもちろんのこと，外部の専門家をお招きし，その時々の「ホット・トピックス」を紹介していただき，フロンティアでの研究成果に対して自由闊達な議論を行う機会を提供してもらう場でもあった。今回3年間の研究活動をまとめるに際して，年度末研究会に参加しているメンバー以外の専門家にも投稿を依頼した。叢書の執筆は原部会のメンバーに限るという原則は尊重しつつも，2017 年 3 月の研究会のセッションのいくつかを経済研究所の非公開研究会として設定し，そこで研究報告をすることで，研究部会との関係性を整えた。経済研究所の出版委員会および研究部会において特例として部会メンバー以外の投稿を承認いただき，研究所長および委員会の委員諸氏による寛大なる処置に衷心よりより感謝申し上げる。

第 1 回の年度末研究会は，2015 年 3 月 6 日 12 時～ 3 月 8 日 13 時の日程で IPC 生産性国際交流センターにおいて開催され，23 名が参加した。

Afternoon Session I: 3 月 6 日 13:00–16:40
司会　松本　昭夫（中央大学）

13:00–13:50　Determinacy of equilibrium in a new Keynesian model with monetary policy lag
都築　栄司（千葉経済大学）

13:50–14:40　Fixed investment, liquidity constraint and monetary policy: evidence from Japanese manufacturing firm panel data
増田　公一（中央大学）

15:00–15:50　An interaction-based model: lumpy investment and uncertainty
荒田　禎之（東京大学）

15:50–16:40　The balanced budget multiplier and labor intensity in home production
吉田　雅敏（龍谷大学），Stephen J. Turnbull（筑波大学）

Morning Session I: 3 月 7 日　8:20–12:00
司会　福住　多一（筑波大学）

8:20–9:10　日本のマクロデータに依存するリミット・サイクルの実証分析
西垣泰幸（龍谷大学）・佐竹光彦（同志社大学）

9:10–10:00　When no.2 just might be good enough: open source and software industry growth
Stephen J. Turnbull（筑波大学）

10:20–11:10　Endogenous demand creation and economic growth
村上　弘毅（東京大学）

11:10–12:00　アムラムシの最適兵隊率：独占と寡占のモデル
青木重幸（立正大学）・黒須詩子（中央大学）

Afternoon Session II: 3 月 7 日 13:00–14:40

司会　浅田　統一郎（中央大学）

13:00–13:50　An index of complementarity/substitutability in discrete choices

鳥居　昭夫（中央大学）

13:50–14:40　専門家のためのピケティ入門

髙橋　青天（明治学院大学）

15:00–15:50　Equally efficient competitor and case of Deutcch Telecom: Economic Perspective

川島　康男（中央大学）

15:50–16:40　Identifying an interregional input-output framework by means of average propagation lengths: a case study for Tohoku region

野崎　道哉（弘前大学）

Morning Session II: 3 月 8 日 8:30–12:00

司会　黒須　詩子（中央大学）

8:30–9:00　OCA 理論の再構築

中尾　将人（中央大学）

9:10–10:00　Education and Resource Allocation

中山　惠子（中京大学）

10:00–10:50　Hybrid new Keynesian Philips curve and inflation expectation in Japan

中平　千彦（諏訪東京理科大）

11:00–12:00　正則葉層構造上の距離関数の臨界点の集合の性質

伊藤　敏和（龍谷大学）

第 2 回年度末研究会は，2016 年 3 月 4 日 12 時～3 月 6 日 13 時の日程で IPC 生産性国際交流センターにおいて開催され，20 名が参加した。

Afternoon Session I: 3 月 4 日 13:00–16:40

司会　浅田　統一郎（中央大学）

13:00–13:50　The gender difference in the burden of having children: evidences from life satisfaction data

松浦　司（中央大学）

13:50–14:40　消費者の選考の異質性と貿易利益：両資源財消費の場合

小川　健（専修大学）

15:00–15:50 Equally efficient competition test as selection mechanisum when costs differ in firms
川島　康男（中央大学）

15:50–16:40 言語進化ゲームにおける中立的安定戦略の均衡選択
福住　多一（筑波大学）

Morning Session I: 3 月 5 日　8:20–12:00
司会　平井　秀明（西南学院大学）

8:20–9:10 Wealth inequality or r-g in the economic growth
平口　良二（千葉大学）

9:10–10:00 Corporation investment, liquidity constraint, and asset price bubbles in Japan in late 1980s
増田　公一（中央大学）

10:20–11:10 Unbalanced growth in a neoclassical two-sector optimal growth
髙橋　青天（明治学院大学）

11:10–12:00 取引費用を考慮した貨幣経済における動学的性質
吉田　博之（日本大学）

Afternoon Session II: 3 月 5 日 13:00–16:40
司会　中山　恵子（中京大学）

13:00–3:50 Imperfect competition, home production and optimal provision of public good
Steve J. Turnbull（筑波大学）

13:50–14:40 Yardstick competition and tax competition-intergovernmental relations and efficiency of public goods
西垣　泰幸（龍谷大学）

15:00–15:50 Federal and state public education expenditures, human capital accumulation and vertical fiscal transfers
加藤　愁弥（龍谷大学）

15:50–16:40 Love affair dynamics with one delay in losing memory or gaining affection.
松本　昭夫（中央大学）

Morning Session II: 3 月 6 日 8:20–12:00
司会　荒田　禎之（産業研究所）

8:20–9:10 Firm growth by product innovation in the presence of product life cycle
村上　弘毅（東京大学）

9:10–10:00　An empirical investigation of tourism demand and seasonality in Japanese remote islands: a panel data analysis
中平　千彦（諏訪東京理科大学）

10:20–11:10　大垣市産業連関表の作成と地域経済分析
野崎　道哉（岐阜経済大学）

11:10–12:00　変動相場制下の2国マンデル・フレミングモデルにおける財政金融政策の効果：不完全資本移動の場合
浅田　統一郎（中央大学）

第3回年度末研究会は，2017年3月12日12時～3月14日13時の日程でIPC生産性国際交流センターにおいて開催され，19名が参加した。

Afternoon Session I: 3月12日 13:00–17:40
司会　松本　昭夫（中央大学）

13:00–14:00　Consumer heterogeneity and gain from trade in renewable resource trading
小川　健（専修大学）

14:10–15:10　Equilibrium selection among from neutrally stable equilibria of evolutionary language games
福住　多一（筑波大学）

1530–16:30　Environmental effects of ambient change in Cournot oligopoly
松本　昭夫（中央大学）

16:40–17:40　森林涵養からみた環境保全政策
中山恵子（中京大学）・松本昭夫（中央大学）・白井正敏（中京大学）

Morning Session I: 3月13日　8:40–12:00
司会　西垣　泰幸（龍谷大学）

8:40–9:40　Macroeconomic instability of capital markets union and stability fiscal union in the Euro area
中尾　将人（中央大学）

9:40–10:40　Corporation investment, liquidity constraint, and asset price bubbles: the case of Japan
増田　公一（中央大学）

11:00–12:00　長期均衡における消費外部性による構造変化
髙橋　青天（明治学院大学）

Afternoon Session II: 3 月 13 日 13:00–17:40
司会　浅田　統一郎（中央大学）

13:00–14:00　時系列解析を用いた未来の情報と経済学への応用
小林　幹（立正大学）

14:10–15:10　貨幣政策と景気循環：均衡の不安定性とリミット・サイクルの計量分析
西垣泰幸（龍谷大学）・佐竹光彦（同志社大学）・牧大樹（龍谷大学）

15:30–16:30　Chasing diagrams to equilibrium: a speculative application of category theory of games
Steve J. Turnbull（筑波大学）

16:40–17:40　会計基準の厳格化が報告利益管理におよぼす経済学的効果
平井　秀明（西南学院大学）

Morning Session II: 3 月 14 日 8:20–11:50
司会　Steve Turnbull　（筑波大学）

8:20–9:20　2 部門成長モデルにおけるサービスと製造業
室　和伸（明治学院大学）

9:30–10:30　A two-sector Keyensian model of business cycle
村上　弘毅（日本学術振興会）

10:50–11:50　不等式　r ＞ g は格差拡大の必要条件でも十分条件でもない：ピケティ命題の批判的検討
浅田　統一郎（中央大）

2. 所収論文の要旨

所収論文の紹介を兼ねて概略を見よう。第 I 部は,「経済理論分析の新展開」のもとに理論分析に関する 5 編の論文を集めてある。

第 1 章の浅田統一郎「変動相場制 2 国カルドア型景気循環モデルの動学的特性と比較静学的特性について」の目的は，開放経済におけるケインジアンのマクロ経済動学に関する筆者による一連の数学的研究に基づいて，それをさらに発展させることである。本章では，実質資本ストックが企業の設備投資によって変動するが労働人口の成長や技術進歩を捨象した「中期」のカルドア型景気循環モデルを，不完全資本移動・変動相場制下の2国モデルに拡張する。なお，本章のモデルにおける「国際資本移動」とは，国境を越えた貨幣資本の移動であり，実物資本は国境を越えて移動しないことが想定されている。基本モデルは，2か国の実質国民所得と実質資本ストック，および2国間の通貨の相対価格である為替レートという5つの内生変数から成る5次元の非線形連立微分方程式に集約される。基本モデルが導出された後，このシステムの均衡点の小域的安定性／不安定性が分析され，パラメーのある範囲内において均衡点をめぐる循環的変動が発生することが，数学的に証明される。さらに，各国の財政金融政策が各国の均衡実質国民所得や均衡為替レートに及ぼす影響が，比較静学の手法を用いて分析される。

第2章の大畑勇輔「賃金交渉を考慮した3階級カレツキアン・モデルにおけるマクロ経済分析」は，非正規雇用労働者の賃金シェアの変動が，稼働率と正規雇用労働者の賃金シェアに与える影響について分析を行っている。カレツキアン・モデルに非正規雇用の賃金交渉力を考慮し，2種類の賃金シェアを組み込んだ修正モデルを構築した。その結果，賃金主導型経済では均衡経路の安定性が示された。また，数値シミュレーションにより，正規雇用の賃金シェア維持，稼働率上昇及び非正規雇用の賃金シェア上昇が達成されるのは特定条件の範囲内で，その範囲外では各雇用形態の賃金シェアの挙動が不安定であることが示された。結論として，非正規雇用に賃金交渉を認めるのみでは，稼働率，賃金シェアの上昇は見込めず，動学的安定性は保証されない。

第3章の髙橋青天「長期均衡における消費外部性による構造変化」では，製造財とサービス財を生産する2部門最適成長モデルを考察する。これまでの構造変化を分析する議論では，選好に偏りをもたらす需要要因か生産性の差異に関する供給要因で分析されてきた。ここでは，消費外部性という要因により構造変化の分析を行う点がこれまでの研究とは異なっている。本論文では，代表的個人のストーン＝ゲアリー型効用関数で想定された製造財に関する基礎消費の効用水準に製造財の平均消費量だけでなく，サービス財の効用水準にも正の外部性を与えることを仮定する。この外部性効果により長期均衡である定常状態において，サービス財部門が資本集約的でありかつ生産のパラメータに関する一定の条件の下で，製造財の付加価値生産額がサービス財のそれに凌駕されることを証明する。このことは，移行過程の後，長期均衡である定常状態でサービス財部門が製造財部門を凌駕するという構造変化が生じることを意味している。

第 4 章の室和伸「2 部門成長モデルにおけるサービスと製造業」では，部門成長モデルで製造業とサービス業の構造変化を分析する。1 人当たり資本が間接的に効用を増大させるような非ホモセティック効用関数を仮定し，1 人当たり資本とサービス価格に関する動学分析を行う。本論文では，消費者は，1 人当たり資本の増大が自分の効用を増加させるという消費の外部性を認知しないケースを分析する。サービス業が資本集約的な場合，定常状態の 1 人当たり資本が一定となる軌跡が非線形となり複数均衡が発生する。

第 5 章の村上弘毅「需要飽和および需要創出による経済成長」において，ロジスティック曲線の時間微分を需要関数とみなして需要飽和を表現し，需要飽和の存在下における新製品開発に伴う需要創出の経済成長に与える効果を，研究開発の費用便益の観点から考察した。まず，新製品開発の確率を支配する媒介変数を「新製品の出生率」として定義し，この新製品の出生率の時間流列を研究開発計画として定義した。その上で，期待利潤最大化の観点から最適な研究開発計画，すなわち最適な新製品の出生率を導出した。最後に，最適研究開発計画上の期待売上の成長率を算出した。本稿の分析の結果，最適研究開発計画において，常に一定の新製品の出生率が設定され，期待売上の成長率が新製品の出生率に収束することが判明した。

第 II 部は，「経済応用分析の新展開」のもとに応用分析が主たる論文を 6 編集めた。そのうち最後の 2 編は英語論文である。

第 6 章の田村威文「利益操作を行う際の考慮要因――「他社との関係」と「他期間との関係」」では，企業が利益操作を行う際に考慮する要因というテーマをとりあげる。企業は「他社との関係」あるいは「他期間との関係」を意識して，利益操作を行ったり，行わなかったりするが，その点について，シグナリング・ゲームの基本的な考え方を用いて検討する。企業が「他企業の状況」を意識して行動するということは，会計以外の分野でも，いくらでも見られる現象である。ただ，会計においては「一致の原則」があるので，「他期間の状況」を考慮するという点が特に重要になる。一致の原則とは，長期的に「利益の合計」と「営業キャッシュフローの合計」が等しくなることを意味するが，そのことにより，企業がある期に利益増加型の会計操作を行うと，他の期には会計利益が減少する。本章では 2 期間モデルにおいて，財務制限条項の存在によって 2 期利益を一定額以上にする必要がある場合，2 期だけでなく，企業の 1 期の利益操作行為にも影響が生じることを，単純な数値例によって示している。

第 7 章の中山惠子・白井正敏・松本昭夫「森林涵養からみた環境保全政策」の要旨は以下である。かつて森林資源は，CO_2 を吸収し，酸素を供給することで地球環境の浄化に多大な役割を担っていた。しかし，地球規模の経済成長は，森林資源を枯渇させ，さらなる環境汚染の悪化をもたらした。森林の機能は，CO_2 削減のみならず，土壌が降水を貯留し，河川に流れ込む水量を平準化して洪水を防止するとともに河川の流量を安定させる機能や水質浄化，土砂の流失の防止など多岐にわたる。しかし，森林ストックは公共財的性格を持つので個人は通常，森林涵養への関心は希薄であり，森林を保全する林業も衰退の一途を辿っている。すでに民間での森林事業による環境維持や環境保全は不可能な段階に達しているため，持続可能な経済成長の実現に向けて，政府には適切な環境保全政策の立案が求められている。中でも，森林保全が喫緊の政策的課題であることはいうまでもない。本来，森林涵養にかかる費用は特定の財源に拠る必要はない。そこで，本章では，森林涵養の財源を現在のような人頭税形式の森林環境税ではなく，他の税で賄う可能性を考察することとした。具体的には，定常成長経済において，ある世代が次世代のための資本形成と環境保全森林涵養投資計画を策定し，その費用を所得税，もしくは消費税に求める森林涵養投資政策が効率性を達成し得るかを検討する。本章では，二世代重複モデルを用いて，森林保全のための森林涵養費用を親世代に課す税で賄う森林保全政策の有効性を検討した。具体的には，環境保全費用を親世代への所得税，消費税で調達する場合の社会的最適性を考察し，所得税による場合には社会的最適を達成するが，消費税の場合には達成し得ないとの結論を得た。消費税による資金調達の場合には，実現される所得水準は社会的最適状態において達成される水準より低く，定常状態での汚染水準も社会的最適水準より低い水準に留まることが示された。さらに付論では，森林資源を投入して消費財を生産する経済へと設定を変更し，社会的最適性を検討したが，所得税に依拠する森林保全政策も最適性を達成できないことを示した。

第 8 章の平井秀明「会計基準の厳格化が報告利益管理に及ぼす経済的影響：解題」では，財務会計研究者が最も高い関心を示す研究領域の一つである経営者による会計情報利益の調整，すなわち「報告利益管理（earnings management)」に焦点を合わせ，当該領域における重要な理論研究であり 2005 年に *The Accounting Review* に掲載された，R. Ewert と A. Wagenhofer による“Economic effects of tightening accounting standards to restrict earnings management（会計基準の厳格化が報告利益管理に及ぼす経済的影響)”に関して，そのロジックの理解に努めながらモデルの展開を丹念に跡づける。彼らの研究は，合理的期待均衡モデルに基づき，経営者による報告利益管理における会計的裁量行動と実体的裁量行動の双方の重要な特質を踏まえている。その上で，会計基準の厳格化が企業価値を毀損させるような実体的裁量行動を誘発させることも示しており，研究者だけではなく基準設定者や実務家にも示唆に富む研究と考えられる。

第 9 章の福住多一「プレイヤー間のネットワーク形成を伴う言語のゲーム」は，シグナリング・ゲームの一つである言語ゲームの拡張モデルを提示する。言語ゲームでは各自然状態とそれを表現するメッセージが事前には定まっていない。そこで既存の分析では，多人数のプレイヤー集団のランダム・マッチング下での適応動学の定常点として出現する均衡に焦点を当てる。この設定の定常点に関心を寄せるため，集団に複数の言語が定着する場合を往々にして，安定的な混合戦略という形で表現することになる。本章はランダム・マッチングを想定せず，集団内の誰と言語ゲームをプレイするかを各プレイヤーの意思決定に含めるモデルを提示する。2人のプレイヤーが言語ゲームをプレイするには，少なくとも一方のプレイヤーが相手とリンクを張り，その費用を負担する必要があると想定する。下記の本稿の分析結果が示唆するように，言語ゲームのプレイヤー間にリンク形成の意思決定と費用を導入すると，集団内の言語の多様性とそれを支える集団内のネットワーク構造を，包括的かつ明示的に均衡として描くことができる。まずプレイヤー数3，自然状態数2，メッセージ数2の場合を考察する。リンク費用が高いとき，シグナリング・ゲームの分離均衡に対応する完全なコミュニケーションが，すべてのプレイヤー間で成立する均衡，もしくは，中継プレイヤーが存在して残りの2人がコミュニケーションを達成するという均衡のみが存在する。リンク費用が低下すると，一括均衡に相当する曖昧なコミュニケーションがすべてのプレイヤー間で成立する均衡も存在し得ることが示される。続いて自然状態数3，メッセージ数3の言語のゲームの戦略のうち標準的進化ゲームで進化的安定戦略となる言語，および中立安定戦略となる言語のいずれかをプレイヤーが選択できる多人数プレイヤーから成る集団を想定する。前者は分離均衡，後者はプレイヤー間の曖昧なコミュニケーションが成立する混成均衡（hybrid equilibrium）である。プレイヤー人数が十分大きく，リンク費用が一定の範囲にあれば，各言語を用いる集団にプレイヤー集団が分割され，各集団内で完備ネットワークが形成されるという複数言語の分離併存均衡があることが示される。

第10章の小川健「Consumer Heterogeneity and Gains from Trade in Renewable Resource Trading: No Management Case」では，再生可能資源の貿易を念頭に，産地・水域の違いが与える重要性を取り上げる。国際貿易の理論と漁業経済の知見をうまく統合することに成功したBrander and Taylor（1998, JIE）では，資源財輸出国が輸出用に資源を食い潰すことで，十分な所得の増加が見込めない範囲では貿易で損をすることなどが示唆されていた。しかし，技術的に克服可能な工業品と異なり，水産物や天然森林資源などの再生可能資源財はその産地・水域の違いが克服できるものではなく，消費者に与える影響が多くみられる。国が違えば獲れる魚種等も違う可能性もあれば，気候などで木材の品質が異なる場合もある。獲り方やその後の品質管理の方法などでも差は拭いきれない。他にも，地産地消傾向のような内国産に重きを置く場合や舶来品への憧れのように異国産に重きを置く場合など，各国内でも消費者の資源財への位置付けは大きく異なる。さらに，日ロの水産加工品を例にとれば，中国大陸の食品における日本の一部消費者の不安や，原発への風評被害などで日本産における中国大陸の一部消費者の不安など，産地での違いは数多くみられる。こうした産地・水域による消費者としての財の位置づけが異なる場合，特に資源財純輸出国にも輸入資源財を強く欲しがる人がいる例を中心に本章では分析を進めた。その結果，資源財純輸出国でも輸入資源財を強く欲しがる人は，資源財純輸入国における開国での資源量回復の恩恵を受けられるので，貿易で恩恵を受けられることが示された。しかし，これは資源財純輸出国で内国産資源財に強く拘る人の貿易利益を意味しない。

第 11 章の野中康生「Dynamic Approach to Japanese New Graduates Job Market with Noisy Signaling」は，日本の大学新卒者の労働市場における早期離職率の問題を学生のシグナリング行動を踏まえた動学モデルによって分析している。日本の新卒者の採用において，企業側は学生の大学における実際の活動状況を直接観測できないため，学生のシグナリング行動は不完全となり，これが新卒者の早期離職につながる。本章では，この不完全なシグナリング行動を伴う労働市場において，企業が新卒者の離職率に関する期待値に対して最適な採用水準を選ぶ状況を想定する。分析ではまず，シグナリングを行う学生の比率が固定的なケースにおいて，採用水準の調整過程の安定性を数値実験により検証した。そして，シグナリングの比率が低い状況で，調整過程が不安定化することを確認した。次に，一定のルールの下で学生がシグナリング行うかどうかを判断する状況を想定した。この時，学生がシグナリングの成功確率に対して固定的な信念を持つ場合，企業の採用水準の調整過程は安定化し，シグナリングを行う学生の比率の上昇と，早期離職率の低下が実現することを示した。

第Ⅲ部は，「経済実証分析の新展開」のもとに実証分析が主たる論文を2編集めた。そのうち1編は英語論文である。

第12章の西垣泰幸・佐竹光彦・牧大樹「貨幣と景気循環――均衡の不決定性とリミットサイクルの計量分析」では，貨幣的経済成長モデルを用いて，経済の実物的側面と貨幣的側面の相互作用がもたらす経済成長，景気循環と均衡の不決定性の分析を行い，理論的研究に加えて日本の時系列データを用いたリミットサイクルの実証分析を行った。まず，Tobin=Uzawaタイプのモデルを発展させた貨幣的経済成長モデルを構築し，均衡点の近傍における動学的な性質を検討した。その結果，均衡が渦状収束点やリミットサイクルとして示されることを明らかにした。続いて，日本のマクロ時系列データを用いて，リミットサイクルの実証分析を行った。資本ストックと貨幣供給量の時系列データに対して，まず，因果性検定により双方向の因果関係の存在を確認したうえで，リミットサイクルの検証を行った。その結果，4局面のTARモデルが採択され，資本ストックマネーストックの間にリミットサイクルが存在する可能性が示唆された。さらに，リミットサイクルの存在を可視化するために，資本ストックの予測値とマネーストックの散布図を，景気循環期に基づいていくつかの時期に分けて描き，時期によってその形状は異なるものの，循環を描いていることを確認した。

第13章の中平千彦・藪田雅弘「Trade Union Behavior and Wage Formation in Japan: Theoretical and Empirical Perspectives」は，日本のマクロ経済パフォーマンスと企業と労働組合間の交渉モデルを活用した動態分析を行うこと，ならびに，賃金形成過程に関する労働組合行動の関係について実証研究を行うことを目的としている。日本経済の停滞の中で，労働組合の賃金や雇用の影響は軽微であったが，賃金や雇用に及ぼす労働組合の影響が見直されている（外舘(2009）ならびにBooth（2014)）。他方，今日の日本政府のマクロ経済政策の枠組みには，価格と賃金の期待される役割が含まれる。この意味では，労働組合が賃金を決定する効果は調査する価値がある。まず，独占的労働組合モデルの下で，賃金と雇用に関する交渉プロセスのダイナミックなシステムを分析する。失業を資本不足による失業と需要不足による失業の2つに分類し，賃金交渉の結果，短期的に雇用と賃金（または能力稼働率）の関係がどのように生じるかを分析し，(1)経済の安定性は労働組合の交渉力に依存すること，(2)バランスのとれた成長経路経済の不安定さを引き起こす主な要因とみなされるハロッド型投資関数を持っていても，労働組合の独占力が十分に弱いところで発生する可能性があることが示される。次に，賃金交渉の構造が経済の安定に及ぼす影響に関する分析については，賃金交渉構造がマクロ経済パフォーマンスにどのような影響を与えるかを実証的に研究する試みが数多くなされている。本章では，「経営権（right-to-manage）」モデルを活用した実証研究を行った。OLSとGMMによる製造業の賃金方程式の推定では，近年の日本の労働組合の行動は「経営権」モデルのプロトタイプである独占的組合モデルによってある程度解釈可能であるものの，必ずしも日本経済の賃金決定構造の構造変化と強硬な交渉プロセスへの手がかりを明確に見出すことはできなかった。

本書の刊行に際しては，中央大学経済研究所から「知のパトロン」として寛大な援助をいただいたことにまず感謝申し上げる。さらに日本学術振興会科学研究費補助金（基盤研究（C）25380238，26380316，16K03556），文部科学省私立大学戦略基盤形成支援事業および中央大学共同研究費からの援助にも感謝したい。また，中央大学経済研究所の宮岡朋子氏には懇切丁寧なスケジュール管理を行なっていただいた。中央大学出版部の髙橋和子氏には限られた時間の中で締切りに遅れがちな執筆者の編集作業を迅速に行なっていただいた。両氏の継続的な激励と笑顔に支えられながらようやくと刊行にたどり着けた。末尾になるが両氏には心よりお礼を申し上げる。

2017年5月1日

非線形経済理論研究部会

主査　松本昭夫

目　　次

第Ⅰ部
経済理論分析の新展開

第 1 章

変動相場制2国カルドア型景気循環モデルの動学的特性と比較静学的特性について

浅 田 統一郎

1. は じ め に

本章の目的は，開放経済におけるケインジアンのマクロ経済動学に関する筆者による一連の数学的研究（Asada1995，Asada2004，浅田 2016b）に基づいて，それをさらに発展させ，経済学的に意味のある結論を導出することである。

Asada（1995）では，実質資本ストックが企業の設備投資によって変動する「中期」のカルドア型の非線形景気循環モデルを不完全資本移動の小国開放経済に拡張し，固定相場制と変動相場制の双方のケースについて，数学的解析と数値シミュレーションを併用して分析している[1)]。Asada（2004）は，同様のモデルを不完全資本移動・固定相場制下の2国動学モデルに拡張している。Asada（1995）では，3次元（3変数），Asada（2004）では，5次元（5変数）の非線形微分方程式システムによってモデルが定式化されている。浅田（2016b）

1) Medveďová(2011) および Asada, Kalantonis, Markellos, and Markellos(2012) は，Asada（1995）のモデルに依拠して，より精緻な数学的分析を行っている。カルドア型景気循環モデルは，Kaldor（1940）の古典的な論文にその起源がある。このモデルは，Keynes（1936）に由来する労働の不完全雇用と資本ストックの不完全稼働によって特徴づけられるケインジアンのビジョンを体現した動学モデルの典型例である。

は，不完全資本移動・変動相場制下の2国動学モデルであるが，たとえ企業による設備投資需要が存在しても各国の実質資本ストックが固定されている，ケインズ的な意味での「短期」の変動相場制下の2国モデルであり，3次元の非線形微分方程式システムによって定式化されている。

本章では，浅田（2016b）のケインズ的な不完全資本移動・変動相場制下の2国「短期」動学モデルを，実質資本ストックが企業の設備投資によって変動する「中期」における不完全資本移動・変動相場制下のカルドア型2国動学モデルに拡張する。本章のモデルは，固定相場制の2国動学モデルを扱った Asada（2004）と同様に，5次元の非線形微分方程式システムによって定式化されている。ここで「中期」という言葉を用いたのは，本稿のモデルにおいては「長期」モデルに特有の労働人口の成長や技術進歩が捨象されているからである。

本章の構成は，以下のとおりである。まず第2節では，基本モデルが定式化され，モデルを構成する各方程式が説明される。第3節では，24本の方程式システムから成る第2節のモデルを，2か国の実質国民所得と実質資本ストック，および2国間の通貨の相対価格である為替レートという5つの内生変数から成る5次元の非線形連立微分方程式に集約する。第4節では，第3節で導出されたモデルの均衡解の性質が分析される。第5節では，このモデルの均衡点の小域的安定性 / 不安定性が数学的に分析される。第6節では，パラメーターのある範囲内において均衡点をめぐる循環的変動が発生することが，数学的に証明される。第7節では，各国の財政金融政策が各国の均衡実質国民所得や均衡為替レートに及ぼす影響を，比較静学の手法を用いて分析する。第8節では，本章の分析の限界と将来への課題が述べられる。若干複雑な数学的証明は，付録で行われている。

ところで，均衡点の小域的安定性に関する第5節で重要な役割を演ずるパラメーターは，各国における財市場の不均衡調整速度である。第5節では，それらのパラメーターの値が比較的小さければ均衡点は小域的に安定になり，それらの値が比較的大きければ均衡点は小域的に不安定になることが，一定の仮定のもとで証明されている。本章の非線形動学モデルでは，均衡点が小域的に不安定になる場合でも解の経路が無限に発散するとは限らず，均衡点をめぐる循環的な変動が発生する場合がある。財市場の調整パラメーターはシステムの均衡解に影響を及ぼさないので，第7節の比較静学の結果は，必ずしも均衡点の小域的安定性を仮定しなくても成立する。システムの解経路が均衡点をめぐる循環的変動を発生させる場合には，均衡点に影響を及ぼす財政金融政策によって，変動の重心を動かすことができる。この意味で，第7節の比較静学の結果は，均衡点が小域的に不安定な場合でも決して無意味にはならないのである。

2. 基本モデルの定式化

Asada（2004）では，不完全資本移動・固定相場制下の2国カルドア型景気循環モデルが定式化されているが，それらの定式化のうち，変動相場制モデルでも有効な方程式体系を列挙すれば，以下のようになる。ただし，以下の定式化において，サブスクリプト i は，国を表す指標である（$i=1,2$）。

第 i 国の財市場における不均衡調整過程

$$\dot{Y}_i=\alpha_i[C_i+I_i+G_i+J_i-Y_i]\,;\alpha_i>0 \tag{1}$$

第 i 国の資本蓄積方程式

$$\dot{K}_i=I_i \tag{2}$$

第 i 国の消費関数

$$C_i=c_i(Y_i-T_i)+C_{0i};\,0<c_i<1,\,C_{0i}\geqq 0 \tag{3}$$

第 i 国の投資関数

$$I_i=I_i(Y_i,K_i,r_i)\,;I^i_{Yi}\equiv\partial I_i/\partial Y_i>0,\,I^i_{Ki}\equiv\partial I_i/\partial K_i<0,\,I^i_{ri}\equiv\partial I_i/\,\partial r_i<0 \tag{4}$$

第 i 国の租税関数

$$T_i=\tau_iY_i-C_{0i}\,;0<\tau_i<1,\,\mathrm{C}_{0i}\geqq 0 \tag{5}$$

第 i 国の貨幣市場の均衡条件

$$M_i / p_i = L_i(Y_i, r_i)\ ;\ L^i_{Yi} \equiv \partial L_i/\partial Y_i > 0,\ L^i_{ri} \equiv \partial L_i/\partial r_i < 0 \tag{6}$$

第 1 国の経常収支関数

$$J_1 = J_1(Y_1, Y_2, E)\ ;\ J^1_{Y1} \equiv \partial J_1/\partial Y_1 < 0,\ J^1_{Y2} \equiv \partial J_1/\partial Y_2 > 0,\ J^1_E \equiv \partial J_1/\partial E > 0 \tag{7}$$

第 1 国の資本収支関数

$$Q_1 = \beta\,\{r_1 - r_2 - (E^e - E)/E\}\ ;\ \beta > 0 \tag{8}$$

第 1 国の総合収支の定義

$$A_1 = J_1 + Q_1 \tag{9}$$

両国の経常収支の関係

$$p_1 J_1 + E p_2 J_2 = 0 \tag{10}$$

両国の資本収支の関係

$$p_1 Q_1 + E p_2 Q_2 = 0 \tag{11}$$

両国の総合収支の関係

$$p_1 A_1 + E p_2 A_2 = 0 \tag{12}$$

固定価格の仮定

$$p_1 = p_2 = 1 \tag{13}$$

ここで，記号の意味は，以下のとおりである。Y_i＝第 i 国の実質純国民所得（総所得から資本減耗を差し引いた値）。C_i＝第 i 国の民間実質消費支出。I_i＝第 i 国の実質純民間投資支出（粗投資から資本減耗を差し引いた値）。G_i＝第 i 国の実質政府支出。J_i＝第 i 国の実質経常収支。K_i＝第 i 国の実質（物的）資本ストック。T_i＝第 i 国の実質所得税。r_i＝第 i 国の名目利子率。M_i＝第 i 国の名目貨幣供給。p_i＝第 i 国の物価水準。E＝（第2国の通貨1単位＝第1国の通貨 E 単位という意味での）為替レート。E^e＝期待為替レート（近い将来の為替レートに関する期待値）。J_i＝第 i 国の実質経常収支。Q_i＝第 i 国の実質資本収支。A_i 第 i 国の実質総合収支。

以上の方程式システムに含まれる諸パラメーターのうちで，以下の分析で重要な役割を果たすパラメーターを2種類挙げておく。

α_i＝第 i 国の財市場の不均衡調整速度を表すパラメーター。すなわち，α_i が大きければ大きいほど，財市場の調整速度が速い。β＝国際資本移動の流動性を表すパラメーター。すなわち，β が大きければ大きいほど，国際資本移動の流動性が高い[2)]。

以下で，方程式（1）－（13）のうちの一部について，若干の注釈を述べることにしよう。(1)式は，財市場における超過需要に応じて実質国民所得（実質生産量）が変動するという財市場における不均衡の「数量調整過程」を表している。(2)式は，民間企業の実質純投資支出が実質（物的）資本ストックの変化に寄与するということを意味している。これら2つの動学方程式が，閉鎖経済を仮定する Kaldor（1940）のオリジナルな景気循環モデルの基本方程式を構成する[3)]。本章の2国モデルでは，2国間の財の取引は，両国の経常収支関数を通じて表現されている。(4)式は，I_i が Y_i の増加関数かつ K_i の減少関数であるという Kaldor（1940）の投資関数と I_i が r_i の減少関数であるという Keynes（1936）の投資関数の双方の性質を持つ投資関数である。(6)式の右辺は，Keynes（1936）によって導入された貨幣需要関数である。

(7)式の導出については，浅田（2016b）194ページを参照されたい。そこで

---

2)　$\beta\to\infty$ となる極限のケースでは，$r_1=r_2+(E^e-E)/E$ となるが，この極限のケースのモデルこそが，「完全資本移動」のモデルに他ならない。本章では，β が有限の値をとる「不完全資本移動」のモデルが考察の対象になっている。

3)　詳細については，浅田（1997）を参照されたい。このモデルは財市場での需給一致を前提としない不均衡モデルであるが，財市場における不均衡は在庫変動によって吸収され，常に需要側が実現すると暗黙に想定されている。

は，為替レートEの変化に対する第1国の輸入の弾力性η^1_{NE}が1より大きければ$J^1_E>0$となることを示している。この条件は，「マーシャル・ラーナーの条件」$\eta^1_{XE}+\eta^1_{NE}>1$が成立するための十分条件でもある。ここで，$\eta^1_{XE}$は，$E$の変化に対する第1国の輸出の弾力性である。

(8)式は，「不完全資本移動のマンデル＝フレミング・モデル」における資本収支関数である。注2で指摘されているように，$\beta\rightarrow\infty$となる極限のケースでは，初級マクロ経済学の教科書によく登場する「完全資本移動のマンデル＝フレミング・モデル」になるが，本章では，より現実的な，βが有限の「不完全資本移動」モデルを考察の対象にする[4)]。(10)－(12) 式は，ある国の経常収支，資本収支，総合収支の黒字（赤字）はそれぞれ他国のそれらの同額の赤字（黒字）に対応しなければならないことを表現している。(13) 式は，固定価格の仮定を表しているが，これは単に，モデルを過度に複雑化することを避ける単純化のための仮定に過ぎない[5)]。

上述の (1)式－(13)式は，事実上20本の独立した方程式システムを構成する。他方，G_i $(i=1,2)$ を外生変数として扱えば，このモデルには，Y_i，K_i，C_i，I_i，T_i，r_i，J_i，Q_i，A_i，p_i，M_i $(i=1,2)$，E，E^eという24個の内生変数が存

4)　マンデル＝フレミング・モデルのオリジナル版については，Fleming（1962）およびMundell（1963, 1968）を参照されたい。これらのオリジナル版では，完全資本移動のケースだけではなく，不完全資本移動のケースも取り上げられている。完全資本移動および不完全資本移動のマンデル＝フレミング・モデルの教科書的説明としては，浅田（2016a），奥村（1985），河合（1994），Asada，Chiarella，Flaschel and Franke（2003），Asada，Flaschel，Mouakil and Proaño（2011），Dornbusch（1980），Frenkel and Razin（1987）を参照されたい。

5)　Chiarella，Flaschel，Groh and Semmler（2000）では，期待で修正したフィリップス曲線およびインフレ期待形成仮説を導入した閉鎖経済のケインジアン動学モデルが展開され，Asada，Chiarella，Flaschel and Franke（2003）では，その可変価格モデルが固定相場制および変動相場制の2国モデルに拡張されている。しかし，そのモデルは，最小限でも10次元（10変数）の非線形微分方程式システムによって記述され，その数学的解析は極めて複雑で困難になる。それに対して，本章の固定価格2国モデルでは，固定相場制の場合も変動相場制の場合も，5次元（5変数）の非線形微分方程式システムに集約することができ，以下で示すように，その数学的解析は簡単ではないが，可能である。

在する。したがって，システムを完結させるためには，4 個の方程式を追加しなければならない。もちろん，固定相場制モデルと変動相場制モデルでは，追加すべき方程式は異なる。

Asada（2004）の固定相場制モデルでは，以下のような 4 つの方程式を追加することによってモデルが閉じられている。

$$E=\bar{E}=\text{定数} \tag{14a}$$

$$E^e=\bar{E}=\text{定数} \tag{15a}$$

$$M_1+EM_2=\bar{M}=\text{定数} \tag{16a}$$

$$\dot{M}_1=p_1A_1 \tag{17a}$$

(14a)式と（15a)式は，為替レートが常に一定値に固定され，したがって期待為替レートも同じ値に固定されるという「固定相場制」の基本的特徴を示している。(16a)式は，両国の名目貨幣供給の合計が一定であるという仮定を示しているが，EU のように超国家的な中央銀行が金融政策を担当する通貨統合システムであれば，この仮定は正当化できる（その場合には，$\bar{E}=1$ となる)。(通貨統合の場合を含む）固定相場制のもとでは，各国の総合収支が均衡する保証はなく，ある国の 総合収支が正か負かに応じて貨幣が国家間を移動する。(17a) 式は，この事実を表現している。

Asada（2004）は，これらの方程式が Y_1，Y_2，K_1，K_2，M_1 を内生変数とする 5 次元の非線形微分方程式システムに集約されることを示し，数学的解析によって以下の命題を証明し，さらにこれらの結果を支持する数値シミュレーションを提示している[6)]。

6)　Maličky and Zimka（2010, 2012）は，このモデルを題材にして，さらに精緻な数学的解析を行っている。Asada（2004）および Maličky and Zimka（2010, 2012）では微分方程式を用いた連続時間モデルが解析的に分析されているが，Asada，Inaba and

(1) パラメーターα_1，α_2，βの増加はシステムの不安定化要因であり，それらの減少はシステムの安定化要因である。

(2) 中間的な値のパラメーターの組合せのもとで，循環的な変動（景気循環）が内生的に発生する。

他方，本章の変動相場制モデルでは，(14a)－(17a)式のかわりに，以下のような4つの方程式を追加することによってモデルを閉じる。

$$A_1 = 0 \tag{14b}$$

$$\dot{E}^e = \gamma(E - E^e)\ ;\ \gamma > 0 \tag{15b}$$

$$M_1 = \bar{M}_1 = \text{定数} \tag{16b}$$

$$M_2 = \bar{M}_2 = \text{定数} \tag{17b}$$

(14b)式は，各国の総合収支が均衡するように為替レートが内生的に決まるという「変動相場制」モデルの基本的な仮定を表している[7)]。(15b)式は，期待為替レートの形成に関する「適応期待仮説」方程式である。(16b)式および(17b)式は，変動相場制のもとでは各国の中央銀行の金融政策の自立性が確保できるので，各国の貨幣供給量がそれぞれの国の中央銀行によって外生的に決められることを意味している。

Misawa（2001）および Asada, Douskos and Markellos（2011）では，同様の固定相場制モデルを差分方程式を用いた離散時間モデルとして定式化し，主として数値シミュレーションによって分析し，特定のパラメーターの組合せのもとではカオス的な変動が発生することを示している。ただし，Asada, Chiarella, Flaschel and Franke（2010）および浅田（2008）が指摘するように，現実の経済変数の動きは連続時間モデルによってより良く近似できるとすれば，非線形の離散時間モデルで発生し易いカオス的変動の現実性については，割り引いて評価すべきであろう。

7)　(12) 式より，$A_1 = 0$ ならば自動的に $A_2 = 0$ となる。

3. 基本動学方程式の導出

次に，(1) − (13)，(14b) − (17b) から成るシステムをよりコンパクトな 5 次元（5 変数）のシステムに還元することにしよう。

(6) 式（LM 方程式）に (13) 式を代入して r_i について解けば，以下の関係を得る。

$$r_i = r_i(Y_i, M_i)\ ;\ r^i_{Yi} \equiv \partial r_i/\partial Y_i = -\,(\underset{(+)}{L^i_{Yi}}/\underset{(-)}{L^i_{ri}}) > 0,\ r^i_{Mi} \equiv \partial r_i/\partial M_i = 1/\underset{(-)}{L^i_{ri}} < 0 \tag{18}$$

(7) 式 − (9) 式および (18) 式を (14b) 式に代入すれば，以下の式を得る。

$$A_1 = J_1(Y_1, Y_2, E) + \beta\,\{r_1(Y_1, M_1) - r_2(Y_2, M_2) - E^e/E + 1\} = 0 \tag{19}$$

この式は，総合収支が均衡するように為替レート E が内生的に決まるという，変動相場制の基本原理を表している。浅田 (2016b) 195 ページでは，(19) 式が成立する根拠を以下のように説明している。「超短期」においては為替レート E のみが変数であると仮定し,「超短期」の為替レート調整メカニズムを

$$\dot{E} = \Phi(A_1)\ ;\ \Phi(0) = 0,\ \Phi'(\mathrm{A}_1) < 0 \tag{20}$$

と想定する。このとき，

$$\frac{d\dot{E}}{dE} = \Phi'(A_1)\cdot\frac{\partial A_1}{\partial E} = \underset{(-)}{\Phi'(A_1)}\cdot(\underset{(+)}{J^1_E} + \frac{\beta E^e}{E^2}) < 0 \tag{21}$$

となるので，この「超短期」の為替レート調整過程は「安定」となる。この「超短期」における為替レートの調整速度が非常に速ければ，常に (19) 式を満たすように E が決まると想定することができる。(19) 式を E について解けば，次式を得る。

$$E = E(Y_1, Y_2, E^e, M_1, M_2)\ ;\ E_{Y1} \equiv \partial E/\partial Y_1 = -\,\{\underset{(-)}{J^1_{Y1}} + \beta \underset{(+)}{r^1_{Y1}}\}\,/\,\{\underset{(+)}{J^1_E} + \beta\,(E^e/E)\},$$

$$E_{Y2} \equiv \partial E/\partial \mathrm{Y}_2 = \{-\underset{(+)}{J^1_{Y2}} + \beta \underset{(+)}{r^2_{y2}}\}\,/\,\{\underset{(+)}{J^1_E} + \beta\,(E^e/E)\},$$

$$E_{E^e} \equiv \partial E/\partial E^e = \{\beta(1/E)\}/\{\underset{(+)}{J_E^1} + \beta(E^e/E^2)\} > 0,$$

$$E_{M1} \equiv \partial E/\partial M_1 = -\beta \underset{(-)}{r_{M1}^1}/(\underset{(+)}{J_E^1} + \beta(E^e/E^2)\} > 0,$$

$$E_{M2} \equiv \partial E/\partial M_2 = \beta \underset{(-)}{r_{M2}^2}/\{\underset{(+)}{J_E^1} + \beta(E^e/E^2)\} < 0 \tag{22}$$

もし国際資本移動の流動性が十分に高いことを反映してパラメーター β が十分に大きければ，(22)式において $E_{Y1}<0$ および $E_{Y2}>0$ となる[8)]。本章では，以下の仮定のもとで分析を行う。

［仮定 1］

パラメーター β が十分に大きいので，$E_{Y1}<0, E_{Y2}>0$ となる。

(1) − (13)，(14b) − (17b) の各式から成る変動相場制の 2 国カルドア・モデルは，(18)式と (22)式を用いれば，以下のような 5 次元の非線形微分方程式システムにまとめることができる。

$$\dot{Y}_1 = \alpha_1[c_1(1-\tau_1)Y_1 + c_1T_{01} + G_1 + I_1(Y_1, K_1, r_1(Y_1, \bar{M}_1))$$

$$+ J_1(Y_1, Y_2, E(Y_1, Y_2, E^e, \bar{M}_1, \bar{M}_2)) - Y_1]) \equiv F_1(Y_1, K_1, Y_2, E^e) \tag{23a}$$

$$\dot{K}_1 = I(Y_1, K_1, r_1(Y_1, \bar{M}_1)) \equiv F_2(Y_1, K_1) \tag{23b}$$

$$\dot{Y}_2 = \alpha_2[c_2(1-\tau_2)Y_2 + c_2T_{02} + G_2 + I_2(Y_2, K_2, r_2(Y_2, \bar{M}_2))$$

$$- \{1/E(Y_1, Y_2, E^e, \bar{M}_1, \bar{M}_2)\} J_1(Y_1, Y_2, E(Y_1, Y_2, E^e, \bar{M}_1, \bar{M}_2)) - Y_2]$$

$$\equiv F_3(Y_1, Y_2, K_2, E^e) \tag{23c}$$

8)　この事実の経済学的解釈については，浅田 (2016b) 197 ページを参照されたい。

$$\dot{K}_2 = I_2(Y_2, K_2, r_2(Y_2, \bar{M}_2)) \equiv F_4(Y_2, K_2) \tag{23d}$$

$$\dot{E}^e = \gamma[E(Y_1, Y_2, E^e, \bar{M}_1, \bar{M}_2) - E^e] \equiv F_5(Y_1, Y_2, E^e) \tag{23e}$$

4. 均衡解の性質について

次に，$\dot{Y}_1 = \dot{K}_1 = \dot{Y}_2 = \dot{K}_2 = \dot{E}^e = 0$ という条件を満たす(23)式の均衡解（$Y_1^*, K_1^*, Y_2^*, K_2^*, E^{e*}$）の性質を検討することにしよう。この均衡解は，以下の連立方程式の解として表現できる。

$$c_1(1-\tau_1)Y_1 + c_1 T_{01} + C_{01} + G_1 + J_1(Y_1, Y_2, E) - Y_1 = 0 \tag{24a}$$

$$I_1(Y_1, K_1, r_1(Y_1, \bar{M}_1)) = 0 \tag{24b}$$

$$c_2(1-\tau_2)Y_2 + c_2 T_{02} + C_{02} + G_2 - (1/\mathrm{E})J_1(Y_1, Y_2, E) - Y_2 = 0 \tag{24c}$$

$$I_2(Y_2, K_2, r_2(Y_2, \bar{M}_2)) = 0 \tag{24d}$$

$$J_1(Y_1, Y_2, E) + \beta\{r_1(Y_1, \bar{M}_1) - r_2(Y_2, \bar{M}_2)\} = 0 \tag{24e}$$

$$E = E^e \tag{24f}$$

この連立方程式は，以下のような方法で解くことができる。まず，(24e)式を E について解き，［仮定1］を用いれば，次式を得る。

$$E = \tilde{E}(Y_1, Y_2, \bar{M}_1, \bar{M}_2);\ \tilde{E}_{Y1} = \partial\tilde{E}/\partial Y_1 = -\{\underset{(-)}{J^1_{Y1}} + \beta \underset{(+)}{r^1_{Y1}}\}/\underset{(+)}{J^1_E} < 0,$$

$$\tilde{E}_{Y2} = \partial\tilde{E}/\partial Y_2 = \{-\underset{(+)}{J^1_{Y2}} + \beta \underset{(+)}{r^2_{Y2}}\}/\underset{(+)}{J^1_E} > 0,\ \tilde{E}_{M1} = \partial\tilde{E}/\partial\bar{M}_1 = -\underset{(-)}{r^1_{M1}}/J^1_E > 0,$$

$$\tilde{E}_{M2} = \partial\tilde{E}/\partial M_2 = \beta \underset{(-)}{r^2_{M2}}/\underset{(+)}{J^1_E} < 0 \tag{25}$$

(25)式を（24a)式と（24c)式に代入すれば，以下のような Y_1 と Y_2 を未知数とする独立した連立方程式を得る。

$$H_1(Y_1, Y_2) \equiv c_1(1-\tau_1)Y_1 + c_1T_{01} + C_{01} + G_1 + J_1(Y_1, Y_2, \tilde{E}(Y_1, Y_2, \bar{M}_1, \bar{M}_2)) - Y_1 = 0 \quad (26)$$

$$H_2(Y_1, Y_2) \equiv c_2(1-\tau_2)Y_2 + c_2T_{02} + C_{02} + G_2$$

$$-\{1/\tilde{E}(Y_1, Y_2, \bar{M}_1, \bar{M}_2)\}J_1(Y_1, Y_2, \tilde{E}(Y_1, Y_2, \tilde{E}(Y_1, Y_2, \bar{M}_1, \bar{M}_2)) - Y_2 = 0 \quad (27)$$

これらの式を全微分すれば，以下のようになる。

$$(dY_2/dY_1)|_{H1=0} = -H_{11}/H_{12} = [\underbrace{\{1-c_1(1-\tau_1)\}}_{(+)} - \underset{(-)}{J^1_{Y1}} - \underset{(+)}{J^1_E}\underset{(-)}{\tilde{E}_{Y1}}]/(\underset{(+)}{J^1_{Y2}} + \underset{(+)}{J^1_E}\underset{(+)}{\tilde{E}_{Y2}}) > 0 \quad (28)$$

$$(dY_2/dY_1)|_{H2=0} = -H_{21}/H_{22}$$

$$= \{-(1/E)(\underset{(-)}{J^1_{Y1}} + \underset{(+)}{J^1_E}\underset{(-)}{\tilde{E}_{Y1}}) + (1/E^2)\underset{(-)}{\tilde{E}_{Y1}}\underset{(?)}{J_1}\}/[\underbrace{\{1-c_2(1-\tau_2)\}}_{(+)}$$

$$+(1/E)(\underset{(+)}{J^1_{Y2}} + \underset{(+)}{J^1_E}\underset{(+)}{\tilde{E}_{Y2}}) - (1/E^2)(\underset{(+)}{E_{Y2}}\underset{(?)}{J_1})] \quad (29)$$

(28)式は，$H_1=0$ をもたらす Y_1 と Y_2 の軌跡は右上がりであることを示している。(29)式より，$H_2=0$ をもたらす Y_1 と Y_2 の軌跡は，もし $J_1 \leqq 0$ であれば右上がりであるが，もし $J_1>0$ であればその傾きは不確定であることがわかる。以下では，両軌跡の交点として定義される均衡解の組（Y_1^*, Y_2^*）が一意的に決まることを仮定して分析を行う。これらの均衡値を（24b)，(24d)，(24e) の各式に代入すれば，残りの均衡解の組（K_1^*, K_2^*, E^{e*}）も一意的に決まる[9)]。なお，これらの均衡値はいずれも，パラメーター α_1, α_2, および γ から独立に決まることに留意する必要がある。

9)　$I^1_{K1}<0, I^2_{K2}<0, J^1_E>0$ であるから，与えられた一組の均衡解（Y_1^*, Y_2^*）に対応する均衡解（K_1^*, K_2^*, E^{e*}）が 2 組以上存在することはない。

次節では，経済学的に有意味な均衡解 $Y_1{}^*>0,\ K_1{}^*>0,\ Y_2{}^*>0,\ K_2{}^*>0,\ E^{e*}=E^*>0$ が一意的に存在することを仮定して，諸パラメーターの大きさが均衡点の小域的安定性 / 不安定性にどのような影響を及ぼすかを分析する。

5. 均衡点の小域的安定性／不安定性について

システム(23)の均衡点で評価されたヤコービ行列は，以下のように表される。

$$J=\begin{bmatrix} F_{11} & F_{12} & F_{13} & 0 & F_{15} \\ F_{21} & F_{22} & 0 & 0 & 0 \\ F_{31} & 0 & F_{33} & F_{34} & F_{35} \\ 0 & 0 & F_{43} & F_{44} & 0 \\ F_{51} & 0 & F_{53} & 0 & F_{55} \end{bmatrix}=\begin{bmatrix} \alpha_1 G_{11} & \alpha_1 G_{12} & \alpha_1 G_{13} & 0 & \alpha_1 G_{15} \\ F_{21} & G_{12} & 0 & 0 & 0 \\ \alpha_2 G_{31} & 0 & \alpha_2 G_{33} & \alpha_2 G_{34} & \alpha_2 G_{35} \\ 0 & 0 & F_{43} & G_{34} & 0 \\ \gamma G_{51} & 0 & \gamma G_{53} & 0 & \gamma G_{55} \end{bmatrix} \quad (30)$$

ただし，$G_{11}=\underset{(+)}{I^1{}_{Y1}}+\underset{(-)}{I^1{}_{r1}}\underset{(+)}{r^1{}_{Y1}}-\underbrace{\{1-c_1\ (1-\tau_1)\}}_{(+)}+\underset{(-)}{J^1{}_{Y1}}+\underset{(+)}{J^1{}_E}\underset{(-)}{E_{Y1}},\ G_{12}=I^1{}_{K1}<0,\ G_{13}=J^1{}_{Y2}>0,$

$G_{15}=\underset{(+)}{J^1_E}\underset{(+)}{E_{E^e}}>0,\ F_{21}=\underset{(+)}{I^1_{Y1}}+\underset{(-)}{I^1_{r1}}\underset{(+)}{r^1_{Y1}},\ G_{31}=-(1/E)(\underset{(-)}{J^1_{Y1}}+\underset{(+)}{J^1_E}\underset{(-)}{E_{Y1}})+(1/E^2)\underset{(-)}{E_{Y1}}\underset{(?)}{J_1},$

$G_{33}=\underset{(+)}{I^2_{Y2}}+\underset{(-)}{I^2_{r2}}\underset{(+)}{r^1_{Y2}}-\underbrace{\{1-c_2(1-\tau_2)\}}_{(+)}-(1/E)(\underset{(+)}{J^1_{Y2}}+\underset{(+)}{J^1_E}\underset{(+)}{E_{Y2}})+(1/E^2)\underset{(+)}{E_{Y2}}\underset{(?)}{J_1},\ G_{34}=I^2_{K2}<0,$

$G_{35}=-(1/E)\underset{(+)}{J^1_E}\underset{(+)}{E_{E^e}}+(1/E^2)\ \underset{(+)}{E_{E^e}}\underset{(?)}{J_1},\ F_{43}=\underset{(+)}{I^2_{Y2}}+\underset{(-)}{I^2_{r2}}\underset{(+)}{r^2_{Y2}},\ G_{51}=E_{Y1}<0,\ \mathrm{G}_{53}=E_{Y2}>0,$

$G_{55}=E_{E^e}-1=\dfrac{\beta(1/E)}{\underset{(+)}{J^1_E}+\beta(1/E)}-1<0$ である。

本章では，以下の仮定のもとで分析を行うことにする。

[仮定 2]

各国の国民所得に対する投資の反応度 I^1_{Y1} および I^2_{Y2} が大きいので，システム(23)の均衡点において $G_{11}>0$ および $G_{33}>0$ が成立する。

[注意 1]

仮定 2 が満たされる場合には，自動的に $F_{21}>0$ および $F_{43}>0$ となる。

均衡点において投資の国民所得に対する反応度が非常に大きいというこの仮定は，カルドア型景気循環モデル特有の仮定である（Kaldor 1940，浅田 1997，Asada 2004 参照）。この仮定は，国民所得の増加（減少）が企業による投資支出の増加（減少）を誘発して財市場による超過需要の増加（減少）を促進し，このことによってさらなる国民所得の増加（減少）がもたらされるという，不安定化作用を持つポジティブ・フィードバック・メカニズムを意味している。もちろん，資本ストックや為替レートの変化によって機能する安定化メカニズムもあるので，部分システムではなくシステム全体の安定性 / 不安定性を分析する必要がある。

システム(23)の均衡点の小域的安定性の分析に必要なヤコービ行列（30）の特性方程式は，以下のように表すことができる。

$$f(\lambda) \equiv \lambda^5 + b_1\lambda^4 + b^2\lambda^3 + b_3\lambda^2 + b_4\lambda + b_5 = 0 \tag{31}$$

ここで，(31)式の各係数は，以下のように定義されている。

$$b_1 = -traceJ = -\alpha_1 G_{11} - G_{12} - \alpha_2 G_{33} - G_{34} - \gamma G_{55} \equiv b_1(\alpha_1, \alpha_2, \gamma) \tag{32}$$

$b_2 = J$ の 2 次首座小行列式の和

$$=\alpha_1\begin{vmatrix} G_{11} & G_{12} \\ F_{21} & G_{12} \end{vmatrix} + \alpha_1\alpha_2\begin{vmatrix} G_{11} & G_{13} \\ G_{31} & G_{33} \end{vmatrix} + \alpha_1\begin{vmatrix} G_{11} & 0 \\ 0 & G_{34} \end{vmatrix} + \alpha_1\gamma\begin{vmatrix} G_{11} & G_{15} \\ G_{51} & G_{55} \end{vmatrix}$$

$$+\alpha_2\begin{vmatrix} G_{12} & 0 \\ 0 & G_{33} \end{vmatrix} + \begin{vmatrix} G_{12} & 0 \\ 0 & G_{34} \end{vmatrix} + \gamma\begin{vmatrix} G_{12} & 0 \\ 0 & G_{55} \end{vmatrix} + \alpha_2\begin{vmatrix} G_{33} & G_{34} \\ F_{43} & G_{34} \end{vmatrix}$$

$$+\alpha_2\gamma\begin{vmatrix} G_{33} & G_{35} \\ G_{53} & G_{55} \end{vmatrix} + \gamma\begin{vmatrix} G_{34} & 0 \\ 0 & G_{55} \end{vmatrix} \equiv b_2(\alpha_1, \alpha_2, \gamma) \tag{33}$$

$b_3 = -$（J の 3 次小行列式の和）

$$= -\alpha_1\alpha_2\begin{vmatrix} G_{11} & G_{12} & G_{13} \\ F_{21} & G_{12} & 0 \\ G_{31} & 0 & G_{33} \end{vmatrix} - \alpha_1\begin{vmatrix} G_{11} & G_{12} & 0 \\ F_{21} & G_{12} & 0 \\ 0 & 0 & G_{34} \end{vmatrix} - \alpha_1\gamma\begin{vmatrix} G_{11} & G_{12} & G_{15} \\ F_{21} & G_{12} & 0 \\ G_{51} & 0 & G_{55} \end{vmatrix}$$

$$-\alpha_1\alpha_2\begin{vmatrix} G_{11} & G_{13} & 0 \\ G_{31} & G_{33} & G_{34} \\ 0 & F_{43} & G_{34} \end{vmatrix} - \alpha_1\alpha_2\gamma\begin{vmatrix} G_{11} & G_{13} & G_{15} \\ G_{31} & G_{33} & G_{35} \\ G_{51} & G_{53} & G_{55} \end{vmatrix} - \alpha_1\gamma\begin{vmatrix} G_{11} & 0 & G_{15} \\ 0 & G_{34} & 0 \\ G_{51} & 0 & G_{55} \end{vmatrix}$$

$$-\alpha_2\begin{vmatrix} G_{12} & 0 & 0 \\ 0 & G_{33} & G_{34} \\ 0 & F_{43} & G_{34} \end{vmatrix} - \alpha_2\gamma\begin{vmatrix} G_{12} & 0 & 0 \\ 0 & G_{33} & G_{35} \\ 0 & G_{53} & G_{55} \end{vmatrix} - \gamma\begin{vmatrix} G_{12} & 0 & 0 \\ 0 & G_{34} & 0 \\ 0 & 0 & G_{55} \end{vmatrix}$$

$$-\alpha_2\gamma\begin{vmatrix} G_{33} & G_{34} & G_{35} \\ F_{43} & G_{34} & 0 \\ G_{53} & 0 & G_{55} \end{vmatrix} \equiv b_3(\alpha_1, \alpha_2, \gamma) \tag{34}$$

$b_4 = J$の4次小行列式の和

$$=\alpha_1\alpha_2\begin{vmatrix} G_{11} & G_{12} & G_{13} & 0 \\ F_{21} & G_{12} & 0 & 0 \\ G_{31} & 0 & G_{33} & G_{34} \\ 0 & 0 & F_{43} & G_{34} \end{vmatrix} + \alpha_1\alpha_2\gamma\begin{vmatrix} G_{11} & G_{12} & G_{13} & G_{15} \\ F_{21} & G_{12} & 0 & 0 \\ G_{31} & 0 & G_{33} & G_{35} \\ G_{51} & 0 & G_{53} & G_{55} \end{vmatrix}$$

$$+\alpha_1\gamma\begin{vmatrix} G_{11} & G_{12} & 0 & G_{15} \\ F_{21} & G_{12} & 0 & 0 \\ 0 & 0 & G_{34} & 0 \\ G_{51} & 0 & 0 & G_{55} \end{vmatrix} + \alpha_1\alpha_2\begin{vmatrix} G_{11} & G_{13} & 0 & G_{15} \\ G_{31} & G_{33} & G_{34} & G_{35} \\ 0 & F_{43} & G_{34} & 0 \\ G_{51} & G_{53} & 0 & G_{55} \end{vmatrix}$$

$$+\alpha_2\gamma\begin{vmatrix} G_{12} & 0 & 0 & 0 \\ 0 & G_{33} & G_{34} & G_{35} \\ 0 & F_{43} & G_{34} & 0 \\ 0 & G_{53} & 0 & G_{55} \end{vmatrix} \equiv b_4(\alpha_1, \alpha_2, \gamma) \tag{35}$$

$$b_5 = -\det J = -\alpha_1\alpha_2\gamma G_{12}G_{34}\begin{vmatrix} G_{11} & 1 & G_{13} & 0 & G_{15} \\ F_{21} & 1 & 0 & 0 & 0 \\ G_{31} & 0 & G_{33} & 1 & G_{35} \\ 0 & 0 & F_{43} & 1 & 0 \\ G_{51} & 0 & G_{53} & 0 & G_{55} \end{vmatrix}$$

$$= -\alpha_1\alpha_2\gamma G_{12}G_{34}\begin{vmatrix} G_{11}-F_{21} & 0 & G_{13} & 0 & G_{15} \\ F_{21} & 1 & 0 & 0 & 0 \\ G_{31} & 0 & G_{33}-F_{43} & 0 & G_{35} \\ 0 & 0 & F_{43} & 1 & 0 \\ G_{51} & 0 & G_{53} & 0 & G_{55} \end{vmatrix}$$

$$= -\alpha_1\alpha_2\gamma G_{12}G_{34}\begin{vmatrix} G_{11}-F_{21} & G_{13} & 0 & G_{15} \\ G_{31} & G_{33}-F_{43} & 0 & G_{35} \\ 0 & F_{43} & 1 & 0 \\ G_{51} & G_{53} & 0 & G_{55} \end{vmatrix}$$

$$= -\alpha_1\alpha_2\gamma G_{12}G_{34}\begin{vmatrix} G_{11}-F_{21} & G_{13} & G_{15} \\ G_{31} & G_{33}-F_{43} & G_{35} \\ G_{51} & G_{53} & G_{55} \end{vmatrix}$$

$$= -\alpha_1\alpha_2\gamma G_{12}G_{34}[G_{51}\begin{vmatrix} G_{13} & G_{15} \\ G_{33}-F_{43} & G_{35} \end{vmatrix} - G_{53}\begin{vmatrix} G_{11}-F_{21} & G_{15} \\ G_{31} & G_{35} \end{vmatrix}$$

$$+ G_{55}\begin{vmatrix} G_{11}-F_{21} & G_{13} \\ G_{31} & G_{33}-F_{43} \end{vmatrix}]$$

$$=\alpha_1\alpha_2\gamma \underset{(-)}{G_{12}}\,\underset{(-)}{G_{34}}[-\underset{(-)}{G_{51}}\{\underset{(+)}{G_{13}}\underset{(?)}{G_{35}}-\underset{(+)}{G_{15}}\underbrace{(G_{33}-F_{43})}_{(?)}\} + \underset{(+)}{G_{53}}\{\underbrace{(G_{11}-F_{21})}_{(-)}\underset{(?)}{G_{35}}$$

$$-\underset{(+)}{G_{15}}\underset{(?)}{G_{31}}\} - \underset{(-)}{G_{55}}\{\underbrace{(G_{11}-F_{21})}_{(-)}\underbrace{(G_{33}-F_{43})}_{(?)} - \underset{(+)}{G_{13}}\underset{(?)}{G_{31}}\}] \equiv b_5(\alpha_1, \alpha_2, \gamma) \qquad (36)$$

ここで，以下の関係が成立する。

$$W_1 \equiv G_{13}G_{35} - G_{15}(G_{33}-F_{43}) = \underset{(+)}{J_E^1}\underset{(+)}{E_{Ee}}\underbrace{\{1-c_2(1-\tau_2)\}}_{(+)} + (1/E)(J_E^1)^2\underset{(+)}{E_{E'}}\underset{(+)}{E_{Y2}}$$

$$+ (1/E^2)\underset{(+)}{E_{E'}}(\underset{(+)}{J_{Y2}^1} - \underset{(+)}{J_E^1}\underset{(+)}{E_{Y2}})\underset{(?)}{J_1} \qquad (37)$$

$$W_2 \equiv (G_{11}-F_{21})G_{35} - G_{15}G_{31} = \underbrace{\{1-c_1(1-\tau_1)\}}_{(+)}(1/E)\underset{(+)}{J_E^1}\underset{(+)}{E_{Ee}}$$

$$-\{1+(1/E)\}(J_E^1)^2\underset{(+)}{E_{E'}}\underset{(-)}{E_{Y1}} + [-\underbrace{\{1-c_1(1-\tau_1)\}}_{(+)} + \underset{(-)}{J_{Y1}^1}](1/E^2)\underset{(+)}{E_{E'}}\underset{(?)}{J_1} \qquad (38)$$

$$
\begin{aligned}
W_3 \equiv\ & (G_{11}-F_{21})(G_{33}-F_{43})-G_{13}G_{31} \\
=\ & [-\underbrace{\{1-c_1(1-\tau_1)\}}_{(+)}+\underset{(-)}{J^1_{Y1}}+\underset{(+)}{J^1_E}\underset{(-)}{E_{Y1}}][-\underbrace{\{1-c_2(1-\tau_2)\}}_{(+)}-(1/E)(\underset{(+)}{J^1_{Y2}}+\underset{(+)}{J^1_E} \\
& \underset{(+)}{E_{Y2}})+(1/E^2)\underset{(+)}{E_{Y2}}\underset{(?)}{J_1}]-\underset{(+)}{J^1_{Y2}}[-(1/E)(\underset{(-)}{J^1_{Y1}}+\underset{(+)}{J^1_E}\underset{(-)}{E_{Y1}})+(1/\mathrm{E}^2)\underset{(-)}{E_{Y1}}\underset{(?)}{J_1}] \\
=\ & \underbrace{\{1-c_1(1-\tau_1)\}}_{(+)}\underbrace{\{1-c_2(1-\tau_2)\}}_{(+)}+\underbrace{\{1-c_1(1-\tau_1)\}}_{(+)}(1/E)(\underset{(+)}{J^1_{Y2}}+\underset{(+)}{J^1_E}\underset{(+)}{E_{Y2}}) \\
& -\{1-c_2(1-\tau_2)\}\underset{(-)}{J^1_{Y1}}+(1/E^2)\underset{(+)}{J^1_E}(\underset{(+)}{J^1_{Y2}}\underset{(-)}{E_{Y1}}-\underset{(-)}{J^1_{Y1}}\underset{(+)}{E_{Y2}}) \\
& -(1/E^2)[\{1-\underset{(+)}{c_1}(1-\tau_1)\}\underset{(+)}{E_{Y2}}+\underset{(+)}{J^1_{Y2}}\underset{(-)}{E_{Y1}}]\underset{(?)}{J_1}
\end{aligned}
\tag{39}
$$

(37)式と (38)式より，もし均衡において $J_1=0$ ならば $W_1>0$ かつ $W_2>0$ となることがわかる。また，(39)式より，もし均衡において $J_1=0$ かつ $|J^1_{Y2}E_{Y1}|=|J^1_{Y1}E_{Y2}|$ ならば $W_3>0$ となることがわかる。このことは，もし均衡において J_1 の絶対値が極端に大きくなく，かつ両国の輸入財に対する需要構造が極端に異なっていなければ，均衡において

$$W_1>0,\ W_2>0,\ W_3>0 \tag{40}$$

という一連の不等式が成立することを意味している。

[仮定 3]

均衡において，$W_1>0, W_2>0, W_3>0$ が成立する。

[注意 2]

仮定 3 は，パラメーター $\alpha_1, \alpha_2, \gamma$ の値とは独立の仮定である。また，仮定 3 のもとでは，$\alpha_1>0, \alpha_2>0, \gamma>0$ である限り，必ず $b_5(\alpha_1, \alpha_2, \gamma)>0$ となる。

ところで，この 5 次元のシステムにおける均衡点の小域的安定性 / 不安定性分析にとって重要な役割を演ずる一連の「ラウス = フルヴィッツ項」(Routh-

Hurwitz terms）は，以下のように定義される。

$$\Delta_1 = b_1 \tag{41a}$$

$$\Delta_2 = \begin{vmatrix} b_1 & b_3 \\ 1 & b_2 \end{vmatrix} = b_1 b_2 - b_3 \tag{41b}$$

$$\Delta_3 = \begin{vmatrix} b_1 & b_3 & b_5 \\ 1 & b_2 & b_4 \\ 0 & b_1 & b_3 \end{vmatrix} = b_3\Delta_2 + b_1(b_5 - b_1 b_4) = b_1 b_2 b_3 - b_3{}^2 - b_1{}^2 b_4 + b_1 b_5 \tag{41c}$$

$$\Delta_4 = \begin{vmatrix} b_1 & b_3 & b_5 & 0 \\ 1 & b_2 & b_4 & 0 \\ 0 & b_1 & b_3 & b_5 \\ 0 & 1 & b_2 & b_4 \end{vmatrix} = b_4\Delta_3 - b_5 \begin{vmatrix} b_1 & b_3 & b_5 \\ 1 & b_2 & b_4 \\ 0 & 1 & b_2 \end{vmatrix}$$

$$= b_4\Delta_3 + b_5(-b_1 b_2{}^2 - b_5 + b_2 b_3 + b_1 b_4)$$

$$= b_4\Delta_3 + b_5(b_1 \mathrm{b}_4 - b_5 - b_2\Delta_2) \tag{41d}$$

$$\Delta_5 = \begin{vmatrix} b_1 & b_3 & b_5 & 0 & 0 \\ 1 & b_2 & b_4 & 0 & 0 \\ 0 & b_1 & b_3 & b_5 & 0 \\ 0 & 1 & b_2 & b_4 & 0 \\ 0 & 0 & b_1 & b_3 & b_5 \end{vmatrix} = b_5\Delta_4 \tag{41e}$$

特性方程式（31）式の特性根のすべてが負の実数部分を持つための必要十分条件である「ラウス＝フルヴィッツの小域的安定条件」（Routh-Hurwitz conditions for local stability）は，以下のように表されることが知られている（Gandolfo 2009, Chap. 16 参照）[10)]。

10）　本章で採用されている均衡点の「小域的安定性」の定義は，「均衡点の近傍のいかなる初期値の組合せから出発しても解の経路が均衡点に収束する」という伝統的な定義であり，このためには，特性方程式のすべての根の実数部分が負にならなければならない。すなわち，本章のモデルでは諸変数の初期値が歴史的に所与であり，

$$\Delta_i > 0 \text{ for all } i \in \{1,2,3,4,5\} \tag{42}$$

以下の命題1が，このシステムの均衡点の小域的安定性 / 不安定性に関する我々の分析結果を要約している。

［命題1］

パラメーターγが任意の正の値に固定されているものとする。このとき，仮定1，2，3のもとで，以下の（1），（2）が成立する。

（1）パラメーターα_1とα_2のうちのいずれかが十分に大きければ，システム（23）の均衡点は小域的に不安定になる。

（2）パラメーターα_1とα_2の双方が十分に小さければ，システム（23）の均衡点は小域的に安定になる。

［証明］付録（文末掲載）参照。

この命題は，国際資本移動の流動性が相対的に高く，各国の国民所得に対する投資支出の反応度が相対的に大きいとき，若干の追加的仮定のもとでは，各国の財市場の不均衡調整速度が小さいことはシステムの安定化要因であり，いずれかの国（あるいは両国）の財市場の不均衡調整速度が大きいことはシステムの不安定化要因であることを意味している。

なお，本章のモデルにおける「国際資本移動」とは，国境を越えた貨幣資本の移動であり，実物資本K_1，K_2は国境を越えて移動しないことが想定されていることに，留意する必要がある。

たとえ正の実数部分を持つ特性根が存在しても経済主体が都合よく均衡点に収束させる初期値を「選択」することを想定する，Galí（2015）や Woodford（2003）に代表される「ニューケインジアン・モデル」で採用されている「ジャンプ変数アプローチ」とは異なる。

6. 循環的変動の存在について

命題1により，たとえばパラメーターα_2が比較的小さい値に固定されているとき，パラメーターα_1をゼロから徐々に増加させていくと，システム（23）の均衡点が小域的に安定から不安定に切り替わる「分岐点」(bifurcation point) が少なくとも1個存在することがわかる。その「分岐点」におけるパラメーターα_1をα_1^0と書くことにしよう。$\alpha_1=\alpha_1^0$の点で特性方程式（31）が少なくとも1個の実数部分がゼロになる根を持つことは明らかであるが，（31）式と仮定3により，

$$f(0)=b_5>0 \tag{43}$$

となるので，特性方程式(31)は$\lambda=0$という実根を持たない。このことは，「分岐点」$\alpha_1=\alpha_1^0$において特性方程式(31)は，少なくとも一組の純虚根を持つことを意味している。以下の2つの可能性が存在する。

［ケース1］

$\alpha_1=\alpha_1^0$の点で，特性方程式(31)は一組の純虚根と負の実数部分を持つ3根を持つ。

［ケース2］

$\alpha_1=\alpha_1^0$の点で，特性方程式(31)は二組の純虚根と1個の負実根を持つ。

ケース1は，「ホップ分岐」(Hopf Bifurcation) が発生するケースであり，このとき分岐点α_1^0の近傍のパラメーターα_1のある範囲で，閉軌道（closed orbit）が存在することが知られている（Gandolfo 2009 Chap. 24 参照）[11)]。

11)　Liu（1994）の定理によれば，ケース1では分岐点において$\Delta_1>0$, $\Delta_2>0$, $\Delta_3>0$, $\Delta_4=0$, $b_5>0$となる。

ケース2においては，若干の追加的仮定のもとで，分岐点の近傍で図1-1に例示された「トーラス」（Torus）と呼ばれる軌道が存在することが，Maličky and Zimka（2012）によって示されている[12)]。「トーラス」とは，図1-1に示されるように，1つの閉軌道の周りをもう1つの振動が巻き付くように変動する軌道のことである[13)]。

いずれのケースにおいても，分岐点の近傍のパラメーターα_1のある範囲で，特性方程式(31)が複素根を持つのであるから，均衡点をめぐる循環的変動が発生することになる。

なお，パラメーターα_1とα_2の役割を入れ替えても以上の議論が成立するこ

図1-1　トーラスのイメージ

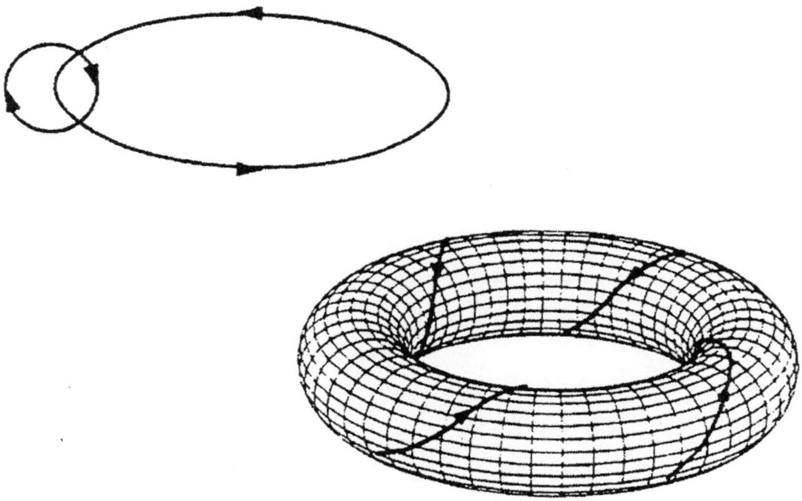

（出所）Gandolfo（2009）p. 540より。

12)　ただし，Maličky and Zimka（2012）が題材として用いているのは，本章の変動相場制2国モデルではなく，Asada（2004）で定式化された固定相場制2国モデルである。

13)　Maličky and Zimka（2012）の定理によれば，ケース2では分岐点において$b_1>0$, $b_2>0$, $b_4>0$, $b_2^2-4b_4\geqq 0$, $b_1b_2=b_3$, $b_1b_4=b_5$となる。

とは，言うまでもない。そこで，以下の命題を得ることができる[14)]。

[命題 2]

パラメーター α_2（あるいは，パラメーター α_1）を比較的小さな正の値に固定したとき，仮定 1，2，3 のもとで，パラメーター α_1（あるいはパラメーター α_2）の中間的なある範囲内の値のもとで，均衡点をめぐる循環的な変動が発生する。

7．財政金融政策の比較静学分析

本節では，(24)式で示される均衡解が各国の財政政策と金融政策によってどのような影響を受けるかを，比較静学の手法を用いて分析する。(24)式からわかるように，動学システム(23)の均衡点の小域的安定性 / 不安定性に影響を及ぼし得るパラメーター $\alpha_1, \alpha_2, \gamma$ の値は比較静学の結果に全く影響を及ぼさない。したがって，これらのパラメーターが変化することによってシステムの均衡点が小域的に不安定になっても，均衡点の位置自体は移動しない。均衡点が小域的に不安定で動学システム(23)の解が均衡点のまわりを循環的に変動する場合でも，財政金融政策が均衡点の位置に影響を及ぼせる場合には，財政金融政策によって変動の重心を変えることができる。この意味で，Samueluson (1947) の古典的な著作における比較静学の取り扱いとは異なり，本章のモデルでは，均衡点が小域的に不安定になる場合でも，比較静学の結果が無意味にはならないのである。

$\bar{M}_i$,　$G_i, \tau_i (i=1, 2)$ が同時に変化した場合を想定して (24a)，(24c)，(24e) の各式を全微分すれば，次式を得る。

---

14)　本章の結論は，連続時間モデル（微分方程式モデル）における不完全資本移動・変動相場制 2 国カルドア型モデルの分析に基づいている。Asada, Douskos, Kalantonis and Markellos (2010) は，同様のモデルを離散時間モデル（差分方程式モデル）で定式化すると，カオス的な運動が容易に出現することを，数値シミュレーションによって示している。

$$\begin{bmatrix} T_{11} & T_{12} & T_{13} \\ T_{21} & T_{22} & T_{23} \\ T_{31} & T_{32} & T_{33} \end{bmatrix} \begin{bmatrix} dY_1 \\ dY_2 \\ dE \end{bmatrix} = \begin{bmatrix} -dG_1 + (c_1Y_1)d\tau_1 \\ -dG_2 + (c_2Y_2)d\tau_2 \\ \beta(-\underset{(-)}{r^1_{M1}}d\overline{M}_1 + \underset{(-)}{r^2_{M2}}d\overline{M}_2) \end{bmatrix} \tag{44}$$

ただし，$T_{11} = -\underbrace{\{1-c_1(1-\tau_1)\}}_{(+)} + \underset{(-)}{J^1_{Y1}} < 0,\ T_{12} = \underset{(+)}{J^1_{y2}} > 0,\ T_{13} = \underset{(+)}{J^1_E} > 0,$
$T_{21} = -(1/E)\underset{(-)}{J^1_{Y1}} > 0,\ T_{22} = -\underbrace{\{1-c_2\ (1-\tau_2)\}}_{(+)} - (1/E)\underset{(+)}{J^1_{Y2}} < 0,$
$T_{23} = -(1/E)\underset{(+)}{J^1_E} + (1/E^2)\underset{(?)}{J_1},\ T_{31} = \underset{(-)}{J^1_{Y1}} + \beta \underset{(+)}{r^1_{Y1}} > 0,\ T_{32} = \underset{(+)}{J^1_{Y2}} - \beta \underset{(+)}{r^2_{Y2}} < 0,\ T_{33} = \underset{(+)}{J^1_E} > 0$
であり，これらの係数はすべて均衡点で評価されている[15)]。

（44）式の係数行列を T とすれば，その行列式を $\det T$ 以下のように表すことができる。

$$\det T = \underset{(+)}{T_{31}}(\underset{(+)}{T_{12}}\underset{(?)}{T_{23}} - \underset{(+)}{T_{13}}\underset{(-)}{T_{22}}) - \underset{(-)}{T_{32}}(\underset{(-)}{T_{11}}\underset{(?)}{T_{23}} - \underset{(+)}{T_{13}}\underset{(+)}{T_{21}}) + \underset{(+)}{T_{33}}(\underset{(-)}{T_{11}}\underset{(-)}{T_{22}} - \underset{(+)}{T_{12}}\underset{(+)}{T_{21}}) \tag{45}$$

ここで，以下の関係が成立する。

$$Z_1 \equiv T_{12}T_{23} - T_{13}T_{22} = \underbrace{\{1-c_2(1-\tau_2)\}}_{(+)}\underset{(+)}{J^1_E} + (1/E)\underset{(+)}{J^1_{Y2}}\underset{(?)}{J_1} \tag{46}$$

$$Z_2 \equiv T_{11}T_{23} - T_{13}T_{21} = \underbrace{\{1-c_1(1-\tau_1)\}}_{(+)}(1/E)\underset{(+)}{J^1_{\mathrm{E}}} + [-\underbrace{\{1-c_1(1-\tau_1)\}}_{(+)} + \underset{(-)}{J^1_{Y1}}]\underset{(?)}{J_1} \tag{47}$$

$$\begin{aligned} Z_3 \equiv T_{11}T_{22} - T_{12}T_{21} = &\underbrace{\{1-c_1(1-\tau_1)\}}_{(+)}[\underbrace{\{1-c_2(1-\tau_2)\}}_{(+)} + (1/E)\underset{(+)}{J^1_{Y2}}] \\ &- \underbrace{\{1-c_2(1-\tau_2)\}}_{(+)}\underset{(-)}{J^1_{Y1}} > 0 \end{aligned} \tag{48}$$

もし均衡において $J_1 = 0$ ならば，必ず

$$T_{23} < 0,\ Z_1 > 0,\ Z_2 > 0 \tag{49}$$

となる。たとえ均衡において $J_1 \neq 0$ であっても，$|J_1|$ が比較的小さければ，やはり一連の不等式（49）が成立する。本節では，以下の仮定のもとに分析を

15）　仮定1が成立すれば，自動的に $T_{31} > 0,\ T_{32} < 0$ になる。

行う。

［仮定 4］

均衡において，$T_{23}<0, Z_1>0, Z_2>0$ が成立する。

［注意 3］

(45)－(48)の各式からわかるように，$Z_1>0, Z_2>0$ であれば，必ず $\det T>0$ となる。

7－1．金融政策の比較静学分析

本項では，金融政策が均衡点に及ぼす影響の比較静学分析を行う。まず，

$$d\bar{M}_1 \neq 0,\ dM_2 = dG_1 = dG_2 = d\tau_1 = d\tau_2 = 0 \tag{50}$$

の場合について考える。(50)式を (44)式に代入し，クラーメルの公式を用いて内生変数の変化について解けば，以下の結果を得る。

$$\frac{dY_1}{d\bar{M}_1} = (Y^1_{M1})^* = \left(\frac{1}{\det T}\right)\begin{vmatrix} 0 & T_{12} & T_{13} \\ 0 & T_{22} & T_{23} \\ -\beta r^1_{M1} & T_{32} & T_{33} \end{vmatrix}$$

$$= \left(\frac{-1}{\det T}\right)\beta r^1_{M1}(T_{12}T_{23} - T_{13}T_{22}) = \left(\frac{-1}{\det T}\right)\underset{(-)}{\beta r^1_{M1}}\ \underset{(+)}{Z_1} > 0 \tag{51}$$

$$\frac{dY_2}{d\bar{M}_1} = (Y^2_{M1})^* = \left(\frac{1}{\det T}\right)\begin{vmatrix} T_{11} & 0 & T_{13} \\ T_{21} & 0 & T_{23} \\ T_{31} & -\beta r^1_{M1} & T_{33} \end{vmatrix}$$

$$= \left(\frac{1}{\det T}\right)\beta r^1_{M1}(T_{11}T_{23} - T_{13}T_{21}) = \left(\frac{1}{\det T}\right)\underset{(-)}{\beta r^1_{M1}}\ \underset{(+)}{Z_2} < 0 \tag{52}$$

$$\frac{dE}{d\bar{M}_1} = (E_{M1})^* = \left(\frac{1}{\det T}\right)\begin{vmatrix} T_{11} & T_{12} & 0 \\ T_{21} & T_{22} & 0 \\ T_{31} & T_{32} & -\beta r^1_{M1} \end{vmatrix}$$

$$=(\frac{-1}{\det T})\beta r_{M1}^{1}(T_{11}T_{22}-T_{12}T_{21})=(\frac{-1}{\det T})\beta \underset{(-)}{r_{M1}^{1}} \underset{(+)}{Z_3}>0 \tag{53}$$

$$d\overline{M}_2 \neq 0,\ dM_1=dG_1=dG_2=d\tau_1=d\tau_2=0 \tag{54}$$

の場合についても，同様の分析を行うことができる。そこで，以下の命題を得る。

［命題3］

(1) (50)式が成立する場合には，$\frac{dY_1}{d\overline{M}_1}>0$，$\frac{dY_2}{d\overline{M}_1}<0$，$\frac{dE}{d\overline{M}_1}>0$となる。

(2) (54)式が成立する場合には，$\frac{dY_1}{d\overline{M}_2}<0$，$\frac{dY_2}{d\overline{M}_2}>0$，$\frac{dE}{d\overline{M}_2}<0$となる。

本章で定式化されたカルドア型の「中期」2国モデルでは，浅田（2016b）で定式化された資本ストックが一定の「短期」2国モデルとは異なり，均衡において各国の純投資支出がゼロになるように資本ストックが調整されているので，各国の財政金融政策が均衡における純投資に影響を及ぼすことができない[16)]。それにもかかわらず，本章のモデルにおいても，各国の金融政策は，為替レートおよび各国の純輸出に影響を及ぼすことによって各国の均衡実質国民所得に影響を及ぼすことができるという意味で，金融政策が有効になることを，命題3は示している。すなわち，ある国の中央銀行が金融緩和（マネーストックの拡大）を行えば，当該国の為替レートが減価し，当該国の純輸出が増加（他国の純輸出が減少）し，当該国の実質国民所得が増加（他国の実質国民所得が減少）するのである[17)]。この意味で，ある国の金融緩和は，自国の経済厚生

16)　この点については，(24b)式と（24d)式を参照されたい。

17)　ある国が金融緩和をすれば，その国の名目利子率が低下する。国際資本移動の流動性が高い場合には，当該国から他国へ急速に資本が移動することによって当該国の為替レートが減価するので，当該国の純輸出が増加して，当該国の実質国民所得の増加，他国の実質国民所得の減少がもたらされるのである。

を改善するが他国の経済厚生を悪化させるという意味で「近隣窮乏化政策」(beggar my neighbor policy) である，という説には，一定の根拠があることになる。しかし，他国の中央銀行の金融緩和が自国の経済厚生に及ぼす悪影響は，自国の中央銀行の金融緩和によって相殺できることを，以下のようにして示すことができる。

(44)式において

$$d\bar{M}_1 \neq 0,\ d\bar{M}_2 \neq 0,\ dG_1 = dG_2 = d\tau_1 = d\tau_2 = 0 \tag{55}$$

と置いて内生変数の変化について解けば，以下のようになる。

$$dY_1 = \left(\frac{1}{\det T}\right)\begin{vmatrix} 0 & T_{12} & T_{13} \\ 0 & T_{22} & T_{23} \\ \beta(-r^1_{M1}d\bar{M}_1 + r^2_{M2}d\bar{M}_2) & T_{32} & T_{33} \end{vmatrix}$$

$$= \left(\frac{1}{\det T}\right)\beta(-\underset{(-)}{r^1_{M1}}d\bar{M}_1 + \underset{(-)}{r^2_{M2}}d\bar{M}_2)\underset{(+)}{Z_1} \tag{56}$$

$$dY_2 = \left(\frac{1}{\det T}\right)\begin{vmatrix} T_{11} & 0 & T_{13} \\ T_{21} & 0 & T_{23} \\ T_{31} & \beta(-r^1_{M1}d\bar{M}_1 + r^2_{M2}d\bar{M}_2) & T_{33} \end{vmatrix}$$

$$= \left(\frac{1}{\det T}\right)\beta(r^1_{M1}d\bar{M}_1 - r^2_{M2}d\bar{M}_2)\underset{(+)}{Z_2} \tag{57}$$

$$dE = \left(\frac{1}{\det T}\right)\begin{vmatrix} T_{11} & T_{12} & 0 \\ T_{21} & T_{22} & 0 \\ T_{31} & T_{32} & \beta(-r^1_{M1}d\bar{M}_1 + r^2_{M2}d\bar{M}_2) \end{vmatrix}$$

$$= \left(\frac{1}{\det T}\right)\beta(-\underset{(-)}{r^1_{M1}}d\bar{M}_1 + \underset{(-)}{r^2_{M2}}d\bar{M}_2)\underset{(+)}{Z_3} \tag{58}$$

以下の3つのケースについて考えることができる。

$$\text{ケース1}: d\bar{M}_1 > \underbrace{(r^2_{M2}/r^1_{M1})}_{(+)}d\bar{M}_2 \tag{59a}$$

ケース2 : $d\bar{M}_1 = \underbrace{(r^2_{M2}/r^1_{M1})}_{(+)} d\bar{M}_2$ (59b)

ケース3 : $d\bar{M}_1 < \underbrace{(r^2_{M2}/r^1_{M1})}_{(+)} d\bar{M}_2$ (59c)

(56) − (59)式より，以下の命題が導かれる。

［命題 4］

(1)（55)式および（59a)式が成立する場合には，$dY_1 > 0, dY_2 < 0, dE > 0$ となる。

(2)（55)式および（59b)式が成立する場合には，$dY_1 = dY_2 = dE = 0$ となる。

(3)（55)式および（59c)式が成立する場合には，$dY_1 < 0, dY_2 > 0, dE < 0$ となる。

命題 4 は，両国の中央銀行が同時に金融緩和（マネーストックの拡大）を実行したならば，相対的に金融緩和が積極的である国の均衡実質国民所得が増加するとともに相対的に金融緩和が消極的である国の均衡実質国民所得は減少し，相対的に金融緩和が積極的（消極的）である国の均衡為替レートが減価（増加）することを意味している。この分析結果は，少なくとも 2000 年以降 2015 年までの日本経済および米国，英国，ユーロ圏等の先進資本主義諸国経済の経験と整合的である[18)]。

ただし，本章の「中期」2 国モデルでは，(59b)式が満たされながら両国のマネーストックが同時に増える場合には，両国の金融緩和が相殺されて，均衡為替レートも両国の均衡実質国民所得も不変である。このとき，両国のマネーストックの拡大によって両国の均衡名目利子率は低下するが，(24b)式と(24d)式が示すように，両国の均衡実質資本ストック K_1，K_2 の増加によって調整され，均衡においては $I_1 = I_2 = 0$ が保たれる。Y_1 と Y_2 の均衡値は不変であるか

18)　データについては，浅田（2016a, 2016b）を参照されたい。

ら，両国の資本設備の稼働率が低下することになる。他方で，K_1 と K_2 が一定であることが仮定されている浅田（2016b）による「短期」2国モデルにおいては，(59b)式を満たしながら両国のマネーストックが拡大した場合，両国の均衡名目利子率の低下によって I_1 と I_2 が増加するので，乗数効果を通じて Y_1 と Y_2 はともに増加し，両国の資本設備の稼働率はともに上昇する。このように，本稿の「中期」2国モデルと浅田（2016b）の「短期」2国モデルの均衡に関する比較静学の結果は，いずれも変動相場制モデルであるにもかかわらず，若干異なるのである。

7－2．財政政策の比較静学分析

次に，財政政策が均衡点に及ぼす影響の比較静学分析を行う。まず，

$$dG_1 \neq 0,\ d\bar{M}_1 = d\bar{M}_2 = dG_2 = d\tau_1 = d\tau_2 = 0 \tag{60}$$

の場合について考える。(60)式を（44)式に代入し，内生変数の変化について解けば，以下の結果を得る。

$$\frac{dY_1}{dG_1} = (Y_{G1}^1)^* = \left(\frac{1}{\det T}\right)\begin{vmatrix} -1 & T_{12} & T_{13} \\ 0 & T_{22} & T_{23} \\ 0 & T_{32} & T_{33} \end{vmatrix} = \left(\frac{1}{\det T}\right)(-\underset{(-)}{T_{22}}\underset{(+)}{T_{33}} + \underset{(-)}{T_{23}}\underset{(-)}{T_{32}}) > 0 \tag{61}$$

$$\frac{dY_2}{dG_1} = (Y_{G1}^2)^* = \left(\frac{1}{\det T}\right)\begin{vmatrix} T_{11} & -1 & T_{13} \\ T_{21} & 0 & T_{23} \\ T_{31} & 0 & T_{33} \end{vmatrix} = \left(\frac{1}{\det T}\right)(\underset{(+)}{T_{21}}\underset{(+)}{T_{33}} + \underset{(-)}{T_{23}}\underset{(+)}{T_{31}}) > 0 \tag{62}$$

$$\frac{dE}{dG_1} = (E_{G1})^* = \left(\frac{1}{\det T}\right)\begin{vmatrix} T_{11} & T_{12} & -1 \\ T_{21} & T_{22} & 0 \\ T_{31} & T_{32} & 0 \end{vmatrix} = \left(\frac{1}{\det T}\right)(-\underset{(+)}{T_{21}}\underset{(-)}{T_{32}} + \underset{(-)}{T_{22}}\underset{(+)}{T_{31}}) \tag{63}$$

ここで，

$$Z_4 \equiv -T_{21}T_{32} + T_{22}T_{31}$$

$$= -\underbrace{\{1 - c_2(1-\tau_2)\}}_{(+)}\underbrace{(J_{1Y1} + \beta^{r1}{}_{Y1})}_{(+)} - (1/E)\beta(\underset{(-)}{J_{Y1}^1}\underset{(+)}{r_{Y2}^2} + \underset{(+)}{J_{Y2}^1}\underset{(+)}{r_{Y1}^1}) \tag{64}$$

である。もし均衡において $|J^1_{Y1}r^2_{Y2}|=J^1_{Y2}r^1_{Y1}$ であれば，$Z_4<0$ となる。たとえ均衡において $|J^1_{Y1}r^2_{Y2}|\neq J^1_{Y2}r^1_{Y1}$ であっても，$|J^1_{Y1}r^2_{Y2}|$ と $J^1_{Y2}r^1_{Y1}$ の差が比較的小さければ，やはり $Z_4<0$ となる。すなわち，両国の経済構造が比較的似通っていれば，$Z_4<0$ となるのである。ここでは，以下のような追加的な仮定を置くことにする。

［仮定5］

均衡において，$Z_4<0$ が成立する。

この仮定のもとでは，

$$\frac{dE}{dG_1}=(E_{G1})^*=(\frac{1}{\det T})\,Z_4<0 \tag{65}$$

となる。

同様にして，

$$dG_2\neq 0,\ d\bar{M}_1=d\bar{M}_2=dG_1=d\tau_1=d\tau_2 \tag{66}$$

の場合には，

$$\frac{dY_1}{dG_2}=(Y^1_{G2})^*>0,\ \ \frac{dY_2}{dG_2}=(Y^2_{G2})^*>0,\ \ \frac{dE}{dG_2}=(E_{G2})^*>0 \tag{67}$$

となることがわかる。

以上の分析結果をまとめると，以下の命題を得る。

［命題5］

(1)　(60)式が成立する場合には，$\frac{dY_1}{dG_1}>0$，$\frac{dY_2}{dG_1}>0$，$\frac{dE}{dG_1}<0$となる。

(2)　(66)式が成立する場合には，$\frac{dY_1}{dG_2}>0$，$\frac{dY_2}{dG_2}>0$，$\frac{dE}{dG_2}>0$となる。

さらに，

$$d\tau_1 \neq 0,\ d\bar{M}_1 = d\bar{M}_2 = dG_1 = dG_2 = d\tau_2 = 0 \tag{68}$$

の場合には

$$\frac{dY_1}{d\tau_1} = (Y^1_{\tau 1})^* < 0,\ \frac{dY_2}{d\tau_1} = (Y^2_{\tau 2})^* < 0,\ \frac{dE}{d\tau_1} = (E_{\tau 1})^* > 0 \tag{69}$$

となり，

$$d\tau_2 \neq 0,\ d\bar{M}_1 = d\bar{M}_2 = dG_1 = dG_2 = d\tau_1 = 0 \tag{70}$$

の場合には

$$\frac{dY_1}{d\tau_1} = (Y^1_{\tau 2})^* < 0,\ \frac{dY_2}{d\tau_2} = (Y^2_{\tau 2})^* < 0,\ \frac{dE}{d\tau_2} = (E_{\tau 2})^* < 0 \tag{71}$$

となることを示すことができる（証明略）。そこで，以下の命題を得る。

［命題 6］

（1）（68）式が成立する場合には，$\frac{dY_1}{d\tau_1} < 0$，$\frac{dY_2}{d\tau_1} < 0$，$\frac{dE}{d\tau_1} > 0$となる。

（2）（70）式が成立する場合には，$\frac{dY_1}{d\tau_2} < 0$，$\frac{dY_2}{d\tau_2} < 0$，$\frac{dE}{d\tau_2} < 0$となる。

変動相場制下で完全資本移動の小国経済では，財政政策が均衡実質国民所得に影響を及ぼすことができないという意味で財政政策が「無効」になるということは，いわゆる「マンデル=フレミング・モデル」のよく知られた帰結である（たとえば，浅田 2016a 第 7 章参照）。しかし，変動相場制下で不完全資本移動の 2 国モデルでは，たとえ資本移動の流動性が相対的に高くても，基本的にはマンデル=フレミング・モデルに依拠したモデルあっても財政政策が有効になることを，命題 5 と命題 6 は示している。

命題 5 は，ある国が拡張的な財政政策を行えば，当該国の名目利子率の上昇に反応して資本が他国から当該国に急速に流入することによって当該国の為替レートが増価するので，当該国の純輸出が減少し，それは当該国の実質国民所得を引き下げる効果があるにもかかわらず，当該国の実質政府支出の増加が乗数効果を通じて当該国の実質国民所得を増加させる効果のほうが大きく，結果的に当該国の均衡実質国民所得が増加することを意味している[19)]。ところで，他国の観点から見れば，他国の為替レートの減価によって他国の純輸出が増加し，他国の均衡実質国民所得も増加する。この意味で，ケインズ的な変動相場制下の不完全資本移動2国モデルにおいては，ある国の拡張的財政政策は，両国の均衡実質国民所得を増加させるという望ましい性質を持っているのである[20)]。命題6は，ある国の減税（限界税率の引き下げ）は当該国の政府支出の増加と同じ効果を持ち，増税（限界税率の引き上げ）は政府支出の減少と同じ効果を持っていることを意味している。

それでは，両国が同時に拡張的な財政政策を行った場合，すなわち，

$$dG_1 > 0,\ dG_2 > 0,\ d\bar{M}_1 = d\bar{M}_2 = d\tau_1 = d\tau_2 = 0 \tag{72}$$

の場合には，どのようなことが起こるであろうか。この場合についての比較静学分析の結果は，以下の式によって表される。

$$dY_1 = \underset{(+)}{(Y^1_{G1})^*}\underbrace{dG_1}_{(+)} + \underset{(+)}{(Y^1_{G2})^*}\underbrace{dG_2}_{(+)} > 0 \tag{73}$$

---

19)　すでに第5節で指摘したように，本章のモデルで国境を越えて移動する「資本」は，貨幣資本であり，K_1, K_2 で表される「実物資本」ではないことに留意する必要がある。

20)　この結論は，実物資本ストックが所与である「短期」モデルを扱った浅田（2016b）の結論と定性的には一致する。ただし，「短期」モデルでは，当該国の政府支出の増加がもたらす当該国の名目利子率の上昇によって当該国の民間投資が減少するという「クラウディング・アウト」効果が発生するにもかかわらず命題5と同様の結果がもたらされるのに対し，たとえ各国の名目利子率が変化しても実物資本ストックの調整によって各国の純投資が均衡においてゼロに保たれる本稿のような「中期」モデルでは，クラウディング・アウト効果が均衡において存在しないので拡張的財政政策の効果がより大きい，という相違に留意するべきである。なお，ケインズ的なモデルにおいて変動相場制下でも財政政策が有効になるという結論は，2国モデルに特有の結論ではなく，たとえ小国モデルであっても，国際資本移動が不完全ならば成立する（浅田 2016a 参照）。

$$dY_2 = \underset{(+)}{(Y^2_{G1})}^* \underbrace{dG_1}_{(+)} + \underset{(+)}{(Y^2_{G2})}^* \underbrace{dG_2}_{(+)} > 0 \tag{74}$$

$$dE = \underset{(-)}{(E_{Y1})}^* \underbrace{dG_1}_{(+)} + \underset{(+)}{(E_{Y2})}^* \underbrace{dG_2}_{(+)} \tag{75}$$

(73)式と (74)式は，各国が単独で拡張的な財政政策を実施するよりも，両国が同時に拡張的財政政策を実施した場合のほうが，いずれの国にとっても均衡実質国民所得が増加する効果が大きいことを示している。この結論は，両国が同時に拡張的な金融政策を実施した場合の結果である命題 4 の結論とは，対照的である。(75)式は，両国の拡張的財政政策が為替レートに及ぼす総効果は，2 つの相反する効果の合成なので，不確定になることを意味している。

7-3.　財政金融ポリシーミックスの比較静学分析

最後に，ある国が財政政策と金融政策を同時に実行した場合の効果，すなわち，「財政金融のポリシーミックス」が各変数の均衡値に及ぼす比較静学分析を行う。具体的には，

$$d\bar{M}_2 = dG_2 = d\tau_2 = 0 \tag{76}$$

という条件のもとで $\bar{M}_1, G_1, \tau_1$ がそれぞれ $d\bar{M}_1, dG_1, d\tau_1$ だけ変化した場合を考える。この場合には，以下の式が成立する[21]。

$$dY_1 = \underset{(+)}{(Y^1_{M1})}^* d\bar{M}_1 + \underset{(+)}{(Y^1_{G1})}^* dG_1 + \underset{(-)}{(Y^1_{\tau 1})}^* d\tau_1 \tag{77}$$

$$dY_2 = \underset{(-)}{(Y^2_{M1})}^* d\bar{M}_1 + \underset{(+)}{(Y^2_{G1})}^* dG_1 + \underset{(-)}{(Y^2_{\tau 1})}^* \mathrm{d}\tau_1 \tag{78}$$

$$dE = \underset{(+)}{(E_{M1})}^* d\bar{M}_1 + \underset{(-)}{(E_{G1})}^* dG_1 + \underset{(+)}{(E_{\tau 1})}^* d\tau_1 \tag{79}$$

ここで，経済学的な観点から興味深い以下の 2 つの特殊ケースについて考え

21)　この関係式は，「短期」モデルの比較静学分析を行った浅田（2016b）の結果と定性的には同じである。

ることにしよう。

ケース 1 : $d\bar{M}_1 > 0,\ dG_1 > 0,\ d\tau_1 = 0$

ケース 2 : $d\bar{M}_1 > 0,\ dG_1 = 0,\ d\tau_1 > 0$

ケース 1 の場合には

$$dY_1 = \underset{(+)}{(Y^1_{M1})^*}\underbrace{d\bar{M}_1}_{(+)} + \underset{(+)}{(Y^1_{G1})^*}\underbrace{dG_1}_{(+)} > 0 \tag{80}$$

$$dY_2 = \underset{(-)}{(Y^2_{M1})^*}\underbrace{d\bar{M}_1}_{(+)} + \underset{(+)}{(Y^2_{G1})^*}\underbrace{dG_1}_{(+)} \tag{81}$$

$$dE = \underset{(+)}{(E_{M1})^*}\underbrace{d\bar{M}_1}_{(+)} + \underset{(-)}{(E_{G1})^*}\underbrace{dG_1}_{(+)} \tag{82}$$

となり，ケース 2 の場合には

$$dY_1 = \underset{(+)}{(Y^1_{M1})^*}\underbrace{d\bar{M}_1}_{(+)} + \underset{(-)}{(Y^1_{\tau1})^*}\underbrace{d\tau_1}_{(+)} \tag{83}$$

$$dY_2 = \underset{(-)}{(Y^2_{M1})^*}\underbrace{d\bar{M}_1}_{(+)} + \underset{(-)}{(Y^2_{\tau1})^*}\underbrace{d\tau_1}_{(+)} < 0 \tag{84}$$

$$dE = \underset{(+)}{(E_{M1})^*}\underbrace{d\bar{M}_1}_{(+)} + \underset{(+)}{(E_{\tau1})^*}\underbrace{d\tau_1}_{(+)} > 0 \tag{85}$$

となる。

ケース 1 は，第 1 国の中央銀行による金融緩和と同国の政府による拡張的な財政政策の組合せに基づくポリシーミックスである。第 1 国の中央銀行引き受けの国債発行を財源として同国の政府支出の増加が行われるいわゆる「マネーファイナンス」のケースは，ケース 1 に該当するが，同国の政府が同国の民間銀行へ販売した国債を財源として政府支出を増加させ，同国の中央銀行が同国の民間銀行から国債を購入する，という間接的な方法による「事実上のマネーファイナンス」でも，同様の効果を持つ[22)]。なお，この場合には，中央銀行

22)　ここでは「マネーファイナンス」という用語を使用したが，同様の内容は，「マネ

を政府部門の一員とみなす「統合政府勘定」の資産項目と負債項目の双方で同額だけの国債残高が増えるので，統合政府の民間への負債は増えることはない(浅田 2016a 第 9 章参照)。

(80)式が示すように，この場合には，第 1 国が金融緩和と財政拡張のいずれか片方のみを行った場合に比べて，第 1 国の均衡実質国民所得の増加が大きくなる。たとえば，第 1 国の政府が財政拡張のみを行った場合には第 1 国の名目利子率が上昇して第 1 国の為替レートが増価することによって第 1 国の純輸出の減少が誘発されるが，第 1 国は，金融緩和を併用することによって，当該国にとってのこの悪影響を遮断することができるのである。(81)式は，第 1 国の金融緩和が第 2 国の均衡実質所得に及ぼす悪影響を第 1 国の財政拡張によって遮断することができることを意味している。(82)式は，第 1 国の金融緩和と同国の財政拡張が為替レートに及ぼす影響がお互いに相殺しあうので，為替レートに及ぼす影響は不確定になることを示している。

ところで，(51)式－(53)式が示すように，このモデルでは，$|r^1_{M1}|=0$ の場合には

$$(Y^1_{M1})^* = (Y^2_{M1})^* = (E_{M1})^* = 0 \tag{86}$$

となり，第 1 国の金融政策の効果はなくなってしまう。一般に，このモデルでは，第 i 国のマネーストックの変化に対する当該国の名目利子率の反応度 $|r^i_{Mi}|$ が小さければ，当該国の金融政策の効果は小さい。もし第 1 国の名目利子率がすでにその下限に近付いていれば，$|r^1_{M1}|$ は小さいので，政府支出の拡大を伴わない第 1 国の金融緩和のみでは，第 1 国の均衡国民所得を増やす効果が小さいことになる。しかし，この場合でも，当該国が政府支出の拡大と金融緩和を同時に行えば，比較的大幅に当該国の均衡実質国民所得を増やすことができ，しかも他国の均衡実質国民所得の落ち込みを防ぐことができることを，(80)式と (81)式は意味している。

ケース 2 は，第 1 国の中央銀行による金融緩和と同国の政府による増税が同

タリーファイナンス」(Turner 2016),「ヘリコプターマネー」(Turner 2016，井上 2016) など，様々な呼称で呼ばれている。

時に実施された場合を示している。この場合には，(83)式が示しているように，第 1 国の国内で金融緩和というアクセルと増税というブレーキが同時に踏まれているので，2 つの相反する効果がせめぎあい，第 1 国の均衡実質国民所得に与える効果が不確定になる。また，(84)式と（85)式が示しているように，第 1 国における金融緩和も増税も第 1 国の為替レートを減価させる（外国である第 2 国の為替レートを増価させる）ので，このことにより，第 2 国の均衡実質国民所得は大幅に減少するのである。このような不適切なポリシーミックスの具体例は，日本銀行による金融緩和の効果を 5%から 8%への消費税の増税によって相殺してしまった 2014 年の日本や，ヨーロッパ中央銀行の金融緩和とユーロ圏各国の政府による増税が同時に行われた 2007 年の金融危機後のヨーロッパ等にみられる（浅田 2016a，2016b 参照）[23)]。

8. おわりに

本章では，各国の企業の設備投資によって実物資本ストックが変化するが人口成長と技術進歩を捨象しているので，均衡において各国の実質国民所得が成長しない「中期」を前提にした，不完全資本移動・変動相場制かつ固定価格の 2 国カルドア型景気循環モデルの動学的特性の分析と財政金融政策の比較静学分析を行った。本章のモデルの限界は，各国の物価水準が固定している固定価格モデルであるために，インフレ率や期待インフレ率が変数として登場せず，したがって名目利子率と実質利子率の区別もなされていないことである。したがって，本章では，日本経済や世界経済の分析にとって過去 100 年以上にわたって重要なテーマであったインフレーションやデフレーションの分析がなされていない。また，財政金融政策の分析もそれらが各国の均衡国民所得や均衡為替レートに及ぼす影響を考察する比較静学分析に限られており，財政金融政策が均衡の動学的安定性に及ぼす影響は，分析されていない。これらの問題の

23）本章のモデルでは τ_i は第 i 国の所得税率ということになっているが，当該国の消費税率の増加も，同国の所得税率の増加と定性的には同じ効果を持っていると考えられる。

分析は本章の範囲を超えており，将来への課題として残されている[24)]。

［付録：命題1の証明］[25)]

(1) 仮定2と(32)式より，

$$b_1 = -\alpha_1 \underset{(+)}{G_{11}} - \underset{(-)}{G_{12}} - \alpha_2 \underset{(+)}{G_{33}} - \underset{(-)}{G_{34}} - \gamma \underset{(-)}{G_{55}} \tag{A1}$$

という関係を得る。したがって，$\gamma>0$ が任意の値に固定されているとき，もし α_1 と α_2 のうちのいずれかが十分に大きければ，$b_1<0$ となり，ラウス=フルヴィッツの小域的安定条件(42)のうちの1つを満たさなくなる。

(2) (32) − (41) の各式より，以下の諸関係が得られる。

$$\Delta_1(0,0,\gamma) \equiv b_1(0,0,\gamma) = -\underset{(-)}{G_{12}} - \underset{(-)}{G_{34}} - \gamma \underset{(-)}{G_{55}} > 0 \tag{A2}$$

$$b_2(0,0,\gamma) = \underset{(-)}{G_{12}}\underset{(-)}{G_{34}} + \gamma(\underset{(-)}{G_{12}}\underset{(-)}{G_{55}} + \underset{(-)}{G_{34}}\underset{(-)}{G_{55}}) > 0 \tag{A3}$$

$$b_3(0,0,\gamma) = -\gamma \underset{(-)}{G_{12}}\underset{(-)}{G_{34}}\underset{(-)}{G_{55}} > 0 \tag{A4}$$

$$\begin{aligned}\Delta_2(0,0,\gamma) &\equiv b_1(0,0,\gamma)b_2(0,0,\gamma) - b_3(0,0,\gamma)\\ &= (-\underset{(-)}{G_{12}} - \underset{(-)}{G_{34}})\underset{(-)}{G_{12}}\underset{(-)}{G_{34}} - \gamma \underset{(+)}{G_{12}^2}\underset{(-)}{G_{34}} - \gamma \underset{(-)}{G_{34}}(\underset{(-)}{G_{12}}\underset{(-)}{G_{55}} + \underset{(-)}{G_{34}}\underset{(-)}{G_{55}})\\ &\quad - \gamma^2 \underset{(-)}{G_{55}}(\underset{(-)}{G_{12}}\underset{(-)}{G_{55}} + \underset{(-)}{G_{34}}\underset{(-)}{G_{55}}) > 0\end{aligned} \tag{A5}$$

---

24)　これらの問題をケインズ的な閉鎖経済動学モデル，小国開放経済動学モデル，2国動学モデルのフレームワークのもとでそれぞれ分析するために必要な分析道具については，Chiarella, Flaschel, Groh and Semmler (2000), Asada, Chiarella, Flaschel and Franke (2003, 2010), Asada, Flaschel, Mouakil and Proaño (2011)，を参照されたい。

25)　ここで採用されている証明方法は，不完全資本移動・固定相場制の2国カルドア・モデルを分析したAsada (2004) における証明方法に準拠している。

$$b_4(0,0,\gamma)=0,\ b_5(0,0,\gamma)=0 \tag{A6}$$

$$\Delta_3(0,0,\gamma)\equiv b_3(0,0,\gamma)\Delta_2(0,0,\gamma)>0 \tag{A7}$$

$$b_4(\alpha_1,0,\gamma)=\alpha_1\gamma G_{34}\begin{vmatrix} G_{11} & G_{12} & G_{15} \\ F_{21} & G_{12} & 0 \\ G_{51} & 0 & G_{55} \end{vmatrix}=\alpha_1\gamma G_{34}\begin{vmatrix} G_{11}-F_{21} & 0 & G_{15} \\ F_{21} & G_{12} & 0 \\ G_{51} & 0 & G_{55} \end{vmatrix}$$

$$=\alpha_1\gamma \underset{(-)}{G_{34}}\underset{(-)}{G_{12}}\{\underbrace{(G_{11}-F_{21})}_{(-)}\underset{(-)}{G_{55}}-\underset{(+)}{G_{15}}\underset{(-)}{G_{51}}\}>0 \quad \text{for all}\,(\alpha_1,\gamma)>(0,0) \tag{A8}$$

$$b_5(\alpha_1,0,\gamma)=0 \quad \text{for all}\ (\alpha_1,\gamma)>(0,0) \tag{A9}$$

$$\Delta_4(\alpha_1,0,\gamma)\equiv b_4(\alpha_1,0,\gamma)\Delta_3(\alpha_1,0,\gamma) \tag{A10}$$

$$b_5(\alpha_1,\alpha_2,\gamma)>0 \quad \text{for all}\ (\alpha_1,\alpha_2,\gamma)>(0,0,0) \tag{A11}$$

$$\Delta_5(\alpha_1,\alpha_2,\gamma)\equiv b_5(\alpha_1,\alpha_2,\gamma)\Delta_4(\alpha_1,\alpha_2,\gamma) \tag{A12}$$

諸パラメーターの変化に関する各関数の連続性を考慮すれば，(A2)，(A5)，(A7) の各式は，すべての十分に小さい $(\alpha_1,\alpha_2)>(0,0)$ に対して $\Delta_1>0$, $\Delta_2>0$, $\Delta_3>0$ となることを意味する。それはまた，すべての十分に小さい $\alpha_1>0$ に対して $\Delta_3(\alpha_1,0,\gamma)>0$ となることを意味しており，この結果と (A8) 式，(A10) 式より，すべての十分に小さい $\alpha_1>0$ に対して $\Delta_4(\alpha_1,0,\gamma)>0$ となることがわかる。このことはまた，連続性により，すべての十分に小さい $(\alpha_1,\alpha_2)>(0,0)$ に対して $\Delta_4>0$ となることを意味している。この結果と (A11) 式，(A12) 式より，すべての十分に小さい $(\alpha_1,\alpha_2)>(0,0)$ に対して $\Delta_5>0$ となることがわかる。以上の分析により，すべての十分に小さい $(\alpha_1,\alpha_2)>(0,0)$ に対してラウス=フルウィッツの小域的安定条件 (42) がすべて満たされることが証明された。

追記　本章は，平成 25 年日本学術振興会科学研究費補助金（基盤研究（C）25380238），文部科学省私立大学戦略的研究基盤形成支援事業および平成 29 年度中央大学基礎研究費に基づく研究成果の一部である。記して感謝する。

参 考 文 献

浅田統一郎（1997）『成長と循環のマクロ動学』日本経済評論社。

浅田統一郎（2008）「マクロ経済動学における連続時間分析と離散時間分析：若干の例題と日本経済分析への含意」『経済学論纂』（中央大学）第 48 巻第 1・2 合併号，89-120 ページ。

浅田統一郎（2016a）『マクロ経済学基礎講義　第 3 版』中央経済社。

浅田統一郎（2016b）「変動相場制下の 2 国マンデル＝フレミング・モデルにおける財政金融政策の効果：不完全資本移動の場合」中央大学経済研究所編『日本経済の再生と新たな国際関係』中央大学出版部，187-215 ページ。

井上智洋（2016）『ヘリコプターマネー』日本経済新聞出版社。

奥村隆平（1985）『変動相場制の理論』名古屋大学出版会。

河合正弘（1994）『国際金融論』東京大学出版会。

Asada, T.（1995）, "Kaldorian Dynamics in an Open Economy", *Journal of Economics / Zeitschrift für Nationalökonomie,* Vol. 62, pp. 19-38.

Asada, T.（2004）, "A Two-regional Model of Business Cycles with Fixed Exchange Rates : A Kaldorian Approach", *Studies in Regional Sciences,* Vol. 34, No. 2, pp. 19-38.

Asada, T., Chiarella, C., Flaschel, P. and Franke, R.（2003）, *Open Economy Macrodynamics : An Integrated Disequilibrium Approach,* Berlin : Springer.

Asada, T., Chiarella, C., Flaschel, P. and Franke, R.（2010）, *Monetary Macrodynamics*, London : Routledge.

Asada, T., Douskos, C., Kalantonis, V. and Markellos, P.（2010）, "Numerical Exploration of Kaldorian Interregional Macrodyamics : Enhanced Stability and Predominance of Period Doubling under Flexible Exchange Rates", *Discrete Dynamics in Nature and Society*, Vol. 2010, Article ID 263041, pp. 1-29.

Asada, T., Douskos, C. and Markellos, P.（2011）, "Numerical Exploration of Kaldorian Interregional Macrodyamics : Stability and the Trade Threshold for Business Cycles under Fixed Exchange Rates", *Nonliner Dynamics, Psychology, and Life Sciences,* Vol. 15, No. 1, pp. 105-128.

Asada, T., Flaschel, P., Mouakil, T. and Proaño, C.（2011）, *Asset Markets, Portfolio Choice and Macroeconomic Activity : A Keynesian Perspective,* Basingstoke, U. K., Palgrave Macmillan.

Asada, T., Inaba, T. and Misawa, T.（2001）, "An Interregional Dynamic Model : The Case of Fixed Exchange Rates", *Studies in Regional Sciences,* Vol. 31, No. 2, pp. 29-41.

Asada, T., Kalantonis, V., Markellos, M. and Markellos, P.（2012）, "Analytical Expressions of Periodic Disequilibrium Fluctuations Generated by Hopf Bifurcations in Economic

Dynamics", *Applied Mathematics and Computation,* Vol. 218, pp. 7066–7077.

Chiarella, C., Flaschel, P., Groh, G. and Semmler, W. (2000), *Disequilibrium, Growth, and Labor Market Dynamics,* Berlin : Springer.

Dornbusch, R. (1980), *Open Economy Macroeconmics*, New York : Basic Books（大山道廣・堀内俊洋・米沢善衛訳（1984）『国際マクロ経済学』文眞堂）.

Fleming, J. M. (1962), "Domestic Financial Policies under Fixed and Floating Exchange Rates", *IMF Staff Papers,* Vol. 9, pp. 369–379.

Frenkel, J. A. and Razin, A. (1987), *Fiscal Policies and the World Economy,* Cambridge, Massachusetts, The MIT Press（河合正弘監訳（1991）『財政政策と世界経済』HBJ 出版局）.

Galí, J. (2015), *Monetary Policy, Inflation, and Business Cycles : An Introduction to the New Keynesian Framework, Second Edition,* Princeton : Princeton University Press.

Gandolfo, G. (2009), *Economic Dynamics, Fourth Edition,* Berlin : Springer.

Kaldor, N. (1940), "A Model of the Trade Cycle", *Economic Journal,* Vol. 50, pp. 69–86.

Keynes, J. M. (1936), *The General Theory of Employment, Interest and Money,* London : Macmillan（間宮陽介訳（2006）『雇用・利子および貨幣の一般理論』上・下，岩波文庫）.

Liu, W. M. (1994), "Criterion of Hopf Bifurcations without Using Eigenvalues", *Journal of Mathematical Analysis and Applications,* Vol. 182, pp. 250–256.

Maličky, P. and Zimka, R. (2010), "On the Existence of Business Cycles in Asada's Two-regional Model", *Nonlinear Analysis : Real World Applications,* Vol. 11, pp. 2787–2795.

Maličky, P. and Zimka, R. (2012), "On the Existence of Tori in Asada's Two-regional Model", *Nonlinear Analysis : Real World Applications,* Vol. 13, pp. 710–724.

Medveďová, P. (2011), "A Dynamic Model of a Small Open Economy under Flexible Exchange Rates", *Acta Polytechnica Hungarica,* Vol. 8, No. 3, pp. 13–26.

Mundell, R. (1963), "Capital Mobility and Stabilization Policy under Fixed and Flexible Exchange Rates", *Canadian Journal of Economics and Political Science,* Vol. 29, pp. 475–485.

Mundell, R. (1968), *International Economics,* New York : Macmillan（渡辺太郎・箱木真澄・井川一宏訳（2000）『新版　国際経済学』ダイヤモンド社）.

Turner, A. (2016), *Between Devil and Debt : Money, Credit, and Fixing Global Finance,* Princeton : Princeton University Press（高遠裕子訳（2016）『債務，さもなくば悪魔：ヘリコプターマネーは世界を救うか？』日経 BP 社）.

Samuelson, P. A. (1947), *Foundations of Economic Analysis,* Cambridge, Massachusetts : Harvard University Press（佐藤隆三訳（1967）『経済分析の基礎』勁草書房）.

Woodford, M. (2003), *Interest and Prices : Foundations of a Theory of Monetary Policy,* Princeton : Princeton University Press.

第 2 章

賃金交渉を考慮した3階級カレツキアン・モデルにおけるマクロ経済分析

大 畑 勇 輔

1. はじめに

資本家と労働者を巡る成長と分配に関する議論において，カレツキアン・モデルを用いた経済成長論の多種多様な研究成果が国内外で注目されている。初期のカレツキアン・モデルは，資本家と労働者という2階級がモデルの基礎を構成し，労働者側の経済主体は1種類であると想定する基本的なフレームワークが提唱された。カレツキアン・モデルの理論的発展あるいは拡張も，1種類の労働者側における経済主体を構想として据え置き，技術進歩の内生化や金融的側面の導入，開放経済におけるカレツキアン・モデルへの拡張などが行われ，今なお多数の研究成果を輩出している。

しかしながら，過去を遡れば既にRowthorn（1981）では，直接労働および間接労働という2種類の労働力を想定したカレツキアン・モデルが提示されていたにもかかわらず，その後の一時期において，労働者階級の拡張的な議論は休止してしまったように思われる。

この場合，直接労働とは産出量の変化に応じて調整される可変的な労働として定義されており，間接労働とは産出量の変化の影響を受けない固定的な労働のことを指している。現代経済に例えて表現すれば，技術労働者や一般事務職などの労働力を直接労働とし，経営者側または管理職等が固定労働に該当するものである[1)]。

佐々木（2010）では「意外なことに，2種類の労働を考慮したカレツキアン・モデルはそれほど，多くはない。とりわけ，2種類の労働の存在が，均衡の安定性にどのような影響を与えるのかを分析した研究は，ほとんど存在しない。」[2)] としている。

Raghavendra（2006）は，Rowthorn のカレツキアン・モデルを修正し，所得分配の内生化を試みた。このモデルでは，稼働率と利潤シェア（利潤率ではない）について，内生的な循環現象が出現する。非線形型の投資関数を仮定し，固定労働が原因として起こる収穫逓増により，ある条件の下では，リミットサイクルが生じることを証明している。ただし，以上の研究では2種類の労働者が受け取る賃金は同一であると仮定されている。

また，Lavoie（2009）では，従業員より経営者が受け取る賃金は必然的に高額であると想定したカレツキアン・モデルが提示されている。Sasaki（2013・2016）では，非正規労働より正規労働が受け取る賃金は高いと仮定した。そこでは所得分配を内生化したモデルが展開され，正規・非正規労働の賃金格差の拡大は，経済の不安定化に寄与し，リミットサイクルが生じることを証明している。以上の研究成果では，2種類の労働が受け取る賃金は異なるが，賃金格差は外生的に与えられるものと仮定されている。

佐々木・薗田（2016）では，2種類の労働が受け取る賃金決定構造が根本的に異なっており，賃金格差が内生的に決定されるモデルを構築した。ただし，長期均衡においては，賃金水準がはじめから決定されるわけではないことを留意している[3)]。

---

1)　同内容がマルク・ラヴォア著 宇仁宏幸・大野隆訳（2008）『ポストケインズ派経済学入門』の124–125ページで解説されている。

2)　佐々木（2010）より抜粋し転載した。

3)　佐々木・薗田（2016）は，2016年12月24日に早稲田大学で開催されたポストケインズ派研究会において，「Differences in Wage-Determination systems between Regular and Non-Regular Employment in a Kaleckian Model」の題名で学会発表された研究成果

本章は，佐々木・薗田（2016）を理論的基盤として，労働者階級を正規労働者および非正規労働者の2階級に区分したカレツキアン・モデルに一部修正を加え，労働組合が賃金交渉力を持つ上で，非正規労働者においても賃金交渉（または広い意味での雇用契約等の待遇改善を含む）を行う想定のもと，稼働率，正規労働者の賃金シェア，非正規労働者の賃金シェアにおける均衡の安定性および経済の時間的変動における動態について分析することを試みた。

従来のカレツキアン・モデルでは，正規雇用労働者と非正規雇用労働者の賃金格差を論じたモデルや2種類の労働の賃金決定様式が異なる賃金格差が内生的に決定される理論が展開されてきたが，基本的に労働組合が正規雇用労働者に限定して，目標賃金シェアを設定しこれに関する交渉力を持つ構造が想定されている。

しかしながら，近年では非正規雇用労働者が加入できる労働組合も増加しており（あるいは非正規労働者を主体として形成される労働組合も存在する），労働組合を仲介して非正規労働者の交渉力が反映される場合がある。

労使交渉などに配慮したミクロ的基礎付けに基づくカレツキアン・モデルによる分析も進んでいるが，非正規労働者の交渉力を理論的に取り込んだモデルは未だ想定されていないように思われる[4)]。

そこで今回は，労働組合が正規雇用労働者と非正規雇用労働者の間に存在する利害を調整する形で，労働者全体の目標賃金シェアを設定し，労使交渉により非正規の賃金シェアも変化するカレツキアン・モデルへのいくつかの修正を試みた。

であり，正規雇用の賃金交渉の結果が非正規雇用の賃金シェアに及ぼす影響を考察した3階級カレツキアン・モデルのマクロ動学における所得分配の理論分析を行ったものである。

4)　阿部太郎（2013）では，Cassetti（2003）を基に目標利潤分配率を内生化したモデルにより，労使交渉や技術進歩が所得分配に与える影響を考察している。

2. カレツキアン・モデルの基本的特徴とモデルの定式化

2-1　カレツキアン・モデルの基本的特徴

まず，本章で扱う理論モデルの組立てに先立ち，カレツキアン・モデルが想定する経済状態について，各種の前提条件を整理しておきたい。Sasaki（2014）にならって，カレツキアン・モデルを特徴付けるいくつかの仮定を示すことにする[5)]。

1. 価格決定は，不完全競争における企業のマークアップ・プライシングが作用する。
2. 貯蓄から独立した企業の設備投資関数が想定される。
3. 財・サービス市場においては，稼働率調整を通じた数量調整が働く。
4. 通常は「2 階級モデル」が想定され，労働者と資本家で構成される[6)]。
5. 労働者階級は，賃金をすべて消費する。
6. 資本家は，獲得した利潤のうち，一定割合を貯蓄に回す。

また佐々木・薗田（2016）では，賃金決定に関する仮定を以下の通りとしている。

第一に，「正規労働者は集団的賃金交渉を行う。彼らの優先事項は高賃金よりも雇用の確保，不況期では，労働組合は雇用調整に対抗し，そのかわり，賃金については妥協する。それゆえ，不況期には労働保蔵により労働生産性が低下し，賃金抑制が作用し，所得分配が変化する。」と仮定する。

第二に，「非正規労働者は，賃金交渉を行わず，彼らの賃金は総需要の変動に応じて柔軟に調整される。それゆえ，不況期には労働保蔵が行われないので，労働生産性は変化せず，実質賃金が低下し，結果的に所得分配が変化す

---

5)　池田毅（2006）によるカレツキアン・モデルの基本構造についての解説も併せて，参照されたい。

6)　本稿では「3 階級モデル」の構想を試みている。

る。」としている。

第三に，「正規労働の賃金交渉の成果が非正規労働の賃金決定に影響を及ぼす場合と及ぼさない場合の双方を分析する。」としている7)。

これらを踏まえて，このモデルにおいて総産出量に関しては，正規労働者による産出量と非正規労働者による産出量に分けた上で，その割合を表現している。つまり，総産出量が各々の雇用形態における労働生産性と雇用量の積の合計に等しくなるように決定されるとしている。

2-2　モデルの特性

次に，本章におけるカレツキアン・モデルを提示する。本章のモデルでは，佐々木・薗田モデルに対して，基本設定およびモデルの構造において，いくつかの点で異なった考察に依拠しており，モデルの修正を試みている。

第一に，非正規労働者の賃金決定に関する定式化である。非正規労働者においては，賃金交渉は行われないのが通常の解釈であるが，本章では非正規労働者は賃金に関して，労働組合を介して企業側との交渉を行うと仮定している。

第二に，2種類の労働者に関して，賃金シェアの定式化に一部修正を加えている。

佐々木・薗田モデルでは，正規労働者の賃金シェアの時間変化率が，正規労働の実質賃金変化率と労働生産性の上昇率の差に等しく決まるように設定されている。そして非正規労働者については，労働生産性の上昇に関してその影響を認めず，賃金シェアの時間変化率が，景気に反応する部分と実質賃金の変化率に依存する部分で決まると想定している。

しかしながら本章のモデルでは，非正規労働者の労働生産性の上昇率について，正規労働者より影響度は少ないが，現実の稼働率と標準稼働率の差に応じた変化に影響される仮定の下で，非正規労働者賃金シェアの時間変化率を定式化しようと試みている8)。

---

7)　佐々木・薗田（2016）のポストケインジアン研究会での発表資料より転記した。

また，これから提示するモデルでは，正規労働者と非正規労働者が労働市場において分断されており，各々が自らの目標賃金シェアを設定する。労働組合の賃金交渉力を互いに活用し，特に非正規雇用労働者も，労働生産性の変化について現実の稼働率と標準稼働率の差に影響を受けると仮定する。ただし，正規労働者の影響度との比較では，正規労働者よりも非正規労働者の方が影響を受けにくいと想定する。

2–3　モデルの設定

本章では，中期・長期の分析は考慮に入れず，短期分析に重点を置くため，稼働率と２種類の労働者の賃金シェアが内生変数となる。

まず，経済全体の産出量のうち，一定の割合が正規雇用労働者によって生産され，残りの割合を非正規雇用労働者が生産する構造を仮定する。

$$Y=\theta Y+(1-\theta)Y=\lambda_r L_r+\lambda_{nr} L_{nr} \tag{1}$$

(1)式は，総産出量が各々の労働生産性と雇用量を乗じたものを合計した量に等しいことを表している。

ここで，Y：経済全体の総産出量，θY：正規雇用労働者の産出量，$(1-\theta)Y$：非正規雇用労働者の産出量，λ_r：正規雇用労働者の労働生産性，L_r：正規雇用労働者の雇用量，λ_{nr}：非正規雇用労働者の労働生産性，L_{nr}：非正規雇用労働者の雇用量である。また稼働率は，資本ストック１単位当たりの産出量と想定する。

続いて，賃金シェアを定式化する。

$$\Psi=\frac{w_r L_r+w_{nr} L_{nr}}{Y}=\theta\cdot\frac{w_r L_r}{\theta Y}+(1-\theta)\cdot\frac{w_{nr} L_{nr}}{(1-\theta)Y} \tag{2}$$

8)　非正規労働に対する従来の仮定とは異なり，現実経済への妥当性に懸念があると指摘される可能性もある。しかしながら，例えば最近の日本における労使交渉，一部の労働組合による取組みおよび政府主導による多様な働き方の共存を模索する現代のマクロ経済制度・環境を挙げれば，ポストケインジアンとしての視座から，このような仮定を試みることは経済制度・経済状況への問題意識の表れでもある。

$$=\theta\Psi_r+(1-\theta)\Psi_{nr}$$

(2)式は，賃金シェアが正規および非正規労働者の賃金シェアの合計であることを表している。なお，Ψ：労働者全体の賃金シェア，w_r：正規雇用労働者の実質賃金，w_{nr}：非正規労働者の実質賃金，$\theta\Psi_r$：正規労働者の賃金シェア，$(1-\theta)\Psi_{nr}$：非正規雇用労働者の賃金シェアである。

次に，稼働率調整における財・サービス市場のモデル化を行い，稼働率に関する需要の動学方程式を導出する。ここで企業の設備投資関数は，Marglin and Bhaduri（1990）に基づき，稼働率と利潤シェアの増加関数となるよう以下の通り設定する。

$$g^d=\alpha u+\beta(1-\Psi)+\gamma\,;\alpha>0,\beta>0,\gamma>0 \tag{3}$$

ここで，g^d：資本ストック1単位あたりの計画投資，γ：アニマルスピリッツである。

また，貯蓄関数を定義すると，

$$g^s=s(1-\Psi)u\,;0<s<1 \tag{4}$$

となり，資本家としての企業のみが利潤の一定割合を貯蓄していくものとする。ここで，財・サービス市場における稼働率は，超過需要によって増加し，超過供給によって減少する。稼働率調整を通じて，数量調整が行われるものとする[9)]。

稼働率の時間的変化は，以下の通りに示される。

$$\dot{u}=\phi(g^d-g^s)\,;\phi>0 \tag{5}$$

$\dot{u}=0$ となる場合の稼働率は，以下の通りである。

$$u^*=\frac{\beta(1-\Psi)+\gamma}{s(1-\Psi)-\alpha} \tag{6}$$

---

9)　財・サービス市場において数量調整を前提とするのは，ケインジアンの常套手段である。

$u^*>0$ となり経済学的に意味を持つためには，$s(1-\Psi)-\alpha>0$ であることが必須である。後述の分析のために，以下の偏微分について計算を行っておく。

$$\frac{\partial \dot{u}}{\partial u}=\phi\left[\alpha-s+s\theta\Psi_r+s(1-\theta)\Psi_{nr}\right] \tag{7}$$

$$A\equiv s-s\theta\Psi_r^*-s(1-\theta)\ \Psi_{nr}^*-\alpha>0 \tag{8}$$

$$\frac{\partial \dot{u}}{\partial u}=-\phi A<0 \tag{9}$$

〔仮定1〕 $A>0$ 　とする。

財・サービス市場の数量調整が安定的に機能するためには，「ケインジアンの安定条件（Marglin and Bhaduri（1990））」が必要となる。つまり $A>0$ であり，貯蓄の稼働率に対する反応度が，投資の反応度よりも大きくなることが必要である。

ここで，正規雇用労働者および非正規雇用労働者の賃金シェアが，稼働率の変動に与える影響をそれぞれ定式化しておく。(3) 式および (4) 式を (5) 式へ代入したうえで，それぞれについて稼働率の時間変化における偏微分を行うと以下の通りとなる。

$$\frac{\partial \dot{u}}{\partial \Psi_r}=\phi\theta(su^*-\beta)=\phi\theta B \tag{10}$$

$$\frac{\partial \dot{u}}{\partial \Psi_{nr}}=\phi(1-\theta)(su^*-\beta)=\phi(1-\theta)B \tag{11}$$

ただし，$B\equiv(su^*-\beta)$ とする。 (12)

ちなみに $(su^*-\beta)$ の正負は，確定的でないため，以下のような定義付けが必要となる。つまり，$B=(su^*-\beta)>0$ ならば，賃金主導型経済となり，$B=(su^*-\beta)<0$ ならば，利潤主導型経済となる。ここで，賃金主導型経済とは実質賃金の増加が需要の増加に繋がる経済レジームであり，逆に利潤主導型経済とは実質賃金の増加が需要の減少を引き起こしてしまう経済レジームを示して

いる[10)]。

稼働率に関する需要の動学方程式が導出されたので，これに対する正規雇用労働者の賃金シェアの変化および非正規雇用労働者の賃金シェアの変化について，所得分配の動学方程式を定式化する。

正規雇用労働者の労働生産性の上昇率は，現実の稼働率と標準稼働率との差に依存すると考える。 正規雇用労働者の労働生産性の上昇率は，

$$\widehat{\lambda_r}=\rho(u-\overline{u})\ ;\ \rho>0 \tag{13}$$

と設定される。正規雇用労働者の実質賃金変化率から労働生産性の上昇率を差し引いたものと等しくなるように想定されている。

正規雇用労働者の実質賃金の変化率は，正規雇用労働者全体の賃金シェアとその目標賃金シェアの差に応じて変動すると考える。すると，

$$\widehat{w_r}=-\epsilon\theta(\Psi_r-\overline{\Psi_r})\ ;\ \epsilon>0,\overline{\Psi_r}>0 \tag{14}$$

と設定される。正規雇用労働者の労働生産性の上昇率は，現実の稼働率と標準稼働率との差に応じて変化すると考える。

(14) 式から (13) 式を差し引いて，(15) 式を得る。

$$\widehat{\Psi_r}=-\epsilon\theta(\Psi_r-\overline{\Psi_r})-\rho(u-\overline{u}) \tag{15}$$

ここで，u，Ψ_r，Ψ_{nr} が Ψ_r の変動に与える影響を考えると，以下のようになる。

すなわち，

$$\frac{\partial\dot{\Psi}_r}{\partial u}=-\rho\Psi_r^* \tag{16}$$

10)　浅田統一郎 (2008) 36ページでは，「賃金主導型経済」および「利潤主導型経済」という名称について，「フランスのレギュラシオン学派に由来している」と解説されている。

$$\frac{\partial \dot{\Psi}_r}{\partial \Psi_r} = -\epsilon\theta\Psi_r^* \tag{17}$$

$$\frac{\partial \dot{\Psi}_r}{\partial \Psi_{nr}} = 0 \tag{18}$$

と表現される[11)]。

非正規雇用労働者の賃金シェアの変化率は，非正規労働者の実質賃金変化率から労働生産性の上昇率を差し引いたものと等しくなる。

非正規雇用労働者の労働生産性の上昇率は，現実の稼働率と標準稼働率との差に応じて変化すると考える。

$$\widehat{\lambda_{nr}} = \tau(u - \overline{u})\ ;\ 0 < \tau < \rho \tag{19}$$

非正規雇用労働者の実質賃金の変化率は，非正規雇用労働者全体の賃金シェアとその目標賃金シェアの差に応じて変動すると考える。

$$\widehat{w_{nr}} = -\delta(1-\theta)(\Psi_{nr} - \overline{\Psi_{nr}}) \tag{20}$$

佐々木・薗田モデルにおける，産出量に弾力的な性質（景気に反応する部分）としての従来の仮定を排し，ここでは景気の変動を受けにくいと仮定する。

また，非正規雇用労働者は，非正規の賃金シェアと目標賃金シェアの差に影響を受けて実質賃金に反映されるため，間接的に正規の実質賃金にも影響を受ける解釈をしている。

（20）式から（19）式を差し引いて，（21）式を得る。

$$\widehat{\Psi_{nr}} = -\delta(1-\theta)(\Psi_{nr} - \overline{\Psi_{nr}}) - \tau(u - \overline{u})\ ;\ -1 < \delta < 1 \tag{21}$$

ここで，u，Ψ_r，Ψ_{nr} が Ψ_{nr} の変動に与える影響を考えると以下のようになる。

すなわち，

11）　モデルの設定について，(1)～(18)式までの展開は，基本的に佐々木・薗田モデルに依拠した前提条件および定式化を行っており，佐々木・薗田モデルを準用している。

$$\frac{\partial \dot{\Psi}_{nr}}{\partial u}=-\tau \Psi_{nr}^{*} \tag{22}$$

$$\frac{\partial \dot{\Psi}_{nr}}{\partial \Psi_{r}}=0 \tag{23}$$

$$\frac{\partial \dot{\Psi}_{nr}}{\partial \Psi_{nr}}=-\delta(1-\theta)\Psi_{nr}^{*} \tag{24}$$

と表現される。労働者全体の賃金シェアは，$\Psi=\theta\Psi_{r}+(1-\theta)\Psi_{nr}$ である。

このモデルの動学システム体系は，以下の3つの微分方程式に集約されることになる。

$$\dot{u}=\phi[\alpha_{u}+\beta(1-\Psi)+\gamma-s(1-\Psi)u] \tag{25}$$

$$\dot{\Psi}_{r}=-[\epsilon\theta(\Psi_{r}-\overline{\Psi_{r}})+\rho(u-\overline{u})]\Psi_{r} \tag{26}$$

$$\dot{\Psi}_{nr}=-[\delta(1-\theta)(\Psi_{nr}-\overline{\Psi_{nr}})+\tau(u-\overline{u})]\Psi_{nr} \tag{27}$$

3. 労働組合の内部調整を介した非正規雇用労働者における賃金交渉力

各雇用形態における賃金決定に関する仮定は，モデルの独自性を裏付ける解釈を含むものであるため，詳細について触れておきたい。

まず，正規雇用労働者は，労働組合を通じた賃金交渉力を持っていると仮定している。このため，失業を免れるための継続雇用の確保が優先事項となり，稼働率が低下する不況期には，雇用量の維持による労働保蔵により正規雇用の労働生産性が低下するものと考える。これは，賃金交渉面では妥協的な振る舞いとならざるを得ず，資本家側の利潤シェアが圧縮されるケースでは，賃金抑制を受け入れる結果となるためである。

そして，非正規雇用労働者は，慣例的には産出量に応じて柔軟な雇用調整が行われるものと想定されるが，ここでは非正規雇用労働者にも賃金交渉力を認める仮定を置く。

ただし，稼働率を通じた労働生産性の変化は，正規雇用労働者の変化率よりも少ないものとし，実質賃金の変化率についても，非正規雇用労働者の目標賃金シェアと現実の非正規雇用労働者の賃金シェアに影響されるものと仮定する。

本章モデルは，佐々木・薗田（2016）では非正規の労働生産性の変化を「0（ゼロ）」と仮定している点に修正を試みている。正規労働者の賃金交渉の結果が，非正規労働者の実質賃金に対してマイナスになるという根拠が一意には決まらないと考えたからである。

むしろ短期では，正規労働者と非正規労働者はそれぞれ労働市場が分断されている状況で賃金シェアの調整がなされ，各々の雇用形態の目標賃金シェアが主体自身の賃金シェアの増減に影響を与えるものと考えた。

また，企業はその目標利潤シェアから実際の利潤シェアの差を埋めようと，人件費圧縮に乗り出す。労働組合は，現実の利潤シェアと組合の目標賃金シェアの差の分だけ，名目賃金を引き上げるよう交渉する。

所得分配に関する2つの動学方程式は，労働組合が労使交渉を行うにあたって，2階級の労働者間にある賃金シェアの割合を労働組合の調整機構としての性質および役割を経由して，比率を選択する必要が出てくる。例えば，全体における正規労働者の目標賃金シェアを大きくとるか，小さくとるかということになる。具体的には正規労働の組合員と非正規の組合員に賃金引上げの目標を提示し，組合員に対してその労使交渉の年度方針を説明し，事前のコンセンサスを得る行動が必要になる。正規・非正規組合員の目標賃金シェアをどの割合に定めるかは労働組合本部の方針等に依存する。

繰り返すが，本章の問題意識は，労働組合が正規労働者だけでなく，非正規雇用労働者についても，同一労働同一賃金を訴求するような交渉力を持っている場合である。賃上げ要求が可能な交渉力を想定している。これは，ここ最近の労使交渉でも実践され始めていることであり，また労働契約法，パートタイム労働法の改正などにより，勤続年数が一定期間長い非正規雇用労働者に対して，仮に正規化が難しくとも，正規雇用労働者の同一労働に対する同程度の賃金・手当の支給を促すものとして，注目を集めているのは言うまでもない。

4. モデルの定常均衡および動学システムにおける解析的考察

モデルの動学システム体系が示されたところで，この体系における小域的な安定性を検討する。このシステムの定常均衡について考えると，定常均衡は $\dot{u}=\dot{\Psi}_r=\dot{\Psi}_{nr}=0$ となる状態で定義される。

このとき定常均衡では，$u^*>\bar{u}$, $\Psi_r^*>\overline{\Psi_r}$, $\Psi_{nr}^*>\overline{\Psi_{nr}}$ の条件を満たすことが必要となる。

(25)，(26)，(27) は，行列を用いて書き直すと以下のようになる。

$$\begin{pmatrix}\dot{u}\\ \dot{\Psi}_r\\ \dot{\Psi}_{nr}\end{pmatrix}=\begin{pmatrix}J_{11} & J_{12} & J_{13}\\ J_{21} & J_{22} & J_{23}\\ J_{31} & J_{32} & J_{33}\end{pmatrix}\begin{pmatrix}u-u^*\\ \Psi_r-\Psi_r^*\\ \Psi_{nr}-\Psi_{nr}^*\end{pmatrix} \tag{28}$$

定常状態における小域的な安定性を検討するため，ヤコビ行列を計算する。この体系の均衡点 $(u^*, \Psi_r^*, \Psi_{nr}^*)$ におけるヤコビ行列は，以下のように表される。

$$\mathbf{J}=\begin{pmatrix}J_{11} & J_{12} & J_{13}\\ J_{21} & J_{22} & J_{23}\\ J_{31} & J_{32} & J_{33}\end{pmatrix}=\begin{pmatrix}\dfrac{\partial\dot{u}}{\partial u} & \dfrac{\partial\dot{u}}{\partial\Psi_r} & \dfrac{\partial\dot{u}}{\partial\Psi_{nr}}\\ \dfrac{\partial\dot{\Psi}_r}{\partial u} & \dfrac{\partial\dot{\Psi}_r}{\partial\Psi_r} & \dfrac{\partial\dot{\Psi}_{nr}}{\partial\Psi_{nr}}\\ \dfrac{\partial\dot{\Psi}_{nr}}{\partial u} & \dfrac{\partial\dot{\Psi}_{nr}}{\partial\Psi_r} & \dfrac{\partial\dot{\Psi}_{nr}}{\partial\Psi_{nr}}\end{pmatrix} \tag{29}$$

$$=\begin{pmatrix}-\phi A & \phi\theta B & \phi(1-\theta)B\\ -\rho\Psi_r^* & -\epsilon\theta\Psi_r^* & 0\\ -\tau\Psi_{nr}^* & 0 & -\delta(1-\theta)\Psi_{nr}^*\end{pmatrix}$$

このヤコビ行列に対応する特性方程式は，

$$\lambda^3+a_1\lambda^2+a_2\lambda+a_3=0 \tag{30}$$

である。

3変数の微分方程式体系において，定常均衡が小域的な安定となるための必要十分条件は，以下の係数がすべて正となることである。すなわち，

$$a_1 = -tr\mathbf{J} = -(J_{11} + J_{22} + J_{33}) \tag{31}$$

$$\alpha_2 = \begin{vmatrix} J_{22} & J_{23} \\ J_{32} & J_{33} \end{vmatrix} + \begin{vmatrix} J_{11} & J_{13} \\ J_{31} & J_{33} \end{vmatrix} + \begin{vmatrix} J_{11} & J_{12} \\ J_{21} & J_{22} \end{vmatrix}$$

$$= J_{22} J_{33} - J_{23} J_{32} + J_{11} J_{33} - J_{13} J_{31} + J_{11} J_{22} - J_{12} J_{21} \tag{32}$$

$$a_3 = -det\mathbf{J} = -J_{11} J_{22} J_{33} + J_{13} J_{22} J_{31} - J_{33} J_{12} J_{21} \tag{33}$$

$$a_1 a_2 - a_3 = f(\phi) \tag{34}$$

それぞれを計算すると，

$$a_1 = \phi A + \epsilon\theta\Psi_r^* + \delta(1-\theta)\Psi_{nr}^* = \phi A + C \tag{35}$$

$$a_2 = \phi[(\epsilon A + \rho B)\theta\Psi_r^*] + \delta(1-\theta)\epsilon\theta\Psi_r^*\Psi_{nr}^* = \phi D + E \tag{36}$$

$$a_3 = \phi\theta(1-\theta)\Psi_r^*\Psi_{nr}^*[\delta(\epsilon A + \rho B) + \epsilon\tau\theta B] = \phi F \tag{37}$$

$$a_1 a_2 - a_3 = AD\phi^2 + (AE + CD - F)\phi + CE \tag{38}$$

となる。

この時，それぞれの正負を考えると，〔仮定 1〕より $A>0$ である。B は不確定である。

C，E，は δ に依存する。D は B に依存する。F は δ と B に依存する。

ここで，均衡点におけるレジームを定義しておく。

賃金主導型経済の場合（$B>0$），また利潤主導型経済の場合（$B<0$）を定

義して，労働組合が非正規雇用労働者の目標賃金シェアに対して一定の労使交渉を行う場合を想定してみよう。労働組合の労使交渉により，間接的に非正規雇用労働者自身の賃金交渉が可能で，非正規の実質賃金に対してプラスに作用する場合（$\delta>0$）と交渉に対して無差別な場合（$\delta=0$），そして労使交渉がかえって非正規雇用労働者自身の実質賃金にマイナスに作用する場合（$\delta<0$）を検討する。

〔仮定2〕 $B>0$ とし，賃金主導型経済を仮定した場合を検討する[12)]。

〔命題1〕 非正規雇用労働者の賃金交渉力が賃金シェアの変化に対して，無差別であり，財市場の調整速度が一定以上ならば，均衡経路は安定である。

〔証明〕

もし $\delta=0$ ならば，$J_{33}=0$ となるため，$C=0$，$E=0, D>0$，$F>0$ と符合が決まる。

そして，$a_1>0$，$a_2>0$，$a_3>0$, となる。

ここで，$\phi>\frac{F}{AD}$ ならば，$a_1 a_2-a_3>0$ となり，ラウス＝フルウィッツの安定条件が満たされる。よって，この動学体系の定常均衡点は，小域的に安定となる。

以上の分析により，非正規雇用労働者の賃金交渉力が賃金シェアの変化に対して，無差別で財市場の調整速度が一定以上ならば，均衡経路は安定である。

（証明終）

〔命題2〕 非正規雇用労働者の賃金交渉力が賃金シェアの変化に対して，効果的な影響を与えるならば，財市場の調整速度がある範囲に定まる場合，リミットサイクルが生じる。

12）　なお，$B<0$ とし，利潤主導型経済を想定した場合は，定常均衡は不安定となる。

〔証明〕

もし $\delta>0$ ならば，$C>0, E>0, D>0, F>0$ と符合が決まる。

そして，$a_1>0$，$a_2>0$，$a_3>0$，となる。$a_1 a_2-a_3$ は，ϕ の関数であり，以下のように表わされる。

$$f(\phi)=AD\phi^2+(AE+CD-F)\phi+CE \tag{39}$$

$f(\phi)=0$ の判別式が正の場合，$f(\phi)=0$ のそれぞれの異なる2実根を ϕ_1，ϕ_2 とする。

ϕ_1，ϕ_2 がともに正の値をとる場合，$\phi\in(0,\phi_1)$，$\phi\in(\phi_2,+\infty)$ においては，$f(\phi)>0$ となる。

以上の条件の下では，ラウス＝フルウィッツの安定条件が満たされる。よって，$f(\phi)$ に関する特定条件の下では，この動学体系の定常均衡点が，小域的に安定になる。

なお，$f'(\phi_1)\neq0$ かつ $f'(\phi_2)\neq0$ となるので，ϕ_1，ϕ_2 はホップ分岐点である。

以上の分析により，非正規雇用労働者の賃金交渉力が賃金シェアの変化に対して，効果的な影響を与えるならば，財市場の調整速度がある範囲に定まる場合，リミットサイクルが生じる。（証明終）

後述の数値シミュレーションにより，雇用形態別の目標賃金シェア，財市場の調整速度および初期値の設定が一定条件の下に収まると，稼働率と各雇用形態の賃金シェアの関係を表す解軌道は，均衡点に収束する渦巻状の曲線を描くケースを紹介する。

〔命題3〕　非正規雇用労働者の賃金交渉力が賃金シェアの変化に対して，マイナスの影響を与え，またその影響が十分に大きいとき，この動学システムの定常均衡における均衡経路は，不安定となる。

〔証明〕

もし$\delta<0$ならば，$C>0, E<0, D>0$，と符合が決まる。Fは正負が定まらない。そして，$a_1>0$となる。

δが十分に大きいマイナスの値をとると仮定すると，$\lim_{\delta\to-\infty}E=-\infty$，$\lim_{\delta\to-\infty}F=-\infty$となり，$a_2<0$，$a_3<0$となり，ラウス＝フルウィッツの安定条件が満たされない。

よって，非正規雇用労働者の賃金交渉力が賃金シェアの変化に対して，マイナスの影響を与え，またその影響が十分に大きいとき，この動学システムの定常均衡における均衡経路は，不安定となる。（証明終）

5. 数値シミュレーション分析

本節では，第3節で構成された理論モデルに具体的な数値を採用し，いくつかの数値シミュレーションを行うことにする。解析的な性質に関して定量的な分析を加えて考察することで，定性的な結果を補完的に検証する。

今回の数値シミュレーションを行うにあたり，まず定常均衡において小域的な安定性が観察可能な賃金主導型レジームを想定する。数値計算を行うため，第3節で得られた動学体系の経済モデルについて，以下のパラメータを設定する[13]。

$$\theta=0.75, \phi=0.15, \alpha=0.1, \beta=0.125, \gamma=0.1, s=0.7,$$

$$\epsilon=0.1, \rho=0.85, \tau=0.15, \bar{u}=0.83, \overline{\Psi_r}=0.65, \overline{\Psi_{nr}}=0.60$$

13）なお，パラメータの設定について補足をしておく。第一に，稼働率，正規雇用労働者の賃金シェアおよび非正規雇用労働者の賃金シェアは，それぞれ標準稼働率，正規雇用労働者の目標賃金シェアおよび非正規雇用労働者の目標賃金シェアより低い値を初期値とするように設定している。定常均衡が満たされる条件から導出した。

第二に，非正規雇用労働者が掲げる目標賃金シェアは，非正規の現実の賃金シェア（ここでは，正規雇用労働者の賃金シェアの初期値を指す。）を目標値としている。同一労働同一賃金の実現とまではいかなくても，正規雇用労働者と同程度の賃金シェアを目指して賃金交渉を行う経済行動を想定したからである。

ここで初期値を $u(0)=0.78$, $\Psi_r(0)=0.60$, $\Psi_{nr}(0)=0.50$ とする。

$\delta=0.3$ の定常均衡値は，以下の通りに算出される。

$u^*=0.8558482$

$\Psi_r^*=0.6400708$

$\Psi_{nr}^*=0.5035934$

図 2-1-a　u, Ψ_r の解の軌道（$\delta=0.3$）

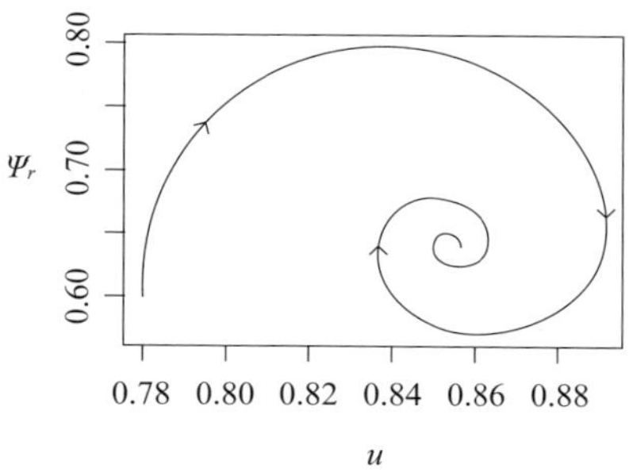

図 2-1-b　u, Ψ_{nr} の解の軌道（δ=0.3）

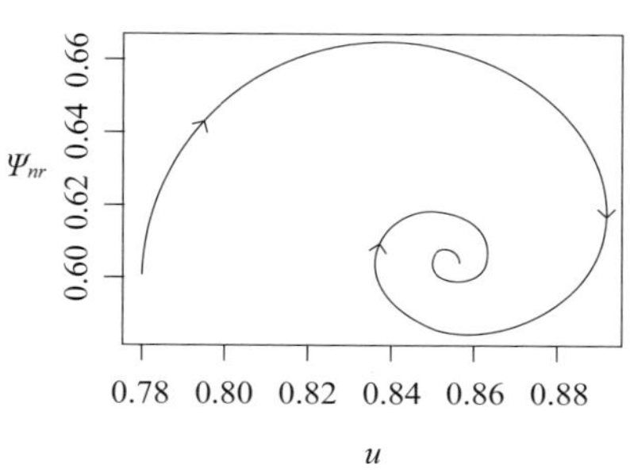

図 2-1-c　Ψ_r, Ψ_{nr} の解の軌道（δ=0.3）

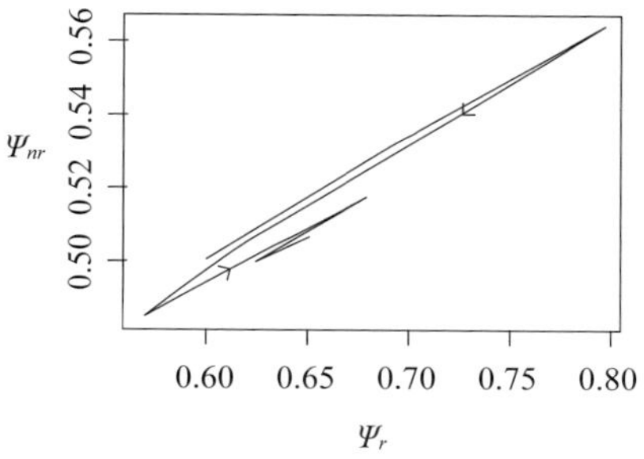

第三に，労働生産性の上昇について，稼働率の差に対する非正規雇用労働者の反応度よりも，正規雇用労働者の反応度の方が一定程度以上高いことを想定する。稼働率に対する非正規雇用労働者の生産性上昇を認めるにしても，正規雇用労働者の生産性上昇とは一定以上の開きがあると考えるからである。

この時，u，Ψ_r，Ψ_{nr} の動学システムの 2 変数ごとの解軌道は図 2–1–a，b，c の通りである。

図 2–1–d は，u，Ψ_r，Ψ_{nr} の時間経過に伴う各値の変化を示している。

次に，$\delta = 0.7$ の時のシミュレーションを行った結果を以下に示す。

$\delta = 0.7$ の定常均衡値は，以下の通りに算出される。

$u^* = 0.8573398$

$\Psi_r^* = 0.6248991$

$\Psi_{nr}^* = 0.5549634$

図 2–1–d　非正規雇用賃金シェアが概ね一定のケース（δ=0.3）

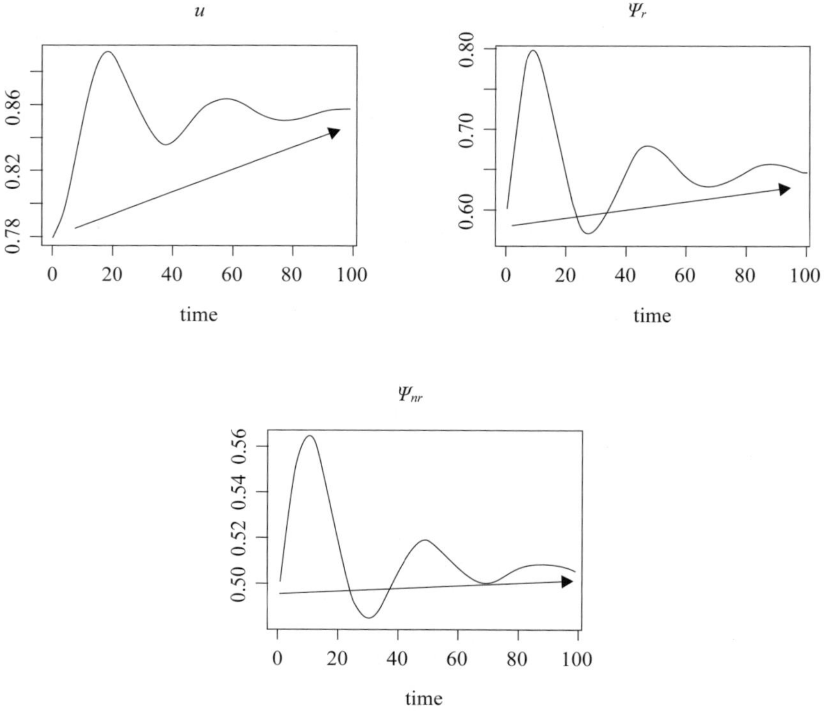

$\delta=0.7$ の時，u，Ψ_r，Ψ_{nr} の動学システムの 2 変数ごとの解軌道は，図 2-2-a，b，c の通りである。図 2-2-d は，u，Ψ_r，Ψ_{nr} の時間経過に伴う各値の変化を示している。

さらに，$\delta=-0.3$ の時のシミュレーションを行った結果を以下に示す。

$\delta=-0.3$ の定常均衡値は，以下の通りに算出される。

$u^*=0.8382506$

$\Psi_r^*=0.7912048$

$\Psi_{nr}^*=0.02149994$

図 2-2-a　u，Ψ_r の解の軌道（$\delta = 0.7$）

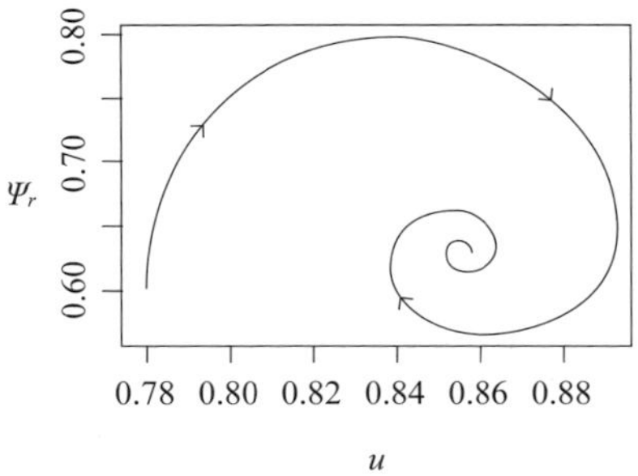

図 2-2-b　u，Ψ_{nr} の解の軌道（$\delta = 0.7$）

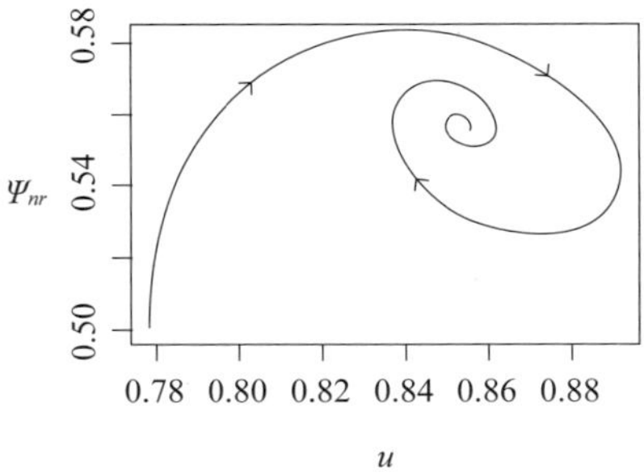

図 2-2-c　Ψ_r, Ψ_{nr} の解の軌道（$\delta = 0.7$）

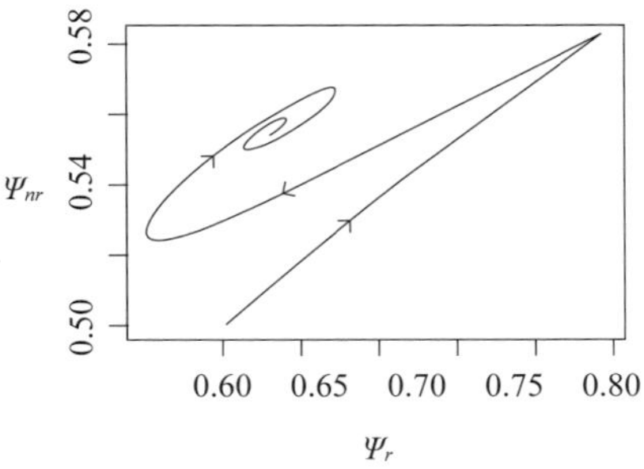

図 2-2-d　非正規雇用の賃金シェアが大きく上昇するケース（δ=0.7）

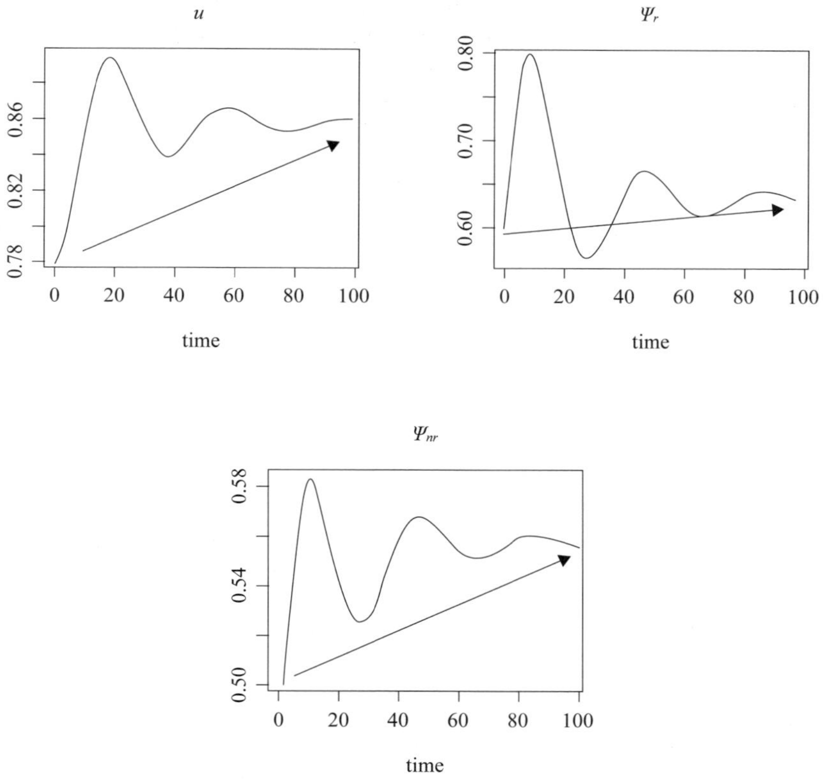

$\delta = -0.3$ の時，u，Ψ_r，Ψ_{nr} の動学システムの 2 変数ごとの解軌道は，図 2-3-a，b，c の通りである。図 2-3-d は，u，Ψ_r，Ψ_{nr} の時間経過に伴う各値の変化を示している。

最後に，$B < 0$ となる「利潤主導型経済」のケースを検討しておく。

その為にここで初期値のパラメータのうち，$\beta = 0.4897$ として，$\delta = 0.5$ の場合を考える。

図 2-3-a　u, Ψ_r の解の軌道（$\delta = -0.3$）

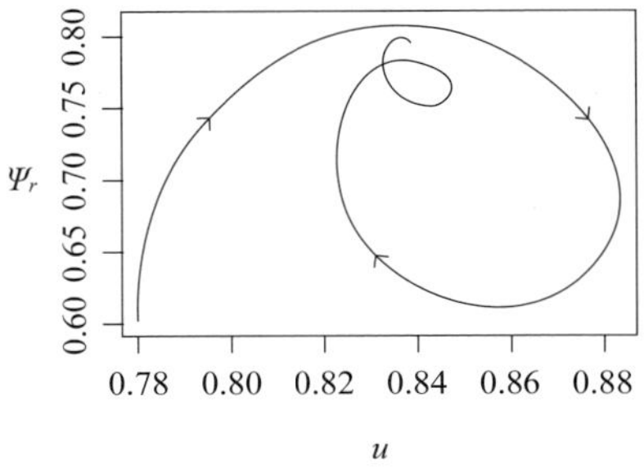

図 2-3-b　u, Ψ_{nr} の解の軌道（$\delta = -0.3$）

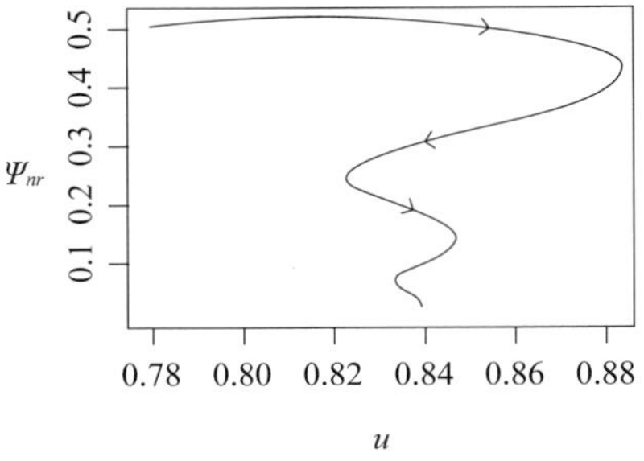

図 2-3-c　Ψ_r, Ψ_{nr} の解の軌道（$\delta = -0.3$）

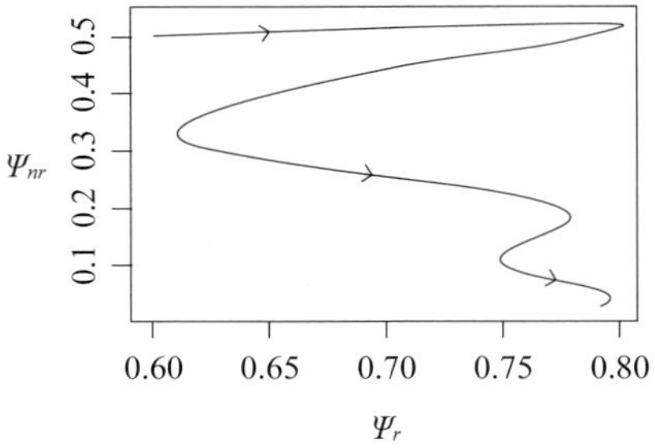

この時の定常均衡値は，以下の通りに算出される。

$u^* = 0.9999429$

$\Psi_r^* = 0.0007938428$

$\Psi_{nr}{}^* = 0.1879698$

この時の u, Ψ_r, Ψ_{nr} の動学システムの 2 変数ごとの解軌道は，図 2-4-a, b, c の通りである。図 2-4-d は，u, Ψ_r, Ψ_{nr} の時間経過に伴う各値の変化を示している。

図 2-3-d　非正規雇用労働者の賃金交渉がマイナスに働く場合（$\delta = -0.3$）

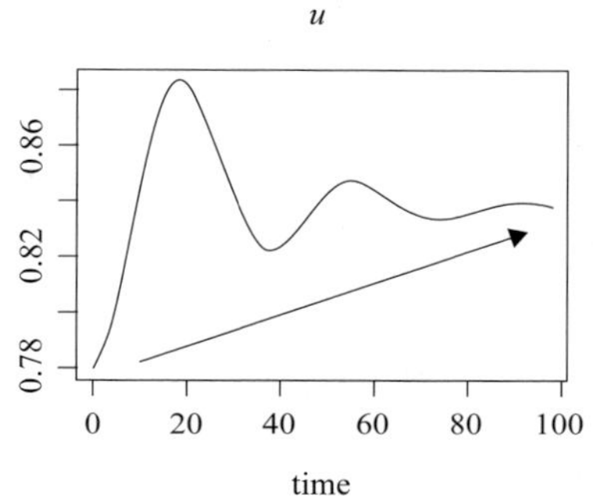

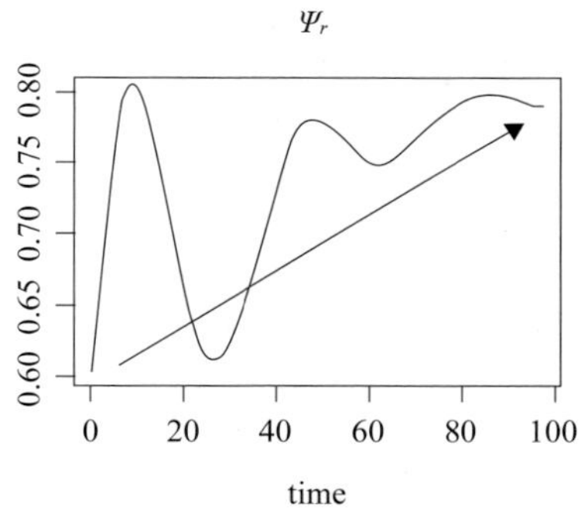

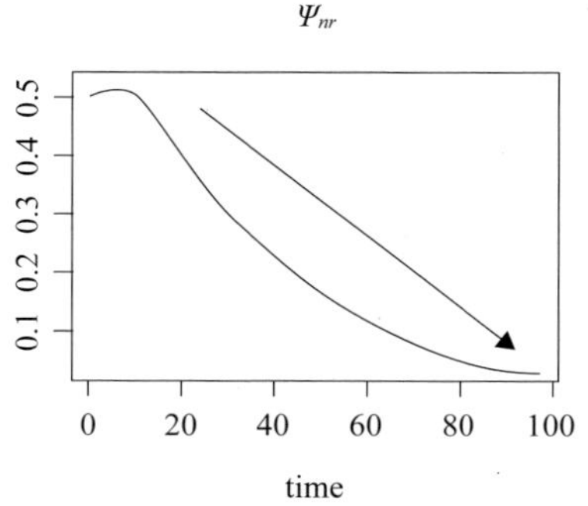

図 2-4-a　u, Ψ_r の解の軌道（$\beta=0.4897$, $\delta=0.5$）

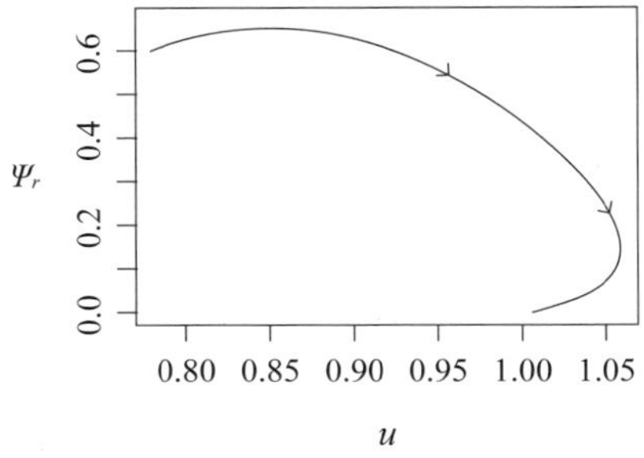

図 2-4-b　u, Ψ_{nr} の解の軌道（$\beta=0.4897$, $\delta=0.5$）

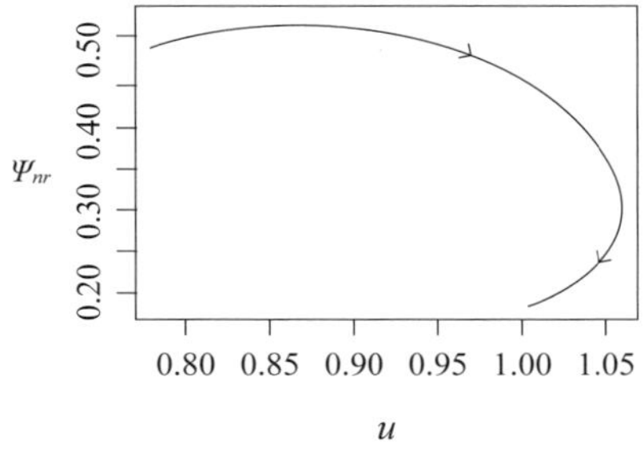

図 2-4-c　Ψ_r, Ψ_{nr} の解の軌道（$\beta=0.4897$, $\delta=0.5$）

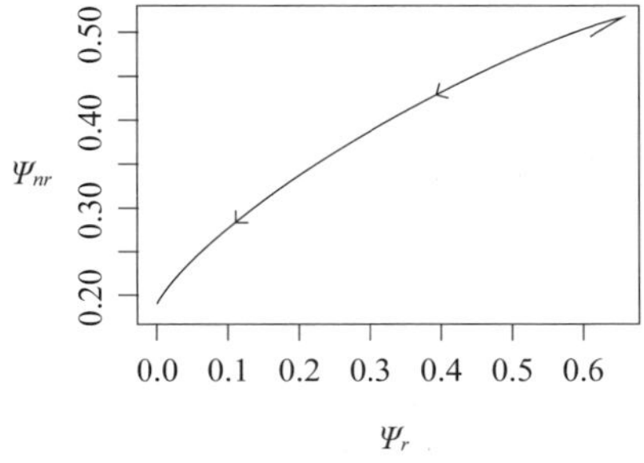

図 2-4-d　利潤主導型経済の下で，非正規雇用労働者の賃金交渉がプラスに働く場合
（$\beta=0.4897$，$\delta=0.5$）

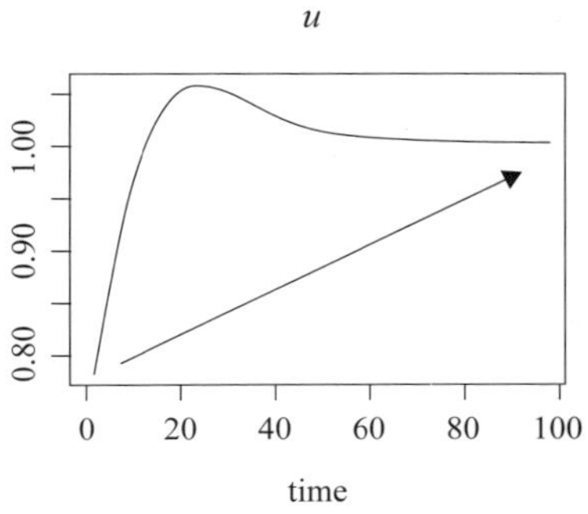

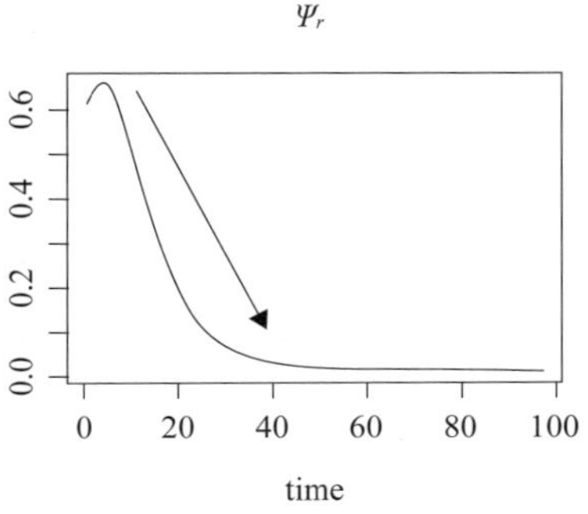

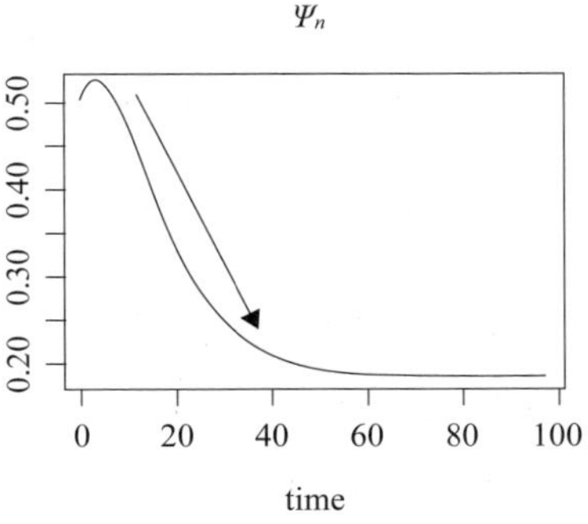

6. 数値シミュレーション結果から得られる経済学的含意の考察

前節の数値シミュレーション結果から得られる経済学的含意を考察すると，以下のようなことが総括できる。

一点目は，賃金主導型経済を仮定した状況下で，非正規雇用労働者が賃金交渉の結果，自らの賃金シェアの拡大を効果的な方向に結びつけられるなら，非正規雇用労働者が目標賃金シェアを正規労働者と同等の割合を獲得するために労働組合を通じた賃金交渉を行っても，正規雇用労働者に関する現実の賃金シェアを保ちつつ，非正規雇用労働者の賃金シェアを引き上げることが可能であるということである。

この時，稼働率も初期値より高い稼働率を実現できる。なお，非正規雇用労働者が賃金交渉力を持つこと自体は，均衡稼働率に影響を与えない。

二点目は，賃金交渉力を通じた賃金シェアへの効果が一定程度を下回ると，正規および非正規雇用労働者の賃金シェアは目標に遠く及ばず，賃金交渉前と変わらない水準で，稼働率だけが均衡稼働率へと上昇するということである。

三点目は，賃金交渉力を通じた賃金シェアへの効果がマイナスの時，正規雇用労働者の賃金シェアは上昇するが，非正規雇用労働者の賃金シェアは不安定化し，賃金シェアが限りなく「0」に近い値まで下落する。この時，現実の稼働率は均衡稼働率へ向かって上昇することが判明した。

四点目は，利潤主導型経済を想定した場合，稼働率および各雇用形態のシェアは不安定化し，稼働率は「1」に近い値へ収束していき，賃金シェアはともに非現実的な水準まで急降下してしまうことが分かった。

7. 本章の問題点と今後の課題について

前節まで，賃金主導型経済における小域的安定性を検討してきた。また，限定された条件の下での数値シミュレーションを行い，特に賃金主導型レジームにおいて，非正規雇用労働者の実質賃金に対する賃金交渉の影響がプラスに働く場合，渦巻状の均衡経路が観察された。

ただし，先行研究と相容れない前提条件やカリブレーションに関する弱点，パラメータ設定値と現実経済との妥当性などには特に留意する必要がある。また，労働組合が非正規雇用労働者の賃金条件を労使交渉の重要な点とすることが可能かなど，モデルが抱える課題も多い。3階級のカレツキアン・モデルとして，現実妥当性を兼ねそろえたモデルとして提示するには改良の余地が残されている。実証分析による裏付けが取りにくい設定をしていることも留意しておかなければならない。

8. おわりに

本章では，通常2階級のモデルであるカレツキアン・モデルにおいて，労働者階級に正規雇用労働者と非正規雇用労働者の２種類の労働者が存在する経済を想定した修正モデルを構築した。

特に，非正規雇用労働者の賃金シェアの変動について，総生産量に弾力的なことから労働生産性の影響を受けないという通説に対して前提条件を見直し，正規雇用労働者と比較すれば影響は少ないが，多少の労働保蔵が想定可能な労働生産性の変化への影響を考慮した。

これに併せて，非正規雇用労働者の目標賃金シェアと現実の賃金シェアの差に実質賃金の変化が影響される関係を設定した。非正規雇用労働者の立場でも労働組合の労使交渉を経由する賃金交渉力の発揮を取り入れたモデルの構築を試みる必要性があるためである。

モデルの解析的な考察から，賃金主導型経済の下で，非正規雇用労働者が自らの目標賃金シェアを設定し，組合を通じて交渉を行った場合，その効果が自身の賃金シェアに効果的な結果をもたらす場合あるいは影響を与えない場合には，定常均衡は安定となることが導き出された。また経済が一定の特定条件の下におかれる際には，ホップ分岐点の近傍の恣意的な範囲において，非定常的な周期解が現れる可能性も判明した。

数値シミュレーションの結果からは，経済状態が一定の範囲内にある場合，非正規雇用労働者の賃金交渉力の効果的な影響により，稼働率，正規雇用労働者の賃金シェアおよび非正規雇用労働者の賃金シェアが上昇するケースが観察された。またこのケースでは，定常均衡は安定であり，安定的な渦状の均衡経路が出現することも判明した。

一方，先行研究と相容れない前提条件やカリブレーションに関する弱点，パラメータ設定値と現実経済との妥当性，労働組合が非正規雇用労働者の賃金条件を労使交渉の重要な点とすることが可能かなど，モデルに関する問題点も多く存在することを指摘した。

おわりに，本章の総括をしておきたい。今回のモデルは，現実の経済に照らし合わせると多少，極端な前提条件を仮定したため，特に賃金主導型経済では，単に非正規雇用労働者に賃金交渉力を持たせれば，細かな場合分けをすることなしに，安定的な均衡経路や動学的安定性が証明できる挙動を観察できるのではと目論んでいた。つまり，単純に労働組合を介した非正規雇用労働者の賃金交渉力をモデルに組み込めば，稼働率調整である短期において，稼働率や雇用形態別の賃金シェアが上昇する動学システムが構築できるのではと考えていた。

しかし，本章の研究結果から得られた結論は，マクロ経済的な前提条件にさらに制限が加わった条件の下でのみ，好意的な結果が現れ，それ以外は労働者階級における各雇用形態の賃金シェアの挙動を不安定化させてしまうことが分かった。筆者はこの結果を本研究の失敗とは捉えていない。むしろこれは，労働市場における政策的な意味合いにおいて，静かなる重要な警鐘を鳴らすものであるように思われる。

つまり，非正規雇用労働者に賃金交渉力を持たせるのみでは，生産性上昇や各々の賃金シェアの拡大またそれに伴う生産量の増大は，簡単に見込めないことを示唆している。政府主導の働き方改革の議論が盛り上がるなか，単純な同一労働同一賃金を目指した動きだけでは，マクロ経済的な安定性は保証されないということである。非正規労働者の正規化が簡単には進まない現代において，企業単位での職場環境の安定は喫緊の課題であり，今後より重点的に取り組まれるべきものである。

追記　本章の内容・意見等は，筆者の所属勤務先・団体とは一切関係なく，個人的研究に基づいている。

今回，投稿の機会を与えて下さった部会主査である松本昭夫教授および部会研究員の皆様に感謝の意を表したい。また，事前の校閲と温かいご指導を頂いた浅田統一郎教授に厚く御礼申し上げる。

参考文献

浅田統一郎（1997）『成長と循環のマクロ動学』日本経済評論社，130-226 ページ。

浅田統一郎（2008）「賃金主導型経済と利潤主導型経済の動学的特性について」（『国民経済雑誌』第 197 号（1））神戸大学，35-49 ページ。

浅田統一郎・松本昭夫（2015）「カルドア・カレツキモデルの短期動学分析」（『経済学論纂，第 55 巻，第 3・4 合併号』）中央大学経済学研究所，49-66 ページ。

阿部太郎（2013）「カレツキアン成長モデルにおける労使交渉と技術進歩」名古屋

学院大学論集第50巻第1号33–43ページ。
池田毅（2006）『経済成長と所得分配』日本経済評論社，43–70ページ，95–116ページ。
宇沢弘文（1986）『経済動学の理論』東京大学出版会，1–102ページ，161–204ページ。
宇仁宏幸（2009）『制度と調整の経済学』ナカニシヤ出版，81–120ページ。
大野隆（2008）「産業予備軍効果を考慮した長期カレツキモデル」（『季刊経済理論』第45巻第3号）経済理論学会編，60–69ページ。
大野隆（2011）「カレツキアン・モデルの不安定性と金融市場」（『金融と所得分配』渡辺和則編　日本経済評論社），246–265ページ。
佐々木啓明（2009）「産業予備軍創出効果を考慮したカレツキアン・モデル」（『季刊経済理論』第46巻第3号）経済理論学会編，61–71ページ。
佐々木啓明（2011）「負債を考慮したカレツキアン・モデルにおける長期分析―金融政策が所得分配と雇用に与える影響」（渡辺和則編『金融と所得分配』日本経済評論社），223–245ページ。
佐々木啓明（2011）「カレツキアン・モデルにおける短期・中期・長期」（『季刊経済理論』第47巻第4号）経済理論学会編，19–29ページ。
佐々木啓明・薗田竜之介（2016）「Differences in Wage-Determination systems between Regular and Non-Regular Employment in a Kaleckian Model」ポスト・ケインズ派研究会　研究会配布資料。
佐々木啓明（2016）「所得分配と経済成長―新古典派と非新古典派の対抗軸」『季刊経済理論』第53巻第1号，経済理論学会。
鍋島直樹（2001）『ケインズとカレツキ　ポスト・ケインズ派経済学の源泉』名古屋大学出版会，132–147ページ，234–251ページ。
吉田博之（2011）「マネタリストの金融政策再考」（渡辺和則編『金融と所得分配』日本経済評論社），31–45ページ。
P・スコット&ジッペラー（2010）「蓄積と所得分配の動態パターン」（『季刊経済理論』第46巻第4号）経済理論学会編，34–53ページ。
S・マーグリン，J・ショアー編　磯谷明徳，植村博恭，海老塚明監訳（1993）『資本主義の黄金時代』東洋経済新報社。
ボブ・ローソン　横川信治，野口真，植村博恭訳（1994）『構造変化と資本主義経済の調整』学文社，1–46ページ。
マルク・ラヴォア　宇仁宏幸，大野隆訳（2008）『ポストケインズ派経済学入門』ナカニシヤ出版，1–33ページ，115–171ページ。
ミハイル・カレツキ　浅田統一郎，間宮陽介共訳（1984）『資本主義経済の動態理論』日本経済評論社，3–15ページ，26–33ページ，64–78ページ，158–208ページ。
W.B.チャン　有賀裕二監訳　浅田統一郎，稲葉敏夫，輪湖博訳（1994）『時間と変化の経済学―シナジェティクス入門』中央大学出版部，107–167ページ。

Asada, T.（2006）Stabilization Policy in a Keynes-Goodwin Model with Det Accumulation,

Structural Change and Economic Dynamics, 17. pp. 466–485.

Blecker.R.A.（2002）“Distribution, Demand and Growth in Neo-Kaleckian Macro-Models”, in: M.Setterfield（ed.）The Economics of Demand-led Growth, Challenging the Supply-side Vision of the Long Run, Cheltenham: Edward Elgar, pp129–152.

Blecker. R.A. and Seguino. S（2002）“Macroeconomic Effects of Reducing Gender Wage Inequality in an Export-Oriented. Semi-Industrialized Economy.”

Review of Development Economics, 6（1）.pp.103–119.

Cassetti. M.（2003）“Bargaining Power. Effective Demand and Technical Progress : A Kaleckian Model of Growth.” Cambridge Journal of Economics, 27（3）, pp449–464.

Dutt, A.K.（1987）“Alternative Closures Again : A Comment on Growth. Distribution and Inflation.” Cambridge journal of Economics, 11（1）. pp. 75–82

Flaschel, P. and Greiner. A.（2009）“Employment Cycles and Minimum Wage :A Macro View.” Structural Change and Economic Dynamics. 20（4）.pp.279–287.

Lavoie. M.（1992）Foundations of Post-Keynesian Economic Analysis, Cheltenham : Edward Elgar.

Lavoie. M.（2009）“Cadrisme within a Post-Keynesian Model of Growth and Distribution.” Review of Political Economy.21（3）. pp. 369–391.

Marglin, S. and Bhaduri. A.（1990）“Profit Squeeze and Keynesian Theory.” In : S. Marglin and J. Schor（eds.）. The Golden Age of Capitalism : Reinterpreting the Postwar Experience. Oxford : Clarendon Press, pp. 153–186.

Raghavendra, S.（2006）“Limits to Investment Exhilarationism.”Journal of Economics 87（3）.pp. 257–280.

Rowthorn. R.E（1977）“Conflict. Inflation and Money.” Cambridge Journal of Economics, 1（3）. pp. 215–239.

Rowthorn. R.E（1981）“Demand, Real Wages and Economic Growth.” Thames Papers in Political Economy. Autumn. pp.1–39.

Sasaki. H.（2010）“Endogenous Technical Change. Income Distribution, and Unemployment with Inter-class Conflict,” Structural Change and Economic Dynamics, 21（2）, pp.123–134.

Sasaki. H.（2010）“Conflict, Growth, Distribution, and Employment: A Long-run Kalec-kian Model ” International Review of Applied Economics.

Sasaki. H.（2013）“Cyclical Growth in a Goodwin-Kalecki-Marx Model,” Journal of Economics, Vol. 108, No. 2, pp. 145–171.

Sasaki. H.（2013）“The Macroeconomic Effects of the Wage Gap between Regular and Non-Regular Employment and of Minimum Wages,” Structural Change and Economic Dynamics, Vol. 26, pp. 61–72.（with Jun Matsuyama and Kazumitsu Sako）

Sasaki. H.（2013）“International Competition and Distributive Class Conflict in an Open Economy Kaleckian Model,” Metroeconomica, Vol 64, No. 4, pp. 683–715.（with Shin-ya Fujita and Ryunosuke Sonoda）

Sasaki. H.（2016）“Profit Sharing and its Effect on Income Distribution and Output: A Kaleckian Approach,” Cambridge Journal of Economics, Vol. 40, No. 2, pp. 469–489.

Sonoda. R. and Sasaki. H.（2015）"Differences in Wage-Determination Systems between Regular and Non-Regular Employment in a Kaleckian Model," Kyoto University, Graduate school of Economics, Research Project Center Discussion Paper Series, Discussion Paper No. E-14-018.

第 3 章

長期均衡における消費外部性による構造変化

高 橋 青 天

1. はじめに

近年，産業構造の変化を非均斉成長多部門最適成長モデルで説明しようとする研究が盛んに行われてきた。構造変化の分析が興味を持たれた直接的な理由は，多くの先進国でGDPの占めるサービス財部門の比率が70%を超え，一方，製造財部門の比率が20%を割るという観察結果からである。構造変化の分析は，大きく分けて，需要要因を重視する研究と供給要因を重視する研究に分類される。需要要因を重視する研究では，代表的個人の選好に非ホモセティックな効用関数が仮定され，成長に伴う所得の増加にともないエンゲル曲線が，サービス財等がより好まれるように変化することが想定される。このような研究として Kongsamut et al.（2001），Foellmi and Zweimuller（2008），Laitner（2000），Alonso-Carrera and Raurich（2015），Boppart（2013）などがある。一方，供給要因を重視する研究では，各部門間の生産性の違いが全要素生産性で捉えられ，それが各部門の成長率の差異を生じることから説明しようとする研究である。このような研究として，Baumol（1967），Echevarria（1997），Acemoglu and Guerrieri（2008），Ngai and Pissariadis（2011），Takahashi（2016）などがある。

本章ではこれらの要因とは違い，消費外部性が要因となり長期均衡である定常状態において構造変化が生じることを示す[1)]。消費外部性を含む最適成長モデルは，「均衡の不決定性問題」の分析に，Alonso-Carrera et al.（2008），Chen et al.（2015），Kunieda and Nishimura（2016）などで使われた。よく知られた事実として，多くの先進国では経済成長に伴い，製造財の基礎消費水準が上昇する傾向がデータから読み取れる。例えば，白黒テレビからカラーテレビへ，また，手動脱水洗濯機から全自動洗濯機へと基礎消費水準レベルが上がってきている。この現象を，本論文ではストーン＝ゲアリー型効用関数を導入し，人々の製造財に対する平均消費量として消費水準を計測し，この消費水準がストーン＝ゲアリー型効用関数の基礎消費部分へ正の外部効果を与えることで説明する。さらに製造財の平均消費量は効用に直接影響を与えるサービス財消費量に関しても正の外部効果を与えると想定する。これら二方向の外部効果を通して，均衡経路では，相対的に製造財の単位当たりの限界効用がサービス財の単位当たり限界効用よりも低下し，所得の増加とともに，製造財よりもサービス財をより多く消費する傾向が働く。そして，最終的に長期均衡である定常状態では，価格で測ったサービス財の価値が製造財のそれを超えることとなる。こうして長期均衡の定常経路上では製造財部門の付加価値をサービス財部門のそれが凌駕するという構造変化を生じることとなる。

本章の構成は以下のとおりである。2 節ではモデルと諸仮定の説明を行い，3 節で定常解をパラメータの関数として明示的に解く。さらにこの定常解の周りで線形近似することによりサドル安定を証明する。4 節ではサービス部門が資本集約的であるという条件といくつかの生産技術に関する仮定のもとで，定常解のサービス財の価値が，製造財のそれを凌駕することを証明する。5 節は，むすびに充てられる。

2. モデルと仮定

ここでのモデルは基本的に Uzawa（1964）で分析された連続時間型の二部門最

1）　本書第 4 章として掲載されている室（2017）論文では，社会資本ではなく，民間資本が代表的個人の効用へ正の外部性を与える特殊なケースが分析されている。

適成長モデルである。ただし我々は，次のような代表的個人に関して，2 種類の効用関数を併せ持つ，ハイブリッドな効用関数を仮定する。

仮定 1．$U(c_M, c_S, \bar{c}_M) = \gamma \ln(c_M - \varphi \bar{c}_M) + (\bar{c}_M)^{\varepsilon} c_S \quad (0<\gamma,\ 0<\varphi,\ \varepsilon<0)$

ここで，c_M は製造財の消費量，c_S はサービス財の消費量，$\bar{c}_M$ は製造財の平均消費量であり，外部性を持っている。
効用関数の 1 項目はストーン＝ゲアリー型効用関数であり，$\varphi \bar{c}_M$ は基礎的消費量を表している。第 2 項目は，サービス財の効用が線形で与えられている。このように，2 種類の効用関数から構成されている。製造財の効用は間接的なものであり，非線形となっている。一方で，サービス財の効用は直接的に影響するものなので線形関数として与えられている。この効用関数では，製造財の平均消費量の一定部分が基礎消費量となっており，このため，製造財の平均消費量が正の外部効果を与えている。さらに，サービス財の消費部分にも正の外部性が存在することが仮定されている。最終的に，均衡経路上では製造財の消費量と平均消費量が等しくならねばならないことに留意しよう。従って均衡経路上では $\bar{c}_M = c_M$ が成立する。ここで，効用関数は二回微分可能で，次の通常の効用関数に関する凹関数の性質を満たしている。

$$U_i > 0\ (i = M, S),\ U_{MM} < 0,\ U_{SS} = 0,\ U_{MM} U_{SS} - (U_{MS})^2 = 0$$

仮定 2．労働力 (L) の成長率 $n = 0$ である。ここで $\overset{g}{L} = nL.$

次に各財は，以下の製造財とサービス財の一人当たり生産に関するコブ＝ダグラス型生産関数を仮定する。
仮定 3. 各財は，稲田条件を満たす，以下のコブ＝ダグラス型生産関数で生産される。

$$y = k_M^{\alpha}\, \ell_M^{1-\alpha} \tag{2.1}$$

$$c_S = k_S^{\beta} \ell_S^{1-\beta} \tag{2.2}$$

ここで，y は製造財一人当たりの産出量，c_S はサービス財一人当たりの産出量である。$k_i(i=M, S)$ は一人当たり資本投入量，$\ell_i(i=M, S)$ は一人当たり労働投入量である。

定義 1.　もし，$\alpha > \beta (\alpha < \beta)$ の場合，製造財部門がサービス財部門に比べて資本集約的（労働集約的）であると言う。

さらに製造財部門とサービス財部門の競争的生産構造は，生産可能性フロンティア（PPF）：$y = T(c_S, k)$ として集約できることが次の補題 1 で証明されている。

補題 1.

$$T(c_S, k) = \left[\frac{(1-\alpha)\beta}{\Delta}\right]^{1-\alpha}(k - k_S) \tag{2.3}$$

ただし，

$$\Delta = (1-\alpha)\beta k + (\alpha - \beta)k_S,\ k_S = f(c_S, k).$$

さらに，以下が成立する。

$$T_k = \alpha\left[\frac{(1-\alpha)\beta}{\Delta}\right]^{1-\alpha} \tag{2.4}$$

$$T_{C_S} = -\frac{T_K}{\beta}\left[\frac{\Delta}{\alpha(1-\beta)}\right] \tag{2.5}$$

証明.　Baierl, Nishimura and Yano（1998）を参照のこと。証明了。

この補題から，我々の最適化問題は，PPF を使って以下のように定式化できる。

$$\begin{cases} Max \int_0^{\infty} U(c_M, c_S, \bar{c}_M)\, e^{-\rho t} dt \\ s.t.\ \ \dot{k} = T(c_S, k) - c_M - \delta k \end{cases}$$

さらに，この最適化問題のハミルトニアンを次のように定義することができる。

定義２．$\mathrm{H} = \left[\gamma \ln (c_M - \varphi \bar{c}_M) + (\bar{c}_M)^{\varepsilon} c_S\right] e^{-pt} + \lambda \left[T(c_S, k) - c_M - \delta k\right]$

このとき，一階の条件（F.O.C.）として以下が求まる。

$$\frac{\partial \mathrm{H}}{\partial \lambda} = \dot{k} \Rightarrow \dot{k} = T(c_S, k) - c_M - \delta k \tag{2.6}$$

$$-\frac{\partial \mathrm{H}}{\partial k} = \dot{\lambda} \Rightarrow \dot{\lambda} = -\lambda (T_k - \delta) \Rightarrow \dot{c}_M = -\frac{U_M}{U_{MM}} [T_K - (\delta - \rho)] \tag{2.7}$$

$$\frac{\partial \mathrm{H}}{\partial c_M} = U_M e^{-\rho t} - \lambda = 0 \tag{2.8}$$

$$\frac{\partial \mathrm{H}}{\partial c_S} = U_S e^{-\rho t} + \lambda T_{c_S} = 0 \tag{2.9}$$

ここで，生産関数が稲田条件を満たすことと減価償却率より，資本ストック K は有限となり，通常の横断面条件は満たされる。

次に，これらの関係を使って $k_S = f(c_S, k)$ と Δ の具体的な関数を計算しよう。（2.8）と（2.9）から

$$T_{c_S} = -\frac{\bar{c}_M^{\epsilon} (c_M - \varphi \bar{c}_M)}{\gamma} \tag{2.10}$$

さらに，（2.5）より

$$\frac{\bar{c}_M^{\epsilon} (c_M - \varphi \bar{c}_M)}{\gamma} = -\frac{T_K}{\beta} \left[\frac{\Delta}{\alpha (1-\beta)}\right]^{1-\beta} \tag{2.11}$$

が成立する。また，（2.11）をさらに展開すると以下となる。

$$\frac{\bar{c}_M^{\epsilon} (c_M - \varphi \bar{c}_M)}{\gamma} = \left(\frac{\alpha}{\beta}\right) \frac{[(1-\alpha)\beta]^{1-\alpha}}{[(1-\beta)\alpha]^{1-\beta}} [(1-\alpha)\beta k + (\alpha - \beta) k_s]^{\alpha-\beta} \tag{2.12}$$

こうして最終的に次式が求まる。

$$\left[\frac{\bar{c}_M^{\epsilon} (c_M - \varphi \bar{c}_M)}{\gamma}\right]^{\frac{1}{\alpha-\beta}}$$

(2.13)

$$=\left(\frac{\alpha}{\beta}\right)^{\frac{1}{\alpha-\beta}}\left\{\frac{[(1-\alpha)\beta]^{1-\alpha}}{[(1-\beta)\alpha]^{1-\beta}}\right\}^{\frac{1}{\alpha-\beta}}[(1-\alpha)\beta k+(\alpha-\beta)k_s]$$

ここで，$=\left(\frac{\alpha}{\beta}\right)^{\frac{1}{\alpha-\beta}}\left\{\frac{[(1-\alpha)\beta]^{1-\alpha}}{[(1-\beta)\alpha]^{1-\beta}}\right\}^{\frac{1}{\alpha-\beta}}=D$ とおくと

$$\left[\frac{\bar{c}_M^{\epsilon}(c_M-\varphi\bar{c}_M)}{\gamma}\right]^{\frac{1}{\alpha-\beta}}=D[(1-\alpha)\beta k+(\alpha-\beta)k_s] \tag{2.14}$$

を得る。

最後に，均衡経路上で成立する条件：$\bar{c}_M=c_M$ を使い，最終的に以下のように表示することができる。

$$\left[\frac{c_M^{\epsilon+1}(1-\varphi)}{\gamma}\right]^{\frac{1}{\alpha-\beta}}=D[(1-\alpha)\beta k+(\alpha-\beta)k_s] \tag{2.15}$$

(2.15) を k_S について解くと以下の結果を得る。

$$k_s=\frac{\left\{\frac{c_M^{\epsilon+1}(1-\varphi)}{\gamma}\right\}^{\frac{1}{\alpha-\beta}}-D(1-\alpha)\beta k}{D} \tag{2.16}$$

さらに (2.16) を使い，Δ を計算すると，

$$\Delta=\frac{\left\{\frac{c_M^{\epsilon+1}(1-\varphi)}{\gamma}\right\}^{\frac{1}{\alpha-\beta}}}{D}.$$

従って，均衡経路上では (2.16) と上記結果を使って T_k と $T(c_M, k)$ は，最終的に以下で計算されることになる[2)]。

$$T_k=\frac{[(1-\alpha)\beta]^{1-\alpha}\alpha}{\left[\frac{c_M^{\epsilon+1}(1-\varphi)}{\gamma}\right]^{\frac{1-\alpha}{\alpha-\beta}}D^{1-\alpha}} \tag{2.17}$$

---

2)　ここで，関数 $T(c_S, k)$ は T_k を代入することにより $T(c_M, k)$ となることに留意しよう。

$$T(c_M, k)=\frac{[(1-\alpha)\beta D]^{1-\alpha}}{\left[\frac{c_M^{\epsilon+1}(1-\varphi)}{\gamma}\right]^{\frac{1-\alpha}{\alpha-\beta}}}\left\{k-\frac{\left[\frac{c_M^{\epsilon+1}(1-\varphi)}{\gamma}\right]^{\frac{1}{\alpha-\beta}}-D(1-\alpha)\beta k}{D(\alpha-\beta)}\right\} \tag{2.18}$$

3. 定常解とサドル安定性

3-1　定常解

(2.6) と (2.18) より K に関する微分方程式を得る。

$$\dot{k}=f(c_M, k)=T(c_M, k)-c_M-\delta k$$

$$=\frac{[(1-\alpha)\beta D]^{1-\alpha}}{\left[\frac{c_M^{\epsilon+1}(1-\phi)}{\gamma}\right]^{\frac{1-\alpha}{\alpha-\beta}}}\left\{k-\frac{\left[\frac{c_M^{\epsilon+1}(1-\varphi)}{\gamma}\right]^{\frac{1}{\alpha-\beta}}-D(1-\alpha)\beta k}{D(\alpha-\beta)}\right\}-c_M-\delta k \tag{3.1}$$

$\dot{k}=0$ と置き，k について解くと，定常解 k^* を得る。

$$k^*=\frac{\dfrac{[(1-\alpha)\beta D]^{1-\alpha}\left[\frac{c_M^{\epsilon+1}(1-\varphi)}{\gamma}\right]^{\frac{1}{\alpha-\beta}}}{D(\alpha-\beta)}+c_M}{\left[1-\dfrac{(1-\alpha)\beta}{\alpha-\beta}\right]\dfrac{[(1-\alpha)\beta D]^{1-\alpha}}{\left[\frac{c_M^{\epsilon+1}(1-\varphi)}{\gamma}\right]^{\frac{1-\alpha}{\alpha-\beta}}}-\delta} \tag{3.2}$$

さらに，(2.7) と (2.17) より，

$$\dot{c}_M=g(c_M)=-\frac{U_M}{U_{MM}}[T_K-(\delta+\rho)]$$

$$=c_M(1-\varphi)\left\{\frac{\alpha[(1-\alpha)\beta D]^{1-\alpha}}{\left[\frac{c_M^{\epsilon+1}(1-\varphi)}{\gamma}\right]^{\frac{1-\alpha}{\alpha-\beta}}}-(\delta+\rho)\right\} \tag{3.3}$$

$\dot{c}_M=0$ と置く。ここで，c_M は0ではないので，第2項目が0となる。従って，

$$\frac{\alpha\left[(1-\alpha)\beta D\right]^{1-\alpha}}{\left[\frac{c_M^{\epsilon+1}(1-\varphi)}{\gamma}\right]^{\frac{1-\alpha}{\alpha-\beta}}}-(\delta+\rho)=0. \tag{3.4}$$

(3.4) を解いて，定常解 c_M^* を求めると次式となる。

$$c_M^*=\left\{\frac{\alpha\gamma\left[(1-\alpha)\beta D\right]^{\alpha-\beta}}{(1-\varphi)(\delta+\rho)^{\frac{\alpha-\beta}{1-\alpha}}}\right\}^{\frac{1}{\epsilon+1}} \tag{3.5}$$

こうして定常解(k^*, c_M^*) がパラメータの関数として具体的に求められた。

3-2　サドル安定性

次にサドル安定を証明しよう。いま，(3.1) と (3.3) の2個の微分方程式を定常解(k^*, c_M^*)の近傍で線形近似すると次式となる。

$$\begin{pmatrix}\dot{k}\\ \dot{c}_M\end{pmatrix}=\begin{pmatrix}\frac{\partial f^*}{\partial k} & \frac{\partial f^*}{\partial c_M}\\ 0 & \frac{\partial g^*}{\partial c_M}\end{pmatrix}\begin{pmatrix}k-k^*\\ c_M-c_M^*\end{pmatrix} \tag{3.6}$$

ヤコビ行列の1行2列目の要素がゼロなので，(3.6) は以下の2個の固有値 k_1 と k_2 を持つ。

$$k_1=\frac{\partial f^*}{\partial k}=\left[1-\frac{(1-\alpha)\beta}{\alpha-\beta}\right]\frac{\left[(1-\alpha)\beta D\right]}{\left[\frac{c_M^{\epsilon+1}(1-\varphi)}{\gamma}\right]^{\frac{1-\alpha}{\alpha-\beta}}}-\delta \tag{3.7}$$

$$k_2=(1+\epsilon)(1-\varphi)\left\{\frac{\alpha\left[(1-\alpha)\beta D\right]^{1-\alpha}}{\left[\frac{1-\varphi}{\gamma}\right]^{\frac{1-\alpha}{\alpha-\beta}}}-(\delta+\rho)\right\} \tag{3.8}$$

$$\bullet\alpha\left[(1-\alpha)\beta D\right]^{1-\alpha}\left[\frac{(1-\varphi)}{\gamma}\right]^{\frac{1-\alpha}{\alpha-\beta}}\left(-\frac{1-\alpha}{\alpha-\beta}\right)(c_M^{\epsilon+1})^{-\frac{1-\alpha}{\alpha-\beta}-1}$$

ここで以下での計算を単純化するため製造財の定常解を 1 に基準化しよう。

仮定 4.

$$c_M^*=1 \tag{3.9}$$

仮定 4 より，2 根 k_1 と k_2 は次のように単純化される。

$$k_1=\left[1-\frac{(1-\alpha)\beta}{\alpha-\beta}\right]\frac{[(1-\alpha)\beta D]^{1-\alpha}}{\left[\frac{1-\varphi}{\gamma}\right]^{\frac{1-\alpha}{\alpha-\beta}}}-\delta, \tag{3.10}$$

$$k_2=(1+\epsilon)(1-\varphi)\left\{\frac{\alpha[(1-\alpha)\beta D]^{1-\alpha}}{\left[\frac{1-\varphi}{\gamma}\right]^{\frac{1-\alpha}{\alpha-\beta}}}-(\delta+\rho)\right\} \tag{3.11}$$

$$\bullet\alpha[(1-\alpha)\beta D]^{1-\alpha}\left[\frac{(1-\varphi)}{\gamma}\right]^{\frac{1-\alpha}{\alpha-\beta}}\left(-\frac{1-\alpha}{\alpha-\beta}\right.$$

定理 1．正の値をとる定常解 (k^*, c_M^*) が存在し，次のいずれかの条件の下でサドル安定である。

$$(i)\alpha>\beta\text{かつ}\ \frac{1-\alpha}{\alpha-\beta}>1 \qquad (ii)\alpha<\beta$$

証明．サドル安定の証明をするためには，2 根の符号が正と負となることを示せばよい。先ず，k_1 は正である。なぜなら，k_1 は正の値である k^* の分母の値と等しいからである。従って，k_2 が負となることを証明すれば良い。$c_M^*=1$ より，$\delta+\rho$ を求めると以下となる。

$$\delta+\rho=\alpha^{\frac{1-\alpha}{\alpha-\beta}}\left(\frac{\gamma}{(1-\varphi)}\right)^{\frac{1-\alpha}{\alpha-\beta}}[(1-\alpha)\beta D]^{1-\alpha} \tag{3.12}$$

これを（3.11）に代入すると次式が得られる。

$$k_2=(1+\epsilon)(1-\varphi)\left\{\alpha\left(1-\alpha^{\frac{1-\alpha}{\alpha-\beta}-1}\right)[(1-\alpha)\beta D]^{1-\alpha}\left(\frac{1-\varphi}{\gamma}\right)^{\frac{1-\alpha}{\alpha-\beta}}\right\} \tag{3.13}$$

$$\bullet\alpha[(1-\alpha)\beta D]^{1-\alpha}\left[\frac{(1-\varphi)}{\gamma}\right]^{\frac{1-\alpha}{\alpha-\beta}}\left(-\frac{1-\alpha}{\alpha-\beta}\right)$$

(3.13) より，$\left(1-\alpha^{\frac{1-\alpha}{\alpha-\beta}-1}\right)$ と $\left(-\frac{1-\alpha}{\alpha-\beta}\right)$ の2項に注目すると，$(i)\alpha>\beta$ かつ $\frac{1-\alpha}{\alpha-\beta}>1$ の場合，あるいは$(ii)\alpha<\beta$ のとき k_2 は負となる。従って，サドル安定が証明された。証明了。

4. 長期均衡における構造変化

この節では，長期均衡としてのサービス財の価値（$P_S^* c_S^*$：ただし，$p_s^*=\frac{1-\varphi}{\gamma}$）が製造財のそれ($c_M^*$)よりも大きくなることを証明する。このことは，長期均衡における構造変化を示していると考えられる。

ℓ_S は資源制約より以下のように表すことができる。

$$\ell_S=\frac{k-k_M}{k_S-k_M} \tag{4.1}$$

また，部門間の競争条件（両部門で賃金・資本レンタル比が等しくなる条件）から以下が得られる。

$$k_M=Mk_S \text{ ただし, } M=\frac{(1-2\beta)\alpha}{(1-2\alpha)\beta} \tag{4.2}$$

従って，(4.1) を (4.2) を使って書き換えると，次式となる。

$$\ell_S=\frac{k-Mk_S}{k_S(1-M)} \tag{4.3}$$

(2.16)，(3.2) と (4.3) を $c_S^*=1$ で評価すると以下の関係が求まる。

$$k_S^*=B-Ak^* \tag{4.4}$$

$$k^*=\frac{A^{1-\alpha}B^{\alpha}+1}{(1-A)B^{-(1-\alpha)}-\delta,} \tag{4.5}$$

$$\ell_S^* = \frac{k^* - M(B - Ak^*)}{(B - Ak^*) - M(B - Ak^*)} \tag{4.6}$$

ただし，$A = \dfrac{(1-\alpha)\beta}{\alpha-\beta}$，$B = \dfrac{\left(\dfrac{1-\varphi}{\gamma}\right)^{\frac{1}{\alpha-\beta}}}{D(\alpha-\beta)}$ である。

(4.4) と (4.6) を用いて c_S^* と y^* をコブ＝ダグラス生産関数からを計算すると，以下の結果を得る。

$$c_S^* = (B - Ak^*)^{\beta}\left[\frac{k^* - M(B - Ak^*)}{(B - Ak^*) - M(B - Ak^*)}\right]^{1-\beta}$$

$$\Pi^{\beta} = \left[\frac{k^* - M\Pi}{\Pi(1-M)}\right]^{1-\beta} \tag{4.7}$$

$$y^* = (M\Pi)^{\alpha}\left[\frac{\Pi - k^*}{\Pi(1-M)}\right]^{1-\alpha} \tag{4.8}$$

ただし，$\Pi = B - AK^*$ である。

次に，すべての変数 $(k_M^*, k_S^*, \ell_M^*, \ell_S^*, k^*, y^*, c_S^*)$ が正になる内点解のみに関心があるので，その条件を求めよう。(4.7) と (4.8) より以下の関係が同時に成立せねばならない。

$$(i)\,\Pi > 0,\ (ii)\,M\Pi > 1,\ (iii)\,k^* - M\Pi > 0,\ (iv)\,\Pi - k^* > 0,$$

ここで，条件 (ii) は $y^* = 1 + \delta k^* > 1$ と (4.8) より導かれる。さらに，(ii) から (iv) は A と B を使って以下のように表示することができる。

$(i)\,\Pi = B - Ak^* > 0,\ (ii)\,M\Pi = M(B - Ak^*) > 1,\ (iii)\,k^* - M\Pi = k^* - M(B - Ak^*) > 0$

$(iv)\,\Pi - k^* = B - Ak^* - k^* > 0$

この関係を使い，次の補題 2 を証明する。

---

3)　条件 a) は，「サービス財部門が資本集約的である」という集約度条件を含んでいる。サービス財部門を消費財部門と見なしたとき，OECD 諸国で消費財部門が資本集約的であるという実証結果が Takahashi et al. (2012) で報告されている。

補題２． a) $\frac{1}{2}<\alpha\frac{\beta}{2}<\beta$ 3) かつ b) $B<\frac{1+A}{M}$ が成立するとき，(i) から (iv) が同時に成立する条件は次の不等式となる。

$$0<\frac{B}{1+A}<k^*<\frac{MB}{1+MA}$$

証明

$\frac{1}{2}<\alpha<\frac{\beta}{2}$ より，$0<M<1$ である。$\Pi=B-Ak^*>0\Rightarrow k^*>\frac{B}{A}$。次に，$M\Pi>1\Rightarrow k^*>\frac{MB-1}{MA}$。さらに，条件 a）と $k^*-M\Pi>0\Rightarrow k^*<\frac{MB}{MA+1}$。最後に $\Pi-k^*>0\Rightarrow k^*>\frac{B}{A+1}$ となる。ここで，条件 b）より $\frac{B}{1+A}>\frac{MB-1}{MA}>\frac{B}{A}$ となる。これらの結果をまとめることにより所定の不等式を得る。証明了。

我々は本章の中心的定理を証明する。

定理 2. 補題条件 a), b）が成立するとき，$k^*-M\Pi>\Pi-k^*$ かつ $p_s^*=\frac{1-\varphi}{\gamma}>1$ であれば，$p_S^*c_S^*>y^*>1$ が成立する。

証明.（4.7）と（4.8）の対数をとると以下を得ることができる。

$$\log c_S^*=\beta\log\Pi+(1-\beta)\left[\log(k^*-M\Pi)-\log\Pi(1-M)\right] \tag{4.9}$$

$$\log y^*=\alpha\log M\Pi+(1-\alpha)\left[\log(\Pi-k^*)-\log\Pi(1-M)\right] \tag{4.10}$$

ここで，条件 a）より $\alpha<\beta$ かつ $\ell_M+\ell_s=1$ より（4.9）と（4.10）の第二項は負が成立しているので，（4.9）の β を α に置き換えたものを引くと以下の不等式を得る。

$$\begin{aligned}&\log c_S^*-\log y^*\\&>\beta\left[\log\Pi-\log M\Pi\right]+(1-\beta)\left[\log(k^*-M\Pi)-\log(\Pi-k^*)\right]\end{aligned} \tag{4.11}$$

ここで，不等式の第 1 項目は $0<M<1$ より正となる。また，第 2 項目は条件 $k^*-M\Pi>\Pi-k^*$ より正。従って，条件から（4.11）は正となり，$c_S^*>y^*$ が成立する。

さらに，$y^* = 1 + \delta k^*(>1)$ かつ $p_S^* > 1$ より $p_S^* c_S^* > 1 = c_M^*$ となる。証明了。

ここで定理2の条件：$k^* - M\Pi > \Pi - k^*$ をAとBを使って表すと以下のようになる。

$$k^* - M\Pi > \Pi - k^* \Rightarrow k^* < \frac{B(1+M)}{(1+MA)+(1+A)}$$

いま，$\frac{MB}{1+MA}$ と $\frac{B(1+M)}{(1+MA)+(1+A)}$ を比較し計算すると，以下の不等式が成立する。

$$\frac{B(1+M)}{(1+MA)+(1+A)} - \frac{MB}{1+MA}$$

$$= \frac{B}{\frac{2}{1+M}+A} - \frac{B}{\frac{1}{M}+A} < 0$$

さらに，上限である $\frac{B(1+M)}{(1+MA)+(1+A)}$ と，補題2で得られた不等式の下限である $\frac{B}{1+A}$ とを比較すると以下が成立する。

$$\frac{B(1+M)}{(1+MA)+(1+A)} - \frac{B}{1+A}$$

$$= \frac{B}{\frac{2}{1+M}+A} - \frac{B}{1+A} < 0$$

従って，これらの関係を比較することにより，先に求めた内点解の条件は次のように書き換えられる。

$$(*)\ \frac{B}{1+A} < k^* < \frac{B(1+M)}{(1+MA)+(1+A)}$$

この条件を使い定理2を書き換えると，以下の系を得る。

系．条件(*)かつ $p_s^* = \dfrac{1-\varphi}{\gamma} > 1$ が成立するときとき，$p_S^* c_S^* > y^* > 1$ が成立する。

5. おわりに

本章では，これまでの分析とは違い，消費外部性により定常状態でサービス財部門が製造財部門の付加価値を凌駕することを証明した。さらに，消費外部性の効果を明らかにするために，技術進歩率や人口の成長率をゼロと仮定した。しかしながら，これらの要因を含めることはそれほど困難ではない。例えば，全要素生産性として各部門のコブ＝ダグラス生産関数に技術新歩を導入したとき，各産出量をこれらの生産性で基準化した「効率単位」で表すことで，本章での計算結果がほぼそのまま成立する。従って，本章の結果は一般性を持つと考えられる。

追記　論文の作成過程で，大坪ピョートル寛彰君（明治学院大学大学院博士後期課程）の助力を得たことを記して感謝したい。

参考文献

室　和伸（2017）「2 部門成長モデルにおけるサービスと製造業」（本書，第 4 章）

Acemoglu, D. and V. Guerrieri（2008）: “Capital deepening and nonbalanced economic growth,” *Journal of Political Economy 116*, pp. 467–498.

Acemoglu, D.（2009）: *Introduction to Modern Economic Growth*, Princeton UP.

Alonso-Carrera, J. and X. Raurich（2015）: “Demand-based structural change and balanced economic growth,” *Journal of Macroeconomics 46,* pp. 356–374.

Alonso-Carrera, J., J. Caballe and X. Raurich（2008）: “Can consumption spillovers be a source of equilibrium indeterminacy?,” *Journal of Economic Dynamics and Controle Vol.32 No.29*, pp. 2883–2902.

Baierl, G., K. Nishimura and M. Yano（1998）: “The role of capital depreciation in multi-sectoral models,” *Journal of Economic Behavior and Organization 33*, pp. 467–479.

Baumol, W. J.（1967）: “Macroeconomics of nonbalanced growth: the anatomy of urban crisis,” *American Economic Review 57*（*3*）, pp. 415–26.

Boppart, T.（2013）: “Structural change and the Kaldor facts in a growth model with relative price effects and non-Gorman preferences,” *Working Paper,* http://hdl.handle.net/10419/79777

Chen, B. L., Y-S. Hsu and K. Mino（2015）“Welfare implications and equilibrium indeterminancy in a two-sector growth model with consumption externalities,” *Macroeconomic Dynamics Vol.19 No.03,* pp. 535–577.

Foellmi R. and J. Zweimuller（2008）, “Structural Change, Engel's consumption cycles and Kaldor's facts of economic growth,” *Journal of Monetary Economics 55*, pp. 1317–1328.

Echevarria, C.（1997）: “Changes in sectoral composition associated with economic growth,” *International Economic Review 38*, pp. 431–452.

Kongsamut, P., S. Rebelo and D. Xie（2001）: "Beyond balanced growth," *Review of Economic Studies 68*, pp. 869–882.

Kunieda, T. and K. Nishimura（2016）: "Consumption externalities and indeterminacy in a continuous-time two-sector growth model," *International Journal of Dynamical Systems and Differential Equations Vol. 6 No.4*, pp. 358–369.

Laitner, J.（2000）: "Structural change and economic growth," *Review of Economic Studies 67,* pp. 545–561.

Ngai, R. and Pissarides, C.（2007）: "Structural change in a multisector model of growth," *American Economic Review 97*（*1*）, pp. 429–443.

Takahashi, H., K. Mashiyama, T. Sakagami（2012）: "Does the capital intensity matter?: Evidence from the postwar Japanese economy and other OECD countries," *Macroeconomic Dynamics,16,*（*Supplement 1*）*,*pp. 103–116.

Takahashi, H.（2016）: "Nonbalanced growth in a neoclassical two-sector optimal growth model," Ch. 14 in *Sunspot and Non-Linear Dynamics* eds. by K. Nishimura, A. Venditti and N. Yannelis（Springer Nature）.

Uzawa, H.（1964）: "Optimal Growth in a Two-Sector Model of Capital Accumulation," *Review of Economic Studies 31*, pp. 1–24.

第 4 章

2 部門成長モデルにおけるサービスと製造業

室　　和　伸

1. はじめに

近年，人口成長率の低下，製造業からサービスへの構造変化，サービス価格の上昇が観察されている。また，データ通信や金融をはじめとして，資本集約的なサービス産業も台頭しているのが現代経済の特徴である。本章では，2 部門成長モデルで財とサービスの動学を分析する。経済成長には製造業からサービスへの構造変化を伴うと Kuznets (1966) [7] によって主張されてきた（クズネッツの事実）。Lee and Wolpin (2006) [9]，Chanda and Dalgaard (2005) [4]，Buera and Koboski (2009) [3] によれば，サービス部門の急成長が先進国の特徴である。近年，経済成長に関する Kaldor (1963) [6] の定型化された事実だけでなく，クズネッツの事実をも同時に説明しようという動きが起こった。例えば，Kongsamut, Rebelo, and Xie (2001) [8] は，ストーンギアリー効用関数を使用して，カルドアとクズネッツの事実が両立するような，農業，製造業，サービスの 3 部門成長モデルを分析している。これは需要の所得弾力性が，食糧，工業品，サービスで異なるという需要サイドを重視した分析であり，エンゲルの法則を定式化している。一方，Baumol (1967) [2]，Acemoglue and Guerrieri (2008) [1] は供給サイドを重視して，構造変化を分析している。各部門の TFP 成長率が異なるとして多部門の構造変化を分析した Ngai and Pissarides

(2007)［10］もある。Herrendorf (2014) et al.［5］によれば，サービス支出シェアは拡大傾向がある。サービス需要の所得弾力性が1より大きいことに加えて，サービス業の生産性上昇率は製造業よりも低く，サービス価格の上昇，サービスシェアの拡大が起こる。これはボーモルのコスト病として知られている。特に，医療や教育サービスといった分野でボーモルのコスト病は強く支持されている。

本章は，Uzawa (1964)［11］モデルを製造業とサービス業の分析に応用する。また，非ホモセティック効用を仮定することによりサービスの所得弾力性が1を超える。さらに，経済発展（1人当たり資本の増大）が財消費からの効用を高めるという消費の外部性を考慮する。具体的には以下で述べる通りである。道路が整っていないのに自動車に乗ってもさほど嬉しくないであろう。つまり，同じ財を消費するにしても，インフラが整備されているほうが，効用は高いのである。また，財を消費する前の運搬には体力的な負担と時間ロスを伴う。もし，インフラが整備されていないならば，輸送は高価になり，効用を低下させる。経済発展とともにインフラが整備され，効用は増加する。素敵なテーブルや椅子，美しい茶碗で食事をする方が満足は高いであろう。快適なエアコンのある部屋でテレビを視聴する方が満足は高いであろう。経済発展とともに，空間や雰囲気が改善すれば，効用は高まる。以上で述べた事を定式化し，1人当たり資本の増大が，工業品の最低消費水準を低下させ，次第にホモセティック効用に近づいていくようなケースを考える。簡単化のため，本論文では，異時点間の意思決定をする際に，消費者は1人当たり資本の増大が自分の効用を高めるという消費の外部性を認知しないケースを分析する。これにより，定常状態でサービス価格が不変となる軌跡が1人当たり資本に依存しなくなり，分析が単純になる。しかしながら，消費者が消費の外部性を認知するケースはとても複雑であるが，このケースでは，定常状態でサービス価格が不変となる軌跡が1人当たり資本に依存することとなり，どのような状況であっても経済発展とともにサービス価格が上昇していくという非常に興味深い結果をもたらすであろう。

さて，本章の仮定の下で，サービス業が資本集約的の場合，定常状態の1人当たり資本が一定となる軌跡が非線形となり，複数均衡が発生する。人口成長率がサービス価格と1人当たり資本に及ぼす効果は，産業の資本シェアに依存する。製造業が資本集約的のケースでは，人口減少化は，1人当たり資本を減少させる。一方，サービスが資本集約的のケースでは，人口減少化は1人当たり資本を増加させる。なお，1部門モデルで本論文の仮定を考慮しても，2部門モデルでの製造業が資本集約的のケースに類似したケースしか出現せず，定常状態の1人当たり資本が一定となる軌跡が非線形となることはなく，複数均衡も発生しない。したがって，2部門モデルであるからこそ，本章における消費の外部性が効力を発揮するのである。

2節は2部門生産経済を描写する。3節は，動学分析を行う。4節は，人口成長率の変化の効果を分析する。5節は結論である。

2. GDP関数

2-1　2部門生産経済

サービスを第1生産部門，製造財を第2生産部門とする。それぞれの部門は資本と労働を雇用する。完全雇用を仮定する。つまり，$K_{1t}+K_{2t}=K$，かつ，$L_{1t}+L_{2t}=L$ である。K_{1t} はサービス部門の資本，K_{2t} は製造業部門の資本，K は総資本を表す。L_{1t} はサービス部門の資本，L_{2t} は製造業部門の労働，L は総労働を表す。コブダグラス型生産関数を仮定する。サービスの生産関数は $Y_{1t}=K_{1t}^{\alpha}L_{1t}^{1-\alpha}$ であり，製造財の生産関数は $Y_{2t}=K_{2t}^{\beta}L_{2t}^{1-\beta}$ である。

r_{t} は資本レンタル料，w_{t} は賃金である。各部門の単位費用関数は，

$$\phi^{1}(r_t, w_t) \equiv r_t\frac{K_{1t}}{Y_{1t}}+w_t\frac{K_{1t}}{Y_{1t}}=\Upsilon_1 r_t^{\alpha}w_t^{1-\alpha}, \tag{1}$$

$$\phi^{2}(r_t, w_t) \equiv r_t\frac{K_{2t}}{Y_{2t}}+w_t\frac{K_{2t}}{Y_{2t}}=\Upsilon_2 r_t^{\beta}w_t^{1-\beta}, \tag{2}$$

であり，ここで，パラメーターは，

$$\Upsilon_1 \equiv \alpha^{-\alpha}(1-\alpha)^{\alpha-1}, \tag{3}$$

$$\Upsilon_2 \equiv \beta^{-\beta}(1-\beta)^{\beta-1}. \tag{4}$$

である。利潤最大化条件は，価格と単位費用が等しいという条件

$$P_t = \Upsilon_1 r_t^{\alpha} w_t^{1-\alpha}, \tag{5}$$

$$1 = \Upsilon_2 r_t^{\beta} w_t^{1-\beta}, \tag{6}$$

である。ここで，製造財の価格を 1 と基準化している。P_t はサービスの相対価格である。

GDP 関数は，

$$Y(P_t, K_t, L_t) = r_t(P_t)K_t + w_t(P_t)L_t = \Omega_K P_t^{\frac{\beta-1}{\beta-\alpha}} K_t + \Omega_L P_t^{\frac{\beta}{\beta-\alpha}} L_t, \tag{7}$$

であり，合成定数パラメーターは，

$$\Omega_K \equiv \Upsilon_1^{\frac{1-\beta}{\beta-\alpha}} \Upsilon_2^{\frac{\alpha-1}{\beta-\alpha}}, \tag{8}$$

$$\Omega_L \equiv \Upsilon_1^{\frac{-\beta}{\beta-\alpha}} \Upsilon_2^{\frac{\alpha}{\beta-\alpha}}. \tag{9}$$

である。資本レンタル料と賃金は，サービス価格の関数

$$r_t(P_t) = \Omega_K P_t^{\frac{\beta-1}{\beta-\alpha}}, \tag{10}$$

$$w_t(P_t) = \Omega_L P_t^{\frac{\beta}{\beta-\alpha}}. \tag{11}$$

として表現できる。賃金レンタル比率は，

$$\frac{w(P_t)}{r(P_t)} = \Omega_L \Omega_K^{-1} P_t^{\frac{1}{\beta-\alpha}} = \Upsilon_2^{\frac{-1}{\beta-\alpha}} \Upsilon_1^{\frac{1}{\beta-\alpha}} P_t^{\frac{1}{\beta-\alpha}}. \tag{12}$$

である。$\alpha > \beta$ ならば，サービス部門が資本集約的$\frac{K_{1t}}{L_{1t}} > \frac{K_{2t}}{L_{2t}}$であり，$\alpha < \beta$ な

らば，製造財部門が資本集約的$\frac{K_{1t}}{L_{1t}} < \frac{K_{2t}}{L_{2t}}$である。GDP関数の包絡線定理より，サービス供給は，

$$Y_{1t}=\frac{\partial Y(P_t, K_t, L_t)}{\partial P_t}=\frac{\partial r_t(P_t)}{\partial P_t}K_t+\frac{\partial w_t(P_t)}{\partial P_t}L_t=\Omega_K\left(\frac{\beta-1}{\beta-\alpha}\right)P_t^{\frac{\alpha-1}{\beta-\alpha}}K_t+\Omega_L\left(\frac{\beta}{\beta-\alpha}\right)P_t^{\frac{\alpha}{\beta-\alpha}}L_t \tag{13}$$

である。ストルパーサミュエルソン定理とリプチンスキー定理は，

$$\frac{dY_{1t}}{dK_t}=\frac{\partial^2 Y(P_t, K_t, L_t)}{\partial K_t \partial P_t}=\frac{\partial r_t(P_t)}{dP_t}=\Omega_K\left(\frac{\beta-1}{\beta-\alpha}\right)P_t^{\frac{\alpha-1}{\beta-\alpha}}\begin{cases}>0 \text{ if } \alpha>\beta,\\ <0 \text{ if } \alpha<\beta,\end{cases} \tag{14}$$

$$\frac{dY_{1t}}{dL_t}=\frac{\partial^2 Y(P_t, K_t, L_t)}{\partial L_t \partial P_t}=\frac{dw_t(P_t)}{dP_t}=\Omega_L\left(\frac{\beta}{\beta-\alpha}\right)P_t^{\frac{\alpha}{\beta-\alpha}}\begin{cases}<0 \text{ if } \alpha<\beta,\\ >0 \text{ if } \alpha<\beta.\end{cases} \tag{15}$$

から得られる。もしサービスが資本集約的$\alpha>\beta$ならば，ストルパー・サミュエルソン定理から，サービス価格（P_t）の上昇が，資本レンタル料を増加させ，賃金を低下させる。さらに，もしサービスが資本集約的$\alpha>\beta$ならば，リプチンスキー定理から，総資本の増大はサービス生産を増加させる$\frac{dY_{1t}}{dK_t}>0$。一方，総労働の増大は，サービス生産を減少させる$\frac{dY_{1t}}{dLt}<0$。

3. サービスと財の動学分析

3-1　選　好

無限視野を持つ同質家計を仮定する。ストーン・ギアリー効用関数を仮定し次のように定式化する。

$$u(c_{s,t}, c_{m,t}, k_t)=\gamma\log c_{s,t}+(1-\gamma)\log[c_{m,t}-\overline{c}_m(k_t)], \tag{16}$$

ここで$c_{s,t}$はサービス需要，$c_{m,t}$は財需要であり，$\gamma\in(0, 1)$はパラメータである。ここで，$\overline{c}_m$は1人当たり資本k_tに反比例すると仮定し，

$$\overline{c}_m(k_t)\equiv\psi k_t^{-\eta}, \tag{17}$$

と置く。$\psi>0$，かつ，$\eta>0$である。財需要の所得弾力性は1ではないことに注意しよう。さらに，$\overline{c}_m(k_t)$は1人当たり資本に応じて内生的に変化する。

ここで，$\bar{c}_m(k_t)$ の意味は何だろうか。三つの解釈ができる。第一の解釈は，$\bar{c}_m(k_t)$ は物理的財の輸送費である。財を消費する前に運ばなくてはいけない。これには体力的な負担と時間ロスを伴う。もし，港湾，鉄道，道路が整備されていないならば，輸送は高価になり，効用を低下させる。1 人当たり資本が増加する経済発展とともにインフラが整備され，効用は増加することを表している。第二の解釈は，茶碗，陶器，箸置きなどのような消費関連の品である。単に沢山食べるという行為だけからは満足しない。素敵なテーブルや椅子，美しい茶碗で食べる方が満足は高いであろう。第三の解釈は，$\bar{c}_m(k_t)$ は悪環境の度合である。快適なエアコンのある部屋でテレビを視聴する方が満足は高いであろう。経済発展とともに，空間や雰囲気が改善すれば，効用は高まる。

$\bar{c}_m(k_t)$ は消費の外部性と考えることができる。消費者は $\bar{c}_m(k_t)$ を認知できないと仮定する。ただし，消費者が $\bar{c}_m(k_t)$ を認知できるケースも考慮することができるが，分析が複雑になるからここでは取り扱わない。以上から，効用関数は，

$$u(c_{s,t}, c_{m,t}, k_t) = \gamma \log c_{s,t} + (1-\gamma)\log[c_{m,t} - \psi k_t^{-\eta}]. \tag{18}$$

で与えられる。資源制約式は，

$$\dot{K}_t = Y(P_t, K_t, L_t) - P_t C_{s,t} - C_{m,t} - \delta K_t \tag{19}$$

であり，K_t は総資本，L_t 労働，$C_{s,t}$ サービスの総消費，$C_{m,t}$ は財の総消費である。人口成長率は $n \equiv \frac{\dot{L}_t}{L_t}$ である。資本減耗率は δ である。1 人当たりの変数を以下のように表す。

$$k \equiv \frac{K_t}{L_t},\ c_{s,t} \equiv \frac{C_{s,t}}{L_t},\ c_{m,t} \equiv \frac{C_{m,t}}{L_t},\ y(P_t, k_t) \equiv \frac{Y(P_t, K_t, L_t)}{L_t}.$$

1 人当たり資本の動学は，

$$\dot{k}_t = y(P_t, k_t) - P_t c_{s,t} - c_{m,t} - (n+\delta) k_t. \tag{20}$$

となる。ここで，

$$y(P_t, k_t) = \frac{Y(P_t, K_t, L_t)}{L_t} = r_t(P_t)k_t + w_t(P_t) = \Omega_K P_t^{\frac{\beta-1}{\beta-\alpha}} k_t + \Omega_L P_t^{\frac{\beta}{\beta-\alpha}}. \tag{21}$$

は1人当たりのGDPである。

3–2　動学最適化

代表的主体は，資源制約の下で，生涯割引効用

$$\int_{t=0}^{\infty} e^{-\rho t} e^{nt} L_o \left[\gamma \log c_{s,t} + (1-\gamma)\log\left[c_{m,t} - \Psi k_t^{-\eta}\right]\right] dt, \tag{22}$$

を最大化する。当期価値ハミルトニアンを

$$H \equiv \gamma \log c_{s,t} + (1-\gamma)\log[c_{m,t} - \psi k_t^{-\eta}] + q_t[y(P_t, k_t) - P_t c_{s,t} - c_{m,t}$$
$$- (n+\delta)k_t], \tag{23}$$

と置く。ここで，q_t は当期の資本のシャドーバリューである。最適化の必要条件は，

$$\frac{\gamma}{c_{s,t}} = P_t q_t, \tag{24}$$

$$\frac{1-\gamma}{c_{m,t} - \psi k_t^{-\eta}} = q_t, \tag{25}$$

$$\lim_{t\to\infty} e^{-\rho t} q_t k_t = 0, \quad (TVC) \tag{26}$$

$$\dot{q}_t = (\rho - n)q_t - \frac{\partial H}{\partial k_t} = q_t[\rho + \delta - r(P_t)]. \tag{27}$$

である。ここでの分析では消費者は消費の外部性 $\bar{c}_m(k_t)$ を認知しないから，$\bar{c}_m(k_t)$ を k で微分したものが，異時点間の最適条件に含まれない。

サービス価格に関する異時点間の最適条件は，

$$\frac{\dot{P}_t}{P_t}=r(P_t)-\rho-\delta-\frac{\dot{c}_{s,t}}{c_{s,t}}\ . \tag{28}$$

となる。GDP 関数の包絡線定理からサービス供給が得られ，それとサービス需要が常に等しいから，

$$P_t c_{s,t}=P_t\frac{\partial y(P_t,k_t)}{\partial P_t}=P_t\frac{dr_t(P_t)}{dP_t}k_t+P_t\frac{dw_t(P_t)}{dP_t}=\Omega_K\left(\frac{\beta-1}{\beta-\alpha}\right)P_t^{\frac{\beta-1}{\beta-\alpha}}k_t+\Omega_L\left(\frac{\beta}{\beta-\alpha}\right)P_t^{\frac{\beta}{\beta-\alpha}}$$

を得る。サービスの成長率は

$$\frac{\dot{c}_{s,t}}{c_{s,t}}=\left[\frac{P_t\dfrac{\partial^2 y(P_t,k_t)}{\partial P_t^2}}{\dfrac{\partial y(P_t,k_t)}{\partial P_t}}\right]\frac{\dot{P}_t}{P_t}+\left[\frac{k_t\dfrac{\partial^2 y(P_t,k_t)}{\partial P_t\partial k_t}}{\dfrac{\partial y(P_t,k_t)}{\partial P_t}}\right]\frac{\dot{k}_t}{k_t}\ . \tag{29}$$

である。

3-3　動学システム

サービスの相対価格 P_t と 1 人当たり資本 k_t に関する，2 次元の動学システムは，

$$\dot{P}_t=\left[\frac{P_t\dfrac{\partial y(P_t,k_t)}{\partial P_t}}{\dfrac{\partial y(P_t,k_t)}{\partial P_t}+P_t\dfrac{\partial^2 y(P_t,k_t)}{\partial P_t^2}}\right]\left[\Omega_K P_t^{\frac{\beta-1}{\beta-\alpha}}-\rho-\delta-\left[\frac{k_t\dfrac{\partial r(P_t)}{\partial P_t}}{\dfrac{\partial y(P_t,k_t)}{\partial P_t}}\right]\frac{\dot{k}_t}{k_t}\right], \tag{30}$$

$$\dot{k}_t=\Omega_K\left(\frac{1-\beta+\gamma(\beta-\alpha)}{\gamma(\beta-\alpha)}\right)P_t^{\frac{\beta-1}{\beta-\alpha}}k_t+\Omega_L\left(\frac{\beta+\gamma(\beta-\alpha)}{\gamma(\beta-\alpha)}\right)P_t^{\frac{\beta}{\beta-\alpha}}-\psi k_t^{-\eta}-(n+\delta)k_t. \tag{31}$$

となる。

3-4　定 常 状 態

定常状態は，

$$P^*=\left(\frac{\rho+\delta}{\Omega_K}\right)^{\frac{\beta-\alpha}{\beta-1}},$$

$$y(P^*, k^*) - \frac{1}{\gamma} P \frac{\partial y(P^*, k^*)}{\partial P} = \psi (k^*)^{-\eta} + (n+\delta) k^*,$$

で計算される。ここで P^* と k^* は定常値である。

3-5　位　相　図

3-5-1　$\dot{\boldsymbol{P}}=0$ 軌跡

$\dot{P}=0$ 軌跡は，

$$P = \left[\frac{\rho+\delta}{\Omega_K}\right]^{\frac{\beta-\alpha}{\beta-1}}$$

であり，k に依存せず，水平線である。

3-5-2　$\dot{k}=0$ 軌跡

$\dot{k}=0$ 軌跡は，

$$\frac{dP}{dk}\begin{cases} <0, & \text{if } k < \left[\dfrac{\rho+\delta-\dfrac{\gamma(\alpha-\beta)(\rho-n)}{1-\beta}}{\psi\eta}\right]^{\frac{1}{-\eta-1}}, \\ >0, & \text{if } \left[\dfrac{\rho+\delta-\dfrac{\gamma(\alpha-\beta)(\rho-n)}{1-\beta}}{\psi\eta}\right]^{\frac{1}{-\eta-1}} < k, \\ >0, & \text{if } \alpha<\beta. \end{cases}$$

より，$\dot{k}=0$ 軌跡の傾きは，サービスが資本集約的 $\alpha>\beta$ の時で，かつ，k が $\left[\dfrac{\rho+\delta-\dfrac{\gamma(\alpha-\beta)(\rho-n)}{1-\beta}}{\psi\eta}\right]^{\frac{1}{-\eta-1}}$ よりも小さい時に右下がりとなり，$\alpha>\beta$ の時で，かつ，k が $\left[\dfrac{\rho+\delta-\dfrac{\gamma(\alpha-\beta)(\rho-n)}{1-\beta}}{\psi\eta}\right]^{\frac{1}{-\eta-1}}$ よりも大きい時に，右上がりとなる。一方，製造財が資本集約的 $\alpha<\beta$ の時は，$\dot{k}=0$ 軌跡は右上がりである。

$\dot{k}=0$ 軌跡の曲率は，

$$\frac{d^2P}{dk^2}\begin{cases} >0 \quad \text{if} \quad k<\left[\dfrac{\rho+\delta-\dfrac{\gamma(\alpha-\beta)(\rho-n)}{1-\beta}}{\psi\eta}\right]^{\frac{1}{-\eta-1}}, \\ <0 \quad \text{if} \quad k>\left[\dfrac{\rho+\delta-\dfrac{\gamma(\alpha-\beta)(\rho-n)}{1-\beta}}{\psi\eta}\right]^{\frac{1}{-\eta-1}}, \\ <0 \quad \text{if} \quad \alpha<\beta \ \text{and}(1-\gamma)<\dfrac{1-\beta}{\beta-\alpha}. \end{cases}$$

である。よって，$\dot{k}=0$ 軌跡は，$\alpha>\beta$ でかつ，k が $\left[\dfrac{\rho+\delta-\dfrac{\gamma(\alpha-\beta)(\rho-n)}{1-\beta}}{\psi\eta}\right]^{\frac{1}{-\eta-1}}$ よりも小さい時に，右下がりで逓増となり，$\alpha>\beta$ でかつ，k が $\left[\dfrac{\rho+\delta-\dfrac{\gamma(\alpha-\beta)(\rho-n)}{1-\beta}}{\psi\eta}\right]^{\frac{1}{-\eta-1}}$ よりも大きい時に，右上がりで逓減となる。一方，製造財が資本集約的 $\alpha<\beta$ の時は，$\dot{k}=0$ 軌跡は，右上がりで逓減となる。$\hat{k}\equiv\left[\dfrac{\rho+\delta-\dfrac{\gamma(\alpha-\beta)(\rho-n)}{1-\beta}}{\psi\eta}\right]^{\frac{1}{-\eta-1}}$ と定義しておく。もし初期資本 k_0 が $k_0<k_b^*$ ならば，定常状態 k_a^* に収束する。k_b^* は不安定均衡である。

図 4-1　サービス業が資本集約的 $\alpha>\beta$ のケース

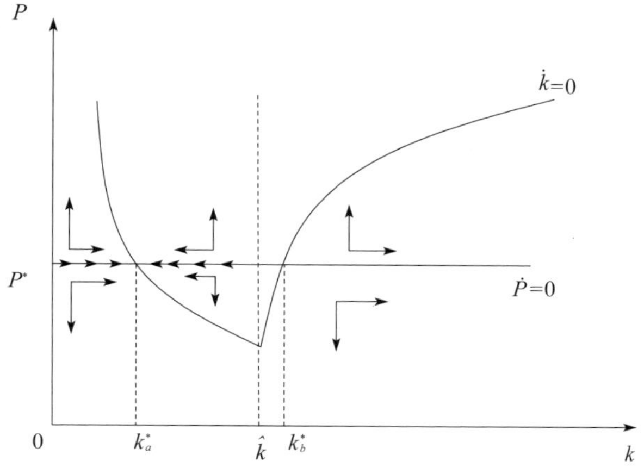

（出所）筆者作成。

図 4-2　製造業が資本集約的 $\alpha>\beta$ のケース

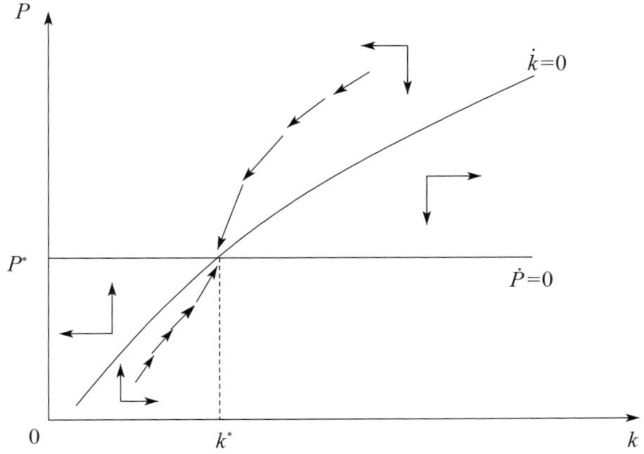

（出所）筆者作成。

4. 人口成長率がサービス価格と 1 人当たり資本に及ぼす影響

人口成長率 n の上昇は，$\dot{k}=0$ 線を下方シフトさせる。よって，サービス業が資本集約的 $\alpha>\beta$ のケースでは，人口成長率上昇により，k_a^* が左へいき，1 人当たり資本は減少する。移行過程においてサービス価格は変化しない（図 4-1)。一方，製造業が資本集約的 $\alpha<\beta$ のケースでは，人口成長率上昇により，k^* は右へいき，定常状態の 1 人当たり資本は増加する。移行過程では，サービス価格は一旦低下し，再び元の水準に戻っていく（図 4-2)。

もし，消費者が外部性を認知するケースでは，$\dot{P}=0$ 線はいつも右上がりとなる。その場合，サービス業が資本集約的のケースでは，人口減少率の低下は，サービス価格の上昇と，1 人当たり資本の増加をもたらす。一方，製造業が資本集約的のケースでは，人口減少率の低下は，サービス価格の上昇と，1 人当たり資本の減少をもたらす。つまり，現代の成熟した先進国経済の特徴である人口成長率の低下とサービス価格の上昇が説明されることとなる。

5. おわりに

現代経済の特徴は，経済のサービス化とサービス相対価格の上昇である。本章で，サービスと製造業の2部門生産経済の動学分析を行った。サービス需要の所得弾力性が1より大きいことを表すため非ホモセティック効用関数を仮定し，1人当たり資本の増加が，消費から得られる効用を間接的に増加させる消費の外部性を考慮している。消費者が，1人当たり資本による消費の外部性を認知しないケースを考える。サービス業が資本集約的のケースでは，定常状態の1人当たり資本が不変となる軌跡が非線形となり，安定均衡と不安定均衡が出現する。その移行過程において，サービス価格は不変である。製造業が資本集約的のケースでは，安定均衡のみが出現する。その移行過程において，1人当たり資本の増加に伴って，サービス価格は上昇する。人口成長率がサービス価格と1人当たり資本に及ぼす効果は，産業の資本シェアに依存する。サービスが資本集約的のケースでは，人口成長率の上昇は，1人当たり資本を減少させる。一方，製造業が資本集約的のケースでは，人口成長率の上昇は，1人当たり資本を増加する。

経済のサービス化に関して，今後の課題を以下で述べる。サービス業が製造業と違う点は，基本的に蓄積できないという点である。つまり，サービスは，生産と消費が同時に実施され，在庫ができない。生産と消費が時間的にも空間的にも同時に発生するのである。空間的とは，サービスの生産地と消費地は同じだということである。サービスの輸送コストが極めて高価であると解釈すればよい。サービスと製造業を対照させて分析するために，サービスの空間的同時性に関して空間経済的分析が必要であろう。また，サービス業は質が重要であり，売り手と買い手の間で情報の非対称性が生じやすく，それに対処するための制度設計が必要となるだろう。従来の経済学は，ものづくり中心の経済構造を分析するためのフレームワークであったのである。

労働力不足の下，サービス需要の拡大に対して，サービスを効率的に供給することが重要である。さもなければ，サービス価格の上昇という形で，ボーモルのコスト病が蔓延することとなる。経済の潜在成長率を拡大するための成長戦略の1つとして，成熟経済においてサービス業の生産性向上が課題である。特に，知識・情報集約型サービス業やサービス業の効率化が必要である。技術革新によって，新しいサービス企業の出現と急成長が起こり従来型の労働集約的サービスだけでなく，資本集約的サービスに対して焦点を当てることが再認識させられる。

〈数学付録〉

$\dot{k}=0$ 軌跡

$\dot{k}=0$ 軌跡は，

$$y(P,k)-\frac{1}{\gamma}P\frac{\partial y(P,k)}{\partial P}=\psi k^{-\eta}+(n+\delta)k. \tag{32}$$

を満たす。

$\dot{k}=0$ の傾きは，

$$\frac{dP}{dk}=\frac{-\Omega_K\left(\dfrac{1-\beta+\gamma(\beta-\alpha)}{\gamma(\beta-\alpha)}\right)P^{\frac{\beta-1}{\beta-\alpha}}-\psi\eta k^{-\eta-1}-n+\delta}{\left(\dfrac{\gamma-1}{\gamma}\right)\dfrac{\partial y(P,k)}{\partial P}-\dfrac{1}{\gamma}P\dfrac{\partial^2 y(P,k)}{\partial P^2}}, \tag{33}$$

$$=\frac{-r(P)\left[\dfrac{1-\beta}{\gamma(\beta-\alpha)}\right]-(\rho-n)}{\left(\dfrac{\gamma-1}{\gamma}\right)\dfrac{\partial y(P,k)}{\partial P}-\dfrac{1}{\gamma}P\dfrac{\partial^2 y(P,k)}{\partial P^2}}, \tag{34}$$

である。ここで，$\psi\eta \mathrm{k}^{-\eta-1}=\rho+\delta-r(P)$ が成立する。生涯効用の積分収束のため，$\rho>n$ が必要である。

$\dot{k}=0$ の傾きは，サービスと製造業の資本シェアに依存する。$\dot{k}=0$ の傾きは，以下の通りである。

$$\frac{dP}{dk}\begin{cases}<0, \text{ if } \ 0<\alpha-\beta<\dfrac{r(P)(1-\beta)}{\gamma(\rho-n)}, \\ >0, \text{ if } \ 0<\dfrac{r(P)(1-\beta)}{\gamma(\rho-n)}<\alpha-\beta, \\ >0, \text{ if } \ \alpha<\beta. \end{cases} \tag{35}$$

書き換えると,

$$\frac{dP}{dk}\begin{cases} <0,\ \text{if}\ k<\left[\dfrac{\rho+\delta-\dfrac{\gamma(\alpha-\beta)(\rho-n)}{1-\beta}}{\psi\eta}\right]^{\frac{1}{-\eta-1}}, \\ >0,\ \text{if}\ \left[\dfrac{\rho+\delta-\dfrac{\gamma(\alpha-\beta)(\rho-n)}{1-\beta}}{\psi\eta}\right]^{\frac{1}{-\eta-1}}<k, \\ >0,\ \text{if}\ \alpha<\beta. \end{cases} \tag{36}$$

である。$\dot{k}=0$ の曲率は,

$$\frac{d^2P}{dk^2}=\frac{1}{\Gamma^2}\frac{1}{\gamma}\left[\left(\frac{1-\beta}{\alpha-\beta}\right)\frac{dr(P)}{dP}\frac{\partial P}{\partial k}\left[(\gamma-1)\frac{\partial y(P,k)}{\partial P}-P\frac{\partial^2 y(P,k)}{\partial P^2}\right]\right]$$

$$-\frac{1}{\Gamma^2}\Theta\frac{1}{\gamma}\left[(\gamma-2)\frac{dr(P)}{dP}-P\frac{d^2r(P)}{dP^2}\right],$$

である。$\dot{k}=0$ の傾き$\dfrac{dP}{dk}$ (34) の分子は Θ で，その分母は Γ で表す。

$$\Theta\equiv-\Omega_K\left(\frac{1-\beta+\gamma(\beta-\alpha)}{\gamma(\beta-\alpha)}\right)P^{\frac{\beta-1}{\beta-\alpha}}-\psi\eta k^{-\eta-1}-n+\delta,$$

$$=-r(P)\left[\frac{1-\beta}{\gamma(\beta-\alpha)}\right]-(\rho-n)\begin{cases} >0,\ \text{if}\ k<\left[\dfrac{\rho+\delta-\dfrac{\gamma(\alpha-\beta)(\rho-n)}{1-\beta}}{\psi\eta}\right]^{\frac{1}{-\eta-1}}, \\ <0,\ \text{if}\ \left[\dfrac{\rho+\delta-\dfrac{\gamma(\alpha-\beta)(\rho-n)}{1-\beta}}{\psi\eta}\right]^{\frac{1}{-\eta-1}}<k, \\ <0,\ \text{if}\ \alpha<\beta. \end{cases}$$

$$\Gamma\equiv\left(\frac{\gamma-1}{\gamma}\right)\frac{\partial y(P,k)}{\partial P}-\frac{1}{\gamma}P\frac{\partial^2 y(P,k)}{\partial P^2}<0.$$

$\dot{k}=0$ の曲率は,

$$\frac{d^2P}{dk^2}\begin{cases} >0 \quad \text{if} \quad k<\left[\dfrac{\rho+\delta-\dfrac{\gamma(\alpha-\beta)(\rho-n)}{1-\beta}}{\psi\eta}\right]^{\frac{1}{-\eta-1}}, \\ <0 \quad \text{if} \quad k>\left[\dfrac{\rho+\delta-\dfrac{\gamma(\alpha-\beta)(\rho-n)}{1-\beta}}{\psi\eta}\right]^{\frac{1}{-\eta-1}}, \\ <0 \quad \text{if} \quad \alpha<\beta \text{ and} (1-\gamma)<\dfrac{1-\beta}{\beta-\alpha}, \end{cases} \tag{37}$$

である。その理由は，以下の通りである。

$$\frac{d^2P}{dk^2}=\frac{1}{\Gamma^2}\frac{1}{\gamma}\left[\overbrace{\left(\frac{1-\beta}{\alpha-\beta}\right)}^{+}\overbrace{\frac{dr(P)}{dP}}^{+}\overbrace{\frac{\partial P}{\partial k}}^{-}\overbrace{\left[(\gamma-1)\frac{\partial y(P,k)}{\partial P}-P\frac{\partial^2 y(P,k)}{\partial P^2}\right]}^{-}\right]$$

$$-\frac{1}{\Gamma^2}\underbrace{\Theta}_{+}\frac{1}{\gamma}\underbrace{\left[(\gamma-2)\frac{dr(P)}{dP}-P\frac{d^2r(P)}{dP^2}\right]}_{-}>0,$$

$$\text{if } k<\left[\frac{\rho+\delta-\dfrac{\gamma(\alpha-\beta)(\rho-n)}{1-\beta}}{\psi\eta}\right]^{\frac{1}{-\eta-1}},$$

$$\frac{d^2P}{dk^2}=\frac{1}{\Gamma^2}\frac{1}{\gamma}\left[\overbrace{\left(\frac{1-\beta}{\alpha-\beta}\right)}^{+}\overbrace{\frac{dr(P)}{dP}}^{+}\overbrace{\frac{\partial P}{\partial k}}^{+}\overbrace{\left[(\gamma-1)\frac{\partial y(P,k)}{\partial P}-P\frac{\partial^2 y(P,k)}{\partial P^2}\right]}^{-}\right]$$

$$-\frac{1}{\Gamma^2}\underbrace{\Theta}_{-}\frac{1}{\gamma}\underbrace{\left[(\gamma-2)\frac{dr(P)}{dP}-P\frac{d^2r(P)}{dP^2}\right]}_{-}<0,$$

$$\text{if } \left[\frac{\rho+\delta-\dfrac{\gamma(\alpha-\beta)(\rho-n)}{1-\beta}}{\psi\eta}\right]^{\frac{1}{-\eta-1}}<k,$$

$$\frac{d^2P}{dk^2}=\frac{1}{\Gamma^2}\frac{1}{\gamma}\left[\overbrace{\left(\frac{1-\beta}{\alpha-\beta}\right)}^{-}\overbrace{\frac{dr(P)}{dP}}^{-}\overbrace{\frac{\partial P}{\partial k}}^{+}\overbrace{\left[(\gamma-1)\frac{\partial y(P,k)}{\partial P}-P\frac{\partial^2 y(P,k)}{\partial P^2}\right]}^{-}\right]$$

$$-\frac{1}{\Gamma^2}\underbrace{\Theta}_{-}\frac{1}{\gamma}\underbrace{\left[(\gamma-2)\frac{dr(P)}{dP}-P\frac{d^2r(P)}{dP^2}\right]}_{-}<0,$$

$$\text{if}\quad \alpha<\beta \ \text{and}(1-\gamma)<\frac{1-\beta}{\beta-\alpha}.$$

よって，$\dot{k}=0$ 軌跡は，$\alpha>\beta$ で $k<\left[\dfrac{\rho+\delta-\dfrac{\gamma(\alpha-\beta)(\rho-n)}{1-\beta}}{\psi\eta}\right]^{\frac{1}{-\eta-1}}$ のケースでは，

右下がりで逓増である。$\dot{k}=0$ 軌跡は，$\alpha>\beta$ で $k>\left[\dfrac{\rho+\delta-\dfrac{\gamma(\alpha-\beta)(\rho-n)}{1-\beta}}{\psi\eta}\right]^{\frac{1}{-\eta-1}}$

のケースでは，右上がりで逓減である。

$$\frac{\partial\dot{k}}{\partial P}=\left(\frac{\gamma-1}{\gamma}\right)\frac{\partial y(P,k)}{\partial P}-\frac{1}{\gamma}P\frac{\partial^2 y(P,k)}{\partial P^2}<0. \tag{38}$$

であることに留意せよ。

追記　本章作成にあたって，中村保先生，三野和雄先生，足立英之先生，大住康之先生，胡雲芳先生，土居潤子先生，三宅敦史先生，友田康信先生，大東一郎先生，吉田雅敏先生，浅田統一郎先生，髙橋青天先生から貴重なコメントをいただいた。ここに感謝申し上げる。なお，ありうべき誤謬は著者に帰す。本論文は，2012 年 6 月の日本経済学会春季大会（於・北海道大学）や，その後の葉山ミーティング（中央大学主催）で発表したものを整理し簡略化したものである。

参 考 文 献

Acemoglue, D. and Guerrieri, V. (2008), "Capital Deepening and Nonbalanced Economic Growth", *Journal of Political Economy* 116 (3), pp. 467–498.

Baumol, W. J. (1967), "Macroeconomics of unbalanced growth: the anatomy of urban crisis", *The American Economic Review*.

Buera and Koboski. (2009), "The Rise of the Service Economy", *NBER Working paper* 14822.

Chanda, A. and Dalgaard, C. J. (2005) "Wage Inequality and the Rise of Services," *mimeo*, Louisiana State University.

Herrendorf, B., Rogerson, R., and Valentinyi, A. (2014), "Growth and Structural Transformation", Aghion,P. amd Durlauf, S. eds. *Handbook of Economic Growth*, Vol.2. pp. 855–941.

Kaldor, N. (1963), "Capital accumulation and economic growth", in Friedrich A. Lutz and Douglas C. Hague, eds., Proceedings of a Conference Held by the Inter-national Economics Association, London, *MacMillan*.

Kuznets, S.（1966）, “Modern Economic Growth”, *Yale University Press*.

Kongsamut, P., Rebelo, R., and Xie, D.（2001）, “Beyond balanced Growth”, *The Review of Economic Studies* 68（4）, pp. 869–882.

Lee, D. and Wolpin, K.（2006）, “Intersectoral labor Mobility and the Growth of the Service Sector”, *Econometirca* 74（1）, pp. 1–46.

Ngai, L. R. and Pissarides, C. A.（2007）, “Structural change in a multisector model of growth”, *The American Economic Review* 97（1）, pp. 429–443.

Uzawa, H.（1964）, “Optimal growth in a two-sector model of capital accumulation”, *Review of Economic Studies*.

第 5 章

需要飽和および需要創出による経済成長

村　上　弘　毅

1. はじめに

経済学，特にマクロ経済学において，「経済成長」という現象は，通常次の2つの要素によって説明される。1つは人口成長であり，残る1つは技術進歩である[1)]。Solow（1956）および Swan（1956）に始まる新古典派経済成長理論によれば，一定の人口成長率および技術進歩率が与えられるとき，国内総生産（GDP）または国民所得（NI）の変化率として定義される経済成長率は，時間の経過とともに，人口成長率と技術進歩率の和に収束する。換言すれば，経済成長率は，長期的には人口成長率および技術進歩率の大小により決定されるということである。このため，経済学者は，人口成長および技術進歩の動向に注目してきた。また，Solow（1957）を嚆矢とする「成長会計」は，技術進歩率を「全要素生産性」の変化率として算出することを可能にし，これが，経済成長における技術進歩の重要性を再認識させる契機となった[2)]。技術進歩の経済成長における重要性は，このように認知されるようになったが，Solow（1957）

1)　ここにいう「技術進歩」は，いわゆる「人的資本」の蓄積を含む包括的なものである。

2)　Solow（1957）は，20世紀前半の米国の経済成長の約9割は，技術進歩で説明されると主張した。

以後長らく，技術進歩のメカニズムを経済学的に説明する理論が存在しなかった[3)]。

いわゆる「内生的経済成長理論」は，Romer（1990），Lucas（1988），Grossman and Helpman（1991），Aghion and Howitt（1998）その他の研究により，技術進歩の経済学的決定要因を分析するために提示された理論である。この理論において，企業は，生産性の向上その他技術進歩から受ける恩恵と研究開発，教育その他に代表される技術進歩のために支払う対価とを勘案し，その差たる利潤（またはその割引現在価値）を最大にするように行動する主体として表現される。その結果，企業にとって最適な研究開発投資または教育投資の水準が導出され，それに伴い，最適な技術進歩率が決定される。これが，内生的経済成長理論の概要である。この理論は，従来の新古典派経済成長理論が説明しえなかった技術進歩決定の経済学的メカニズムを説明した点において，経済学の進歩を象徴するものである。しかしながら，この理論は，重要な瑕疵を有している。その瑕疵とは，「有効需要の原理」の無視である。すなわち，内生的経済成長理論は（新古典派経済成長理論も同様であるが），有効需要が経済成長を阻害または促進する可能性を排除したものであり，技術進歩およびその果実たる経済成長を，すべて供給条件（または生産技術）のみによって説明することを試みたものである。需要不足という長期停滞の要因を無視した経済成長理論は，長期停滞に喘ぐ先進国，特にわが国の現実の経済成長（または経済変動）を十分に説明することができない。

無論，需要条件を加味した内生的経済成長理論も存在する。実際に，Grossman and Helpman（1991, chap. 4）は，いわゆる「品質階梯モデル」（the quality-ladder model）を提示し，内生的経済成長理論に需要条件を導入することを試みた。このモデルにおいて，高品質の財・サービスは，低品質のそれよりも高い効用を消費者に与えることができると仮定され，企業は，財・サービスの質の

3）　Arrow（1962）およびUzawa（1965）は，後述の「内生的経済成長理論」誕生以前の例外的文献である。

向上による新規需要の開拓のため，費用および便益を勘案しながら研究開発投資を行う主体として表現される。すなわち，このモデルは，内生的成長理論と同一の理論体系を用いつつ，効用の観点から需要条件を考察することで，「技術水準」ではなく「品質」の向上を説明するものである。品質階梯モデルは，消費者効用の観点を通じて，需要条件の果たす役割を一定程度考慮に入れた内生的経済成長理論を提示しているが，財・サービスの需要が有する重要な特性を視野にいれていない。その特性とは，財・サービスの需要は，時間の経過とともに，飽和するという事実である。図5–1は，日本における主要耐久消費財の普及率の1957（昭和32）年から2015（平成27）年に至るまでの時間推移を示したものである。この図によれば，主要耐久消費財の普及率は，初期において低水準であるが，時間を経るにつれ，急速に上昇し，次第に100%の上限に接近する。この普及率の変化は，理論分析においては，図5–2のような「ロジスティック曲線」によって表現される[4)]。ここで，単純化のため，人口が一定規模であると仮定し，これを1と基準化するとき，ここにいう「普及率」は，当該財を所有する消費者数と等しくなる。そのため，当該財に対する需要は，新規購入を行う消費者の数，すなわち図5–3に描写されるようなロジスティック曲線の時間微分（または変化速度）としてこれを表現することができる。これが，普及率の法則から導き出される需要飽和という事実である。しかしながら，上述の品質階梯モデルにおいて，この事実は全く考慮されていない。経済の長期動態を考察する経済成長理論において，この事実を無視することは許されない[5)]。

---

4)　ロジスティック曲線を用いた経済学文献としては，Griliches（1957），Mansfeld（1961），Aoki and Yoshikawa（2007, chap. 8）およびMurakami（2017）が存在する。また，経営学の文脈において，このロジスティック曲線は，これを「技術採用曲線」（technology adoption curve）とよぶことがある。

5)　同様の批判は，Judd（1985），Stokey（1987），Romer（1990），Grossman and Helpman（1991, chap. 3）その他関連文献で展開された「多様性拡大モデル」（the vartety expansion model）にも該当する。この多様性拡大モデルは，財・サービスの多様性が消費者効用に与える影響を考慮し，財・サービスの種類を増やすために必要な行為として研究開発が表現されている。

図 5-1　日本における主要耐久消費財の普及率（1957 年～ 2015 年）

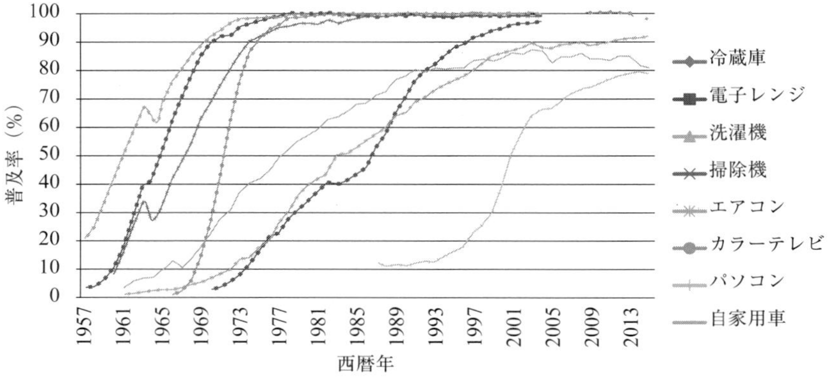

（出所）内閣府『消費動向調査』より筆者作成。

図 5-2　ロジスティック曲線

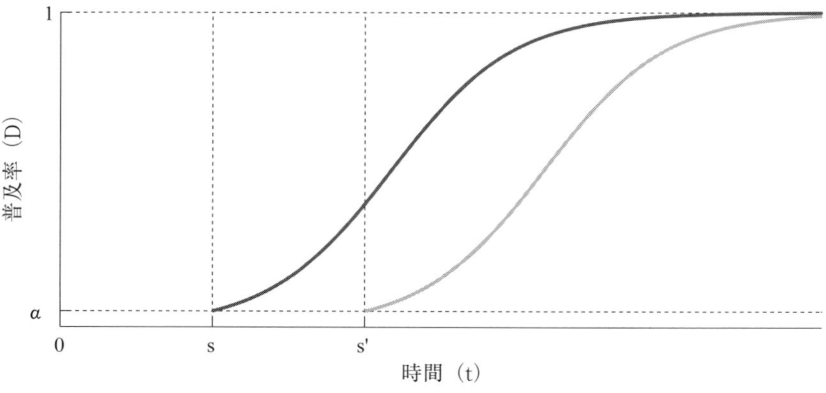

（出所）筆者作成。

財・サービスの需要飽和を考察した経済成長理論は，少数ながら存在している。Aoki and Yoshikawa（2007, chap. 8）は，需要飽和を図 5-2 に示されるようなロジスティック曲線で表現し，既存の財・サービスの需要飽和と新たな財・サービスの需要創出による経済成長を描写するモデルを提示した。Murakami（2017）は，Aoki and Yoshikawa（2007, chap. 8）のモデルに動学的最適化の観点からミクロ経済学的基礎を与えた。しかしながら，これらの研究は，経済成長理論に需要飽和という現実的視点を与えるものであったが，財・サービスに対

図 5–3　ロジスティック曲線の時間微分

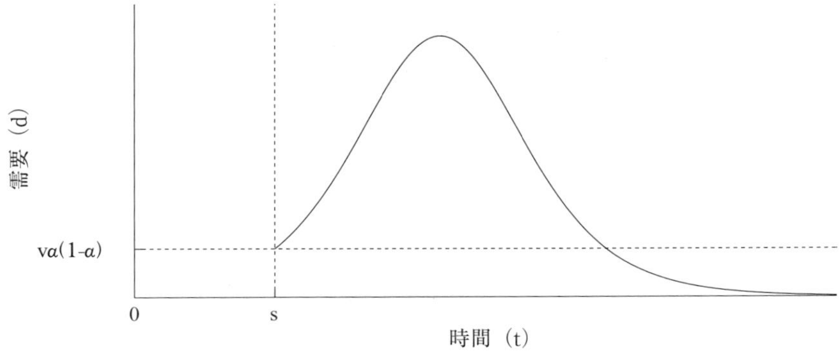

（出所）筆者作成。

する需要の時間推移を図 5–3 のロジスティック曲線の時間微分ではなく，図 5–2 のロジスティック曲線で表現した点に理論的瑕疵を有するものであった。この瑕疵は，分析の結論に影響を与えるものであり，検討を要するものである。

本章の目的は，需要飽和に関して，ロジスティック曲線の時間微分でこれを表現することにより，上述の瑕疵を排除した形で需要飽和と需要創出による経済成長を考察することである。

本章の構成は，以下の通りである。第 2 節において，需要飽和および需要創出による企業成長の過程のモデルを提示する。需要飽和は，ロジスティック曲線の時間微分を用いてこれを定式化し，需要創出は，Murakami（2017）に基づいて，企業の研究開発および新製品開発（プロダクト・イノベーション）の過程を定式化することで，これを表現する。第 3 節において，前節のモデルに基づき，企業の研究開発投資の最適水準を分析し，その結果もたらされる企業成長または経済成長を考察する。第 4 節において，本章の結論を述べる。

2. モデル

本節において，既存製品の需要飽和および研究開発を通じた新製品開発による需要創出を表現するモデルを提示する。需要飽和および需要創出に研究の焦点をあてるため，市場規模を規定する人口規模が一定であると仮定し，この水準を1に基準化し，また，生産技術水準を向上させる技術進歩（プロセス・イノベーション）の存在を無視する。この仮定により，需要条件が経済成長に与える影響を純粋な形で表現することができる。さらに，すべての製品は，それを開発した企業が独占的にこれを生産および販売することができると仮定する[6)]。

2-1　需要関数

第1節で述べたように，製品の普及率の時間推移は，図5-2にあるロジスティック曲線でこれを描写することができる。そのため，人口規模が1であることに注意すれば，時点 s に市場に登場した製品を時点 $t \geq 0$ に保有する人口 $D(t;s)$ は，これを次のように表現することができる。

$$D(t;s) = D(t-s) = \frac{\alpha}{\alpha + (1-\alpha)e^{-\nu(t-s)}} \tag{1}$$

ただし，ν は正の定数であり，α は1未満の正の定数である。(1) は，各製品の各時点における保有人口がその製品が市場に登場してから経た時間 $t-s$ に依存することを含意している。なお，この D は，次の微分方程式の解である。

$$\dot{D}(t-s) = \nu D(t-s)[1-D(t-s)],\ t \geq s,\ D(0) = \alpha \tag{2}$$

(2) は，(1) で定義された D に関して，製品が市場に登場した時点におけるその製品の保有人口 $D(0)$ が α であることを意味し，また，製品の普及速度が ν であることを意味するものである。

第1節で述べたように，時点 t における時点 s に市場に導入された製品に対する需要 $d(t;s)$ は，その製品の新規購入である。そのため，需要 $d(t;s)$ は，以下のようにこれを表現することができる。

$$d(t;s) = d(t-s) = \dot{D}(t-s) = \frac{\nu\alpha(1-\alpha)e^{-\nu(t-s)}}{[\alpha + (1-\alpha)e^{-\nu(t-s)}]^2} \tag{3}$$

---

6)　Grossman and Helpman（1991, chap. 3）においても，同様の仮定が設けられている。

時点 s に開発された製品は，すべて同一の需要関数 $d(t-s)$ でこれを表現することができると仮定する。

2-2　新製品開発の過程

新製品開発による需要創出の過程を表現する。以下において，新製品の開発およびその市場導入は，研究開発の成功としてこれを描写する[7)]。

研究開発の成功の結果もたらされる新製品の開発を表現するには，すべての研究開発が必ずしも成功を収めるとは限らないことを考慮に入れなければならない。また，新製品は，通常既存製品またはその知識の結合（すなわち Schumpeter（1934）の「新結合」）によってもたらされることにも配慮する必要がある。したがって，以下の議論においては，新製品の開発を確率的事象と捉え，その開発の成功確率が，現在に至るまでの新製品開発の成功の賜物たる既存製品の数に影響を受けると想定する。すなわち，考察すべき企業が時点 t に至るまでに開発した製品の数を N とするとき，その企業が時点 t から $t+\Delta t$ に至るまでの間に新製品を開発する確率は，以下に等しいと仮定する。

$$\lambda(t)N\Delta t \tag{4}$$

ただし，$\lambda(t)$ は非負の媒介変数であり，新製品開発の程度を表す指標である。(4) は，単位時間における新製品開発の確率が既存の製品数 N に比例することを意味する。この意味において，(4) は，Schumpeter（1934）の新結合の概念を表現するものとして，これを解釈することができる。また，既存製品の数は，現在に至るまでの新製品開発の成功数をも表すため，(4) は，Arrow（1962）の提唱した「実践的学習」(learning by doing) の概念と整合的である。以下において，Murakami（2017）にならい，媒介変数 λ は，これを「新製品の出

7)　新製品を開発しこれを市場に導入した場合においても，それが商業的成功を収めないことがあるが，このモデルにおいて，この場合は，研究開発の成功すなわち新製品の開発とはみなされない。

生率」と呼ぶこととする。

時点 t において企業がそれまでに開発した製品の数が N である確率を $P(N,t)$ とする。このとき，$P(N, t)$ は，次の関係を満たす。

$$P(N, t+\Delta t) - P(N, t) = \lambda(t)(N-1)P(N-1, t)\Delta t - \lambda(t)NP(N, t)\Delta t + o(\Delta t)$$

この両辺を Δt で除し，$\Delta t \to 0$ の極限をとるとき，次式を得ることができる。

$$\dot{P}(N; t) \equiv \frac{\partial P(N; t)}{\partial t} = \lambda(t)(N-1)P(N-1,t) - \lambda(t)NP(N, t) \tag{5}$$

初期条件 $P(N_0, 0) = 1$[8)] を与えれば，(5) は，これを解くことができ，その解は，次式でこれを与えることができる。

$$p(N,t) = \frac{(N-1)!}{(N_0-1)!(N-N_0)!}\left[\exp\left(-\int_0^t \lambda(s)\,ds\right)\right]^{N_0}\left[1-\exp\left(-\int_0^t \lambda(s)\,ds\right)\right]^{N-N_0}, \quad N \geq N_0 \tag{6}$$

上式の導出の詳細に関しては，Murakami（2017，Lemma 1）を参照されたい。

上記の確率 $P(N, t)$ をもとに，時点 t において企業がそれまでに開発するであろう製品の数の期待値 $\Lambda(t)$ を計算することができる。Murakami（2017，Lemma 2）は，この $\Lambda(t)$ を次式のように計算することができることを示した。

$$\Lambda(t) = \sum_{N=N_0}^{\infty} NP(N,t) = N_0 \exp\left(\int_0^t \lambda(\tau)\,d\tau\right) \tag{7}$$

(7) は，企業が開発するであろう製品の数の期待値 $\Lambda(t)$ が新製品の出生率 λ の変化率で増加することを意味するものである。また，製品数は，研究開発の成功数であるため，製品数の期待値 Λ は，これを新製品開発における経験のストックの期待値とみなすことができる。したがって，以下において，Λ は，これを単に「経験ストック」と呼ぶこととする[9)]。

---

8)　$P(N_0,\ 0) = 1$ は，時点 0 において企業がそれまでに開発した製品の数が N_0 である確率が 1 であることを意味する。

2-3　期待有効需要

以上の準備のもとで，時点 t における有効需要の期待値を計算することができる。前節で考察した確率 $P(N, t)$ をもとに，時点 t における考察すべき企業の製品に対する有効需要の期待値 $E(t)$ を次のように表現することができる。

$$E(t)=\sum_{i=1}^{N_0} d(t,s_i)+\sum_{N=N_0}^{\infty}\int_0^t \lambda(s)NP(N,s)d(t-s)ds=\sum_{i=1}^{N_0} d(t-s_i)+\int_0^t \lambda(s)\Lambda(s)d(t-s)ds \tag{8}$$

ただし，s_i, $i=1,...,N_0$ は，非正の定数であり，時点 $t=0$ までに企業が開発した製品それぞれの開発時点を表す。(8) の右辺第 1 項は，時点 0 までにすでに存在する製品に対する需要の総和を表し，第 2 項は，時点 $t \geq 0$ までに開発するであろう製品に対する需要の総和を表す。

2-4　研究開発費

考察すべき企業の新製品開発に関わる費用（研究開発費）を定式化する。

このモデルにおいて，企業の研究開発は，新製品開発の確率を増加させるために行われるものであり，(4) にみたように，その確率は，新製品の出生率 λ によって決定される。したがって，企業の研究開発計画は，これを新製品の出生率 λ の時間流列 $\{\lambda(t)\}_{t=0}^{\infty}$ として定義することができる。以下において，時間流列 $\{\lambda(t)\}_{t=0}^{\infty}$ は，これを「研究開発計画」と呼ぶこととする。

さきに定義された研究開発計画に対し，それに対する費用を考察する。その際，企業の設定する時点 t における研究開発計画 $\lambda(t)$ に応じて，その時点における研究開発費が変化することに配慮する必要がある。既存の各製品に対し，その製品から λ の出生率で新製品が派生誕生するために必要な費用 φ を次のように設定する[10)]。

---

9) Grossman and Helpman（1991, p. 58）も，同様の文脈において，財・サービスの多様性を「知識のストック」と呼んだ。

10)　上述した通り，新製品は，既存製品から派生する形で生み出されると仮定されている。

$$\varphi = \varphi(\lambda) \tag{9}$$

以下，φ は，これを「研究開発費関数」と呼ぶことにする。

上記で定義された研究開発関数 φ に関して，Murakami（2017）と同様に，以下の仮定を課す。

$$\varphi(0) = 0, \varphi'(\lambda) > 0, \varphi''(\lambda) > 0 \tag{10}$$

条件（10）は，研究開発費 φ が設定される新製品の出生率 λ に関して狭義の増加関数であり，狭義の凸関数であることを含意するものである。これは，経済学における費用関数の一般的性質である[11)]。

新製品は，既存製品の派生により開発されると想定され，また，上記の研究開発費関数は，既存製品 1 単位に対し定義されたものであるため，研究開発計画 $\{\lambda(t)\}_{t=0}^{\infty}$ に対して，時点 t における研究開発費の総計の期待値 $\Phi(t)$ は，各既存製品 1 単位に係る費用 $\varphi(\lambda(t))$ に，（7）で算出された製品数の期待値 $\Lambda(t)$ を乗じたものとしてこれを計算することができる。

$$\Phi(t) = \sum_{N=N_0}^{\infty} \varphi(\lambda(t)) NP(N,t) = \varphi(\lambda(t))\Lambda(t) \tag{11}$$

2-5　生産費用および価格

各製品の生産費用および価格を考察する。

第 1 節で述べたように，このモデルにおいては，技術水準の向上をもたらす技術進歩（またはプロセス・イノベーション）の存在を無視している。そのため，製品の生産技術の状態は，これを時間を通じて同一であり，かつ，各製品の生産費用は，これを一定であると仮定することができる。

また，以下において，Kalecki（1971）にならい，製品の価格は，いわゆる「マークアップ原理」に基づき決定されると仮定する。換言すれば，製品価格

11)　研究開発費関数に関する仮定の詳細な検討は，Murakami（2017）によって行われている。

は，1と一定であると仮定されるマークアップ率の和を単位生産費用に乗じた値として決定される。このマークアップ原理は，Kalecki（1971）が主張するように，各製品は，それを開発した企業が独占的にこれを製造および販売することができるというこのモデルの想定と整合する。上述のように，生産費用およびマークアップ率が一定であると仮定されるため，数値cを適当に設定することにより，製品の価格を1と規格化し，生産費用を$c \in (0, 1)$と仮定することができる。

以上の仮定により，全製品の生産費用の総計Cおよび製品価格pは，これを次のように表現することができる。

$$C(t) = cY(t) \tag{12}$$

$$p(t) = 1 \tag{13}$$

ただし，Yは，考察すべき企業の製品の生産量を表す。

2-6　研究開発計画問題

研究開発計画$\{\lambda(t)\}_{t=0}^{\infty}$に関する意思決定問題は，このモデルにおいて，期待利潤最大化問題(P)としてこれを定式化する。上記の設定の下で，問題(P)は，これを次のように定式化することができる。

$$\max_{\{\lambda(t)\}_{t=0}^{\infty}} \int_0^{\infty} [p(t)Y(t) - C(t) - \Phi(t)] e^{-\rho t} dt$$

この問題において，(8)，(11)－(13)および次式が制約条件となる。

$$Y(t) \leq E(t), \tag{14}$$

ただし，ρは，利子率を表す正の定数である。(14)は，製品の生産量Yが有効需要Eによって制限されることを意味するものであり，Keynes（1936）の有効需要の原理を表現する条件としてこれを解釈することができる。製品価格pは1であり，生産費cは1未満であるため，(14)の等式は，すべての時点t

で成立することが判明する。これがため，問題（P）は，次の形にこれを還元することができる。

$$\max_{\{\lambda(t)\}_{t=0}^{\infty}} \int_0^{\infty}\Big\{(1-c)\Big[\sum_{i=1}^{N_0}\frac{\nu\alpha(1-\alpha)e^{-\nu(t-s_i)}}{[\alpha+(1-\alpha)]e^{-\nu(t-s_i)}]^2}$$

$$+N_0\int_0^t\lambda(s)\exp\Big(\int_0^s\lambda(\tau)d\tau\Big)\frac{\nu\alpha(1-\alpha)e^{-\nu(t-s)}}{[\alpha+(1-\alpha)]e^{-\nu(t-s)}]^2}ds\Big]-N_0\varphi\lambda(t)\Big)\exp\Big(\int_0^s\lambda(\tau)d\tau\Big)\Big\}e^{-\rho t}dt$$

また，時点0においてすでに開発されている製品の開発時点 s_i, $i=1, ..., N_0$, は，問題（P）の解に影響を与えないため，一般性を失わないで，任意の i に対し，$s_i=0$ と仮定することができる。そのため，問題（P）は，さらにこれを次のように単純にすることができる。

$$\max_{\{\lambda(t)\}_{t=0}^{\infty}} N_0\int_0^{\infty}\Big\{(1-c)\Big[\frac{\nu\alpha(1-\alpha)e^{-\nu t}}{[\alpha+(1-\alpha)]e^{-\nu t}]^2}$$

$$+\int_0^t\lambda(s)\exp\Big(\int_0^s\lambda(\tau)d\tau\Big)\frac{\nu\alpha(1-\alpha)e^{-\nu(t-s)}}{[\alpha+(1-\alpha)]e^{-\nu(t-s)}]^2}ds\Big]-\varphi\lambda(t)\Big)\exp\Big(\int_0^s\lambda(\tau)d\tau\Big)\Big\}e^{-\rho t}dt$$

以上により，問題（P）の解は，時点0における既存製品数 N_0 に対し独立であることが判明するため，一般性を失わないで，$N_0=1$ と仮定することができる。したがって，問題（P）は，最終的にこれを次の形式に還元することができる。

$$\max_{\{\lambda(t)\}_{t=0}^{\infty}} \int_0^{\infty}\Big\{(1-c)\Big[\frac{\nu\alpha(1-\alpha)e^{-\nu t}}{[\alpha+(1-\alpha)]e^{-\nu t}]^2}$$

$$+\int_0^t\lambda(s)\exp\Big(\int_0^s\lambda(\tau)d\tau\Big)\frac{\nu\alpha(1-\alpha)e^{-\nu(t-s)}}{[\alpha+(1-\alpha)]e^{-\nu(t-s)}]^2}ds\Big]-\varphi(\lambda(t))\exp\Big(\int_0^s\lambda(\tau)d\tau\Big)\Big\}e^{-\rho t}dt \qquad \text{(P)}$$

このモデルにおいて，最適研究開発計画 $\{\lambda(t)\}_{t=0}^{\infty}$ は，期待利潤最大化問題（P）の解として，これを表現することができる。

3. モデルの分析

3-1　最適研究開発計画

前節のモデルにおける最適研究開発計画 $\{\lambda^*(t)\}_{t=0}^{\infty}$ を分析する。この最適研究開発計画 $\{\lambda(t)\}_{t=0}^{\infty}$ の特徴をみるため，問題（P）に関する最適条件を導出する。

問題（P）に関する最適条件を導出するため，任意の $t \geq 0$ で $\lambda(t) > 0$ を満たす研究開発計画 $\{\lambda(t)\}_{t=0}^{\infty}$ の摂動を考察する。すなわち，任意に選ばれた時点 t に対し，時点 t から $t+\Delta t$ に至るまでの研究計画を $\{\lambda(\tau)\}_{\tau=t}^{t+\Delta t}$ から $\{\lambda(\tau)+\Delta\lambda\}_{\tau=t}^{t+\Delta t}$ へと変更することを考える。かかる変更によってもたらされる利潤の割引現在価値の増加分 Δ_+ は，これを次式で評価することができる。

$$\Delta_+ = (1-c)\left\{\int_{t+\Delta t}^{\infty}\left[d(\tau-t)\Lambda(t) + \int_{t+\Delta t}^{\infty} d(\tau-t)\lambda(s)\Lambda(s)ds\right]e^{-\rho\tau}d\tau\right\}\Delta\lambda\Delta t + o(\Delta\lambda\Delta t) \tag{15}$$

一方で，かかる変更によって被る利潤の割引現在価値の減少分 Δ_- は，これを次式で評価することができる。

$$\Delta_- = \left[\varphi'(\lambda(t))\Lambda(t)e^{-\rho t} + \int_{t+\Delta t}^{\infty}\varphi(\lambda(\tau))\Lambda(\tau)e^{-\rho t}dr\right]\Delta\lambda\Delta t + o(\Delta\lambda\Delta t) \tag{16}$$

任意の $t \geq 0$ で $\lambda^*(t) > 0$ を満たす最適研究開発計画 $\{\lambda^*(t)\}_{t=0}^{\infty}$ に対し，上記で評価した利潤の割引現在価値の増加分 Δ_+ と減少分 Δ_- は，$\Delta\lambda \to 0$ および $\Delta t \to 0$ の極限をとるとき，互いに等しくなければならない。すなわち，$\lambda(t) = \lambda^*(t)$ に対して，次式が成立しなければならない。

$$\lim_{\Delta\lambda\to0,\Delta t\to0}\frac{\Delta_+}{\Delta\lambda\Delta t} = \lim_{\Delta\lambda\to0,\Delta t\to0}\frac{\Delta_-}{\Delta\lambda\Delta t}$$

この式は，(15) および (16) により，次式に還元される。

$$(1-c)\left[\Lambda^*(t)e^{-\rho t}\int_0^{\infty}d(\tau)e^{-\rho t}d\tau + \int_t^{\infty}e^{-\rho\tau}\int_t^{\tau}d(s-t)\lambda^*(s)\Lambda^*(s)dsd\tau\right]$$
$$= \varphi'(\lambda^*(t))\Lambda^*(t)e^{-\rho t} + \int_t^{\infty}\varphi(\lambda^*(\tau))\Lambda^*(\tau)e^{-\rho t}d\tau$$

上式の両辺を t で微分することにより，次の条件を得ることができる。

$$\dot{\lambda}^*(t)=\frac{1}{\varphi''(\lambda^*(t))}[(\rho-\lambda^*(t))\varphi'(\lambda^*(t))-r+\varphi(\lambda^*(t))] \tag{17}$$

ただし，r は，次式で定義される正の定数である[12)]。

$$r=\rho(1-c)\int_0^\infty d(\tau)e^{-\rho\tau}d\tau=\rho(1-c)\int_0^\infty\frac{\nu\alpha(1-\alpha)e^{-(\nu+\rho)\tau}}{[\alpha+(1-\alpha)]e^{-\nu\tau}]^2}d\tau>0 \tag{18}$$

(17) は，任意の $t\geq 0$ で $\lambda(t)>0$ を満たすという制約条件下で得ることのできる問題（P）の最適条件である。

(18) で定義された定数 r に関して，その経済学的意味を考察する。次式に見るように，r の ρ に対する比は，新製品が市場に導入された後に得ることができる利潤の割引現在価値である。

$$\frac{r}{\rho}=(1-c)\int_0^\infty d(\tau)e^{-\rho\tau}d\tau=\nu\alpha(1-\alpha)(1-c)\int_0^\infty\frac{e^{-(\nu+\rho)\tau}}{[\alpha+(1-\alpha)]e^{-\nu\tau}]^2}d\tau \tag{19}$$

Murakami (2017) で検討されたように，(19) は，r を製品の（期待）平均利潤とみなすことができることを示唆するものである。また，この平均利潤 r は，新製品開発によって追加的に与えられる利潤である一方で，経験ストック Λ は，新製品開発によって追加的に1単位増加するものであるため，平均利潤 r は，これを経験ストック Λ の利潤率とみなすことができる。以下において，r は，これを単に「利潤率」と呼ぶことにする[13)]。

利潤率 r について，これを次のように書き換えることができる。

$$r=\rho(1-c)\int_0^\infty\frac{\nu\alpha(1-\alpha)e^{-(\nu+\rho)\tau}}{[\alpha+(1-\alpha)]e^{-\nu\tau}]^2}dt=\rho\alpha(1-c)\int_0^\infty\left[\frac{1}{\alpha+(1-\alpha)e^{-\nu\tau}}\right]'e^{-\rho\tau}d\tau$$

$$=\rho\alpha(1-c)\left[\rho\int_0^\infty\frac{e^{-\nu\tau}}{\alpha+(1-\alpha)e^{-\nu\tau}}d\tau-1\right]$$

---

12)　α および c は1未満の正の定数であり，ρ は正の定数であるため，r の絶対値は，これを次のように評価することができる。

$$|r|\leq\nu\alpha(1-\alpha)(1-c)\int_0^\infty\frac{e^{-\nu\tau}}{[\alpha+(1-\alpha)e^{-\nu\tau}]^2}e^{-\rho\tau}d\tau<\nu\alpha\rho(1-c)\int_0^\infty e^{-\rho\tau}d\tau=\nu\alpha(1-c).$$

したがって，r は有限値である。

これまたは（18）をもとに，r の各変数に関する偏微分を次のように計算することができる。

$$r_\nu=\rho^2\alpha(1-\alpha)(1-c)\int_0^\infty \frac{\tau e^{-(\nu+\rho)t}}{[\alpha+(1-\alpha)e^{-\nu t}]^2}\,dt>0$$

$$r_\alpha=\rho\nu(1-c)\int_0^\infty \frac{[(1-\alpha)e^{-\nu t}-\alpha]e^{-(\nu+\rho)t}}{[\alpha+(1-\alpha)e^{-\nu t}]^3}\,dt \tag{20}$$

$$r_c=-\rho\nu\alpha(1-\alpha)\int_0^\infty \frac{e^{-(\nu+\rho)t}}{[\alpha+(1-\alpha)e^{-\nu t}]^2}\,dt<0$$

$$r_\rho=\nu\alpha(1-\alpha)(1-c)\int_0^\infty \frac{(1-\rho\tau)e^{-(\nu+\rho)t}}{[\alpha+(1-\alpha)e^{-\nu t}]^2}\,dt$$

上式によれば，製品の普及速度 v の変化に対する利潤率 r の反応は，正であり，生産費用 c の変化に対する反応は，負である。前者は，普及速度の増加が利潤率の上昇をもたらし，後者は，生産費用の増加が利潤率の低下をもたらすことを意味する。この結果は，Murakami（2017）の結果と整合的である。一方で，製品の初期保有者数 α または利子率 ρ の変化に対する r の反応の符号は，各変数の値によるため，一義的にこれを決定することができない。この結果は，Murakami（2017）と異なるものであり，この相違は，ロジスティック曲線とその時間微分のいずれを需要関数 d として採用するかによるものである。第 1 節で述べたように，需要関数の定式化の相違は，分析の結果に大きく影響を及ぼす。

最適研究開発計画 $\{\lambda^*(t)\}_{t=0}^{\infty}$ に関して，Murakami（2017）と同様の方法により，以下の命題を与えることができる。本命題の証明については，Murakami（2017，Appendix C）を参照されたい。

命題 1．問題（P）の制約条件として，次の条件が成立すると仮定する。

13）Murakami（2017）で示唆されたように，上記で定義された利潤率 r は，Keynes（1936）の「資本の限界効率」と概念的に同一のものである。

$$0 \leq \lambda(t) < \rho,\ t \geq 0 \tag{21}$$

問題（P）が解 $\{\lambda^*(t)\}_{t=0}^{\infty}$ を有するとき，任意の $t \geq 0$ について，$\lambda^*(t)$ は，次の条件を満たす定数 λ^* に等しい。

$$\begin{cases} [r-\varphi(\lambda^*)]/(\rho-\lambda^*)=\varphi'(\lambda^*),\ r/\rho>\varphi'(0) \\ \lambda^*=0,\quad r/\rho \leq \varphi'(0) \end{cases} \tag{22}$$

命題1は，最適研究開発計画において，新製品の出生率 λ^* が常に一定であることを示すとともに，λ^* が正となるための条件をも与える。すなわち，次の条件が成立するとき，λ^* が正となる。

$$\frac{r}{\rho} = \upsilon\alpha(1-\alpha)(1-c)\int_0^{\infty}\frac{e^{-(\upsilon+\rho)t}}{[\alpha+(1-\alpha)e^{-\upsilon r}]^2}\,dr > \varphi'(0) \tag{23}$$

（19）でみたように，（23）の左辺は，新製品開発により誕生した製品から追加的に得ることのできる利潤の割引現在価値であるため，これを新製品開発のために行われる研究開発の「限界便益」とみなすことができる。（23）の右辺は，新製品の出生率 $\lambda=0$ で評価された研究開発の「限界費用」である。したがって，（23）は，研究開発の限界便益が $\lambda=0$ で評価された研究開発の限界費用を超過することを意味する。これは，研究開発の限界便益がその限界費用を超えない限り，企業は，新製品開発のために研究開発に着手しないことを示唆するものである。

以下において，Murakami（2017）にならい，最適研究開発計画 $\{\lambda(t)\}_{t=0}^{\infty}$ に対するTobin（1969）の q 理論的解釈を与える。最適研究開発計画 $\{\lambda(t)\}_{t=0}^{\infty}$ 上で得ることのできる利潤の割引現在価値を $V(0)$ とするとき，λ^* が正であるならば，次の条件を得ることができる。

$$\frac{V(0)}{\Lambda(0)} = \frac{r-\varphi(\lambda^*)}{\rho-\lambda^*} = \varphi'(\lambda^*) \tag{24}$$

製品価格は1であると仮定されているため，（24）の左辺の分母たる $\Lambda(0)$ は，時点0において企業がすでに開発した製品，すなわち時点0における経験のストックの「市場価値」を表す。また，（7）により，研究開発計画

$\{\lambda(t)\}_{t=0}^{\infty}$ は，経験ストック Λ の蓄積のための投資計画としてこれを解釈することができる。したがって，資本ストックを経験ストック Λ と読み替え，投資計画（資本蓄積計画）を研究開発計画 $\{\lambda(t)\}_{t=0}^{\infty}$ と読み替えれば，(24) の左辺は，経験ストックの蓄積計画，すなわち研究開発計画上で得ることのできる利潤の割引現在価値と計画時点における経験ストックの市場価値の比として，これを解釈することができる。これがため，(24) の左辺は，これを，新製品開発に関する研究開発投資の文脈における Tobin (1969) の q とみなすことができる[14)]。

最適研究開発計画における新製品の出生率 λ^* に関して，その各変数に関する偏微分を以下のように計算することができる。

$$\lambda^*_v=\frac{r_v}{\varphi''(\lambda^*)(\rho-\lambda^*)}>0,\ \ \lambda^*_\alpha=\frac{r_\alpha}{\varphi''(\lambda^*)(\rho-\lambda^*)},$$
$$\lambda^*_c=\frac{r_c}{\varphi''(\lambda^*)(\rho-\lambda^*)}<0,\ \ \lambda^*_\rho=\frac{r_\rho-\varphi'(\lambda^*)}{\varphi''(\lambda^*)(\rho-\lambda^*)} \tag{25}$$

ただし，符号は (20) による。利潤率 r の製品の普及速度 v または生産費用に関する偏微分は，各々正または負であり，r の上昇は，新製品の出生率 λ^* に正の変化を与えるため，v または c の変化は，λ^* に対し，各々正または負の影響を及ぼす。一方で，(20) によれば，初期保有者数 α または利子率 ρ が r に与える影響の正負は，これを一義的に決定することができないため，α または ρ の λ^* に与える影響の正負も，またこれを一義的に決定することができない。これは，Murakami (2017) の結果と異なる。先に述べたように，この相違は，ロジスティック曲線とその時間微分のいずれを需要関数 d として採用するかによる。ここでみたように，需要関数の定式化の相違は，分析の結果に大きく影響を及ぼす。しかしながら，(25) によれば，$\varphi'(\lambda^*)$ が十分大きく，r_ρ を超過するとき，ρ の変化が λ^* に与える効果は，これを負であるということができ

14)　上述の Tobin (1969) の q 理論的解釈は，Yoshikawa (1980) および Murakami (2016) による Tobin (1969) の q 理論のミクロ経済学的基礎に関する研究結果と整合的である。

る。この場合は，利子率の上昇が，新製品の出生率ではかられる研究開発投資の減少をもたらすこととなり，通常の設備投資理論と整合する。

3–2　期待売上成長率

研究開発の結果もたらされる企業成長を議論するため，最適研究開発計画において得ることができると期待される売上（高）の成長率を考察する。以下において，研究開発計画問題（P）の解，すなわち最適研究開発計画 $\{\lambda(t)\}_{t=0}^{\infty}$ が存在すると仮定する。

製品価格 p は 1 であり，最適研究開発計画 $\{\lambda(t)\}_{t=0}^{\infty}$ における新製品の出生率 $\lambda^*(t)$ は，常に命題 1 で定義された一定値 λ^* であるため，最適研究開発計画における期待売上 Y^* は，これを次のように算出することができる。

$$Y^*(t)=\sum_{i=1}^{N_0} d(t-s_i)+N_0\lambda^* e^{\lambda^* t}\int_0^t d(\tau)\,d\tau \tag{26}$$

この期待売上 Y^* の成長率 g^* は，次式で与えられる。

$$g^*(t)=\frac{\dot{Y}^*(t)}{Y^*(t)}=\lambda^*+\frac{\lambda^*\left[N_0 d(t)-\sum_{i=1}^{N_0} d(t-s_i)\right]+\sum_{i=1}^{N_0} \dot{d}(t-s_i)}{Y^*(t)} \tag{27}$$

以下において，この期待売上の成長率 g^* は，これを単に「成長率」と呼ぶこととする。この g^* は，本モデルにおいて，企業成長率としてみなすべきものである。

（3）で定義された需要関数 d およびその時間微分 $\dot{d}$ が有界であることに基づいて，成長率 g^* に関する次の命題を得ることができる。本命題の証明は，Murakami（2017，Proposition 2）と同一の方法でこれを行うことができる。

命題 2．問題（P）が解 λ^* を有すると仮定する。このとき，$g^*(t)$ は，$t\to\infty$ の極限で，λ^* に収束する。

命題 2 は，最適研究開発計画における成長率 g^* は，時間の経過とともに，その計画で設定される新製品の出生率 λ^* に収束することを示す。換言すれば，企業成長または経済成長は，長期的には，研究開発によってもたらされる新製品開発の頻度によって規定される。この結果は，Aoki and Yoshikawa

(2007) および Murakami (2017) と整合する。

4. おわりに

本章において，ロジスティック曲線の時間微分を需要関数とみなして需要飽和を表現し，需要飽和の存在下における新製品開発に伴う需要創出の経済成長に与える効果を，研究開発の費用便益の観点から考察した。まず，新製品開発の確率を支配する媒介変数を「新製品の出生率」として定義し，この新製品の出生率の時間流列を研究開発計画として定義した。その上で，期待利潤最大化の観点から最適な研究開発計画，すなわち最適な新製品の出生率を導出した。最後に，最適研究開発計画上の期待売上の成長率を算出した。本章の分析の結果，最適研究開発計画においては，常に一定の新製品の出生率が設定され，期待売上の成長率が新製品の出生率に収束することが判明した。また，本章の分析は，新製品開発のための研究開発投資に関する Tobin (1969) の q をも提示することができた。これらの結果は，本章がもとにした Murakami (2017) と整合的である。最適研究開発計画上において，製品の普及速度または生産費用の変化が新製品の出生率に与える影響は，各々正または負となり，一義的に決定されるが，初期保有者数または利子率の変化が与える影響は，一義的であるとは限らない。後者の結果は，Murakami (2017) の結果と異なる。この相違は，ロジスティック曲線とその時間微分のいずれを需要関数 d として採用するかによる。ロジスティック曲線とその時間微分のいずれが，財・サービスの需要関数として適切であるかに関する最終的判断は，実証研究の結果を待ってこれをしなければならない。

本章の分析は，需要条件に十分に注意を払わない内生的経済成長理論とは異なり，ミクロ経済学的基礎を有する需要主導の経済成長モデルを提示することには成功したということができるであろう[15)]。Solow (1997) がすでに述べて

---

15)　本章は，需要創出による経済成長を描写するモデルを提示するものであるが，Murakami (2015) は，需要制約による成長循環を描写するモデルを提示するものである。

いるように，需要条件は，経済成長という長期分析においてもこれを無視することはできない[16]。筆者は，本章の分析が需要条件に焦点をあてた経済成長理論の発展に資すると期待している。

追記　本研究は，JSPS 科研費 14J03350 の助成を受けたものである。

参考文献

Aghion, P., Howitt, P. W., 1998. Endogenous Growth Theory. MIT Press, Cambridge, MA.

Aoki, M., Yoshikawa, H., 2007. Reconstructing Macroeconomics：A Perspective from Statistical Physics and Combinational Stochastic Processes. Cambridge University Press, Cambridge.

Arrow, K. J., 1962. The economic implications of learning by doing. Review of Economic Studies 29（3）, pp. 155–173.

Griliches, Z., 1957. Hybrid corn：An exploration in the economies of technological progress. Econometrica 25（4）, pp. 501–522.

Grossman, G. M., Helpmen, E., 1991. Innovation and Growth in the Global Economy. MIT Press, Cambridge, MA.

Judd, K. L., 1985. On the performance of patents. Econometrica 53（3）, pp. 567–586.

Kalecki, M., 1971. Selected Essays on the Dynamics of the Capitalist Economy 1933–1970. Cambridge, Cambridge University Press.

Keynes, J. M., 1936. The General Theory of Employment, Interest and Money. Macmillan, London.

Lucas, R. E., 1988. On the mechanics of economic development. Journal of Monetary Economics 22（1）, pp. 3–42.

Mansfeld, E., 1961. Technical change and the rate of imitation. Econometrica 29（4）, pp. 741–766.

Murakami, H., 2015. Wage flexibility and economic stability in a non-Walrasian model of economic growth. Structural Change and Economic Dynamics 32, pp. 25–41.

Murakami, H., 2016. A non-Walrasian microeconomic foundation of the “prot principle” of investment. In：Matsumoto A., Szidarovszky F., Asada T.（Eds.）, Essays in Economic Dynamics：Theory, Simulation Analysis, and Methodological Study. Springer, Singapore, pp. 123–141.

16）Solow（1997）は，実際に以下のように述べた。

One major weakness in the core of macroeconomics as I have represented it is the lack of real coupling between the short-run picture and the long-run picture. Since the long run and the short run merge into one another one feels they cannot be completely independent. There are some obvious, perfunctory connections: every year's realized investment gets incorporated in the long-run model. That is obvious. A more interesting question is whether a major episode in the growth of potential output can be driven from the demand side.（pp. 231–232）

Murakami, H., 2017. Economic growth with demand saturation and "endogenous" demand creation. Metroeconomica, forthcoming.

Romer, P. M., 1990. Endogenous technological change. Journal of Political Economy 98 (5), pp. 71–102.

Schumpeter, J. A., 1934. The Theory of Economic Development：An Inquiry into Prots, Capital, Credit, Interest, and the Business Cycle. Harvard University Press, Cambridge, MA.

Solow, R. M., 1956. A contribution of the theory of economic growth. Quarterly Journal of Economics 70 (1), pp. 65–94.

Solow, R. M. 1957. Technical change and the aggregate production function. Review of Economics and Statistics 39 (3), pp. 312–320.

Solow, R. M., 1997. Is there a core of usable macroeconomics we should all believe in ? American Economic Review 87 (2), pp. 230–232.

Stokey, N. L., 1988. Learning by doing and the introduction of new goods. Journal of Political Economy 96 (4), pp. 701–717.

Swan, T. W., 1956. Economic growth and capital accumulation. Economic Record 32 (2), pp. 334–361.

Tobin, J., 1969. A general equilibrium approach to monetary theory. Journal of Money, Credit and Banking 1 (1), pp. 15–29.

Uzawa, H., 1965. Optimum technical change in an aggregative model of economic growth. International Economic Review 6 (1), pp. 18–31.

Yoshikawa, H., 1980. On the "*q*" theory of investment. American Economic Review 70 (4), pp. 739–743.

第Ⅱ部
経済応用分析の新展開

第 6 章

利益操作を行う際の考慮要因
──「他社との関係」と「他期間との関係」──

田 村 威 文

1. はじめに

会計利益を操作するということは，程度の差はあれ，多くの企業で行われている。特定の企業が，特定の期間において，利益操作に関する意思決定を行う場合，「他社との関係」あるいは「他期間との関係」という点を考慮する。本章では，この「他社との関係」「他期間との関係」について，シグナリングゲームの基本的な考え方を用いて検討する。会計においては「一致の原則」が存在するため，「他期間との関係」という点が特に重要となる。

本章で採用するシグナリングゲームは，「送り手のタイプ」は離散的であり，「送り手のメッセージ」と「受け手の反応」は連続的である。また，利益操作の手段としては，企業行動そのものは変更せずに利益数値だけを操作する「会計的裁量」と，企業行動そのものを変更することによって利益数値を変化させる「実体的裁量」があるが，本章では会計的裁量だけをとりあげる[1)]。なお，本章は数値例を用いて検討しており，一般化したモデルによる考察ではない。

1) 田村・平井（2016）は会計的裁量と実体的裁量の両方をとりあげている。

本章の構成であるが，2と3では1期間モデルにもとづき，「他社との関係」に絞って検討する。2は利益操作を行わないケース，3は利益操作を行うケースである。4では2期間モデルにもとづき，「他社との関係」に「他期間との関係」という要素を加味して検討を行う。

2. 1期間モデル（利益操作を行わないケース）[2)]

2-1　ゲームのルール

ゲームのプレーヤー　ゲームの実際のプレーヤーは「企業」と「投資家」である。ここで，企業はメッセージの送り手，投資家はメッセージの受け手である。これらのプレーヤーに，企業の営業キャッシュフローを決定する仮想のプレーヤーとして「自然」を追加する。

プレーヤーの手番　ゲームのタイムラインは表6-1のとおりである。

表6-1　1期間モデルのタイムライン

(1)	自然	「営業キャッシュフロー」を選択する。
(2)	企業	「営業キャッシュフロー」を観察したうえで，「会計利益」を選択する。
(3)	投資家	「会計利益」を観察したうえで，「投資額」を選択する。

プレーヤーの選択肢　まず，自然は企業の営業キャッシュフロー（C）を決定する。営業キャッシュフローの値は離散的であり，業績良好ならば$C=12$，業績低迷ならば$C=2$で，自然は両者を等確率で選択する。次に，企業は会計利益（E）を選択する。会計利益の値は連続的である。さらに，投資家は投資額（I）を選択する。投資額の値は連続的であって，$I \geqq 0$である。

プレーヤーの情報　企業と投資家の間には，企業の営業キャッシュフローについて，情報の非対称性が存在する。企業は企業自身の営業キャッシュフローを知っているのに対し，投資家は企業の営業キャッシュフローを観察できず，会計利益だけを観察する。なお，投資家は$C=12$と$C=2$が等確率で生じるこ

2)　澤木（2014）は就職市場を対象とした「スペンスモデル」のさまざまなパターンをとりあげて，丁寧に解説している。本章の2と3の基本的な考え方は，澤木（2014）の第2章の記述を参考にしており，それを会計の議論に適用している。

とを知っている。

プレーヤーの利得　まず，企業の利得（U）は資金調達ベネフィット（B）と利益操作コスト（M）に依存し，①式であるとする。

$$U = B - M \qquad \cdots①$$

投資額は，企業からすると資金調達額を意味するが，企業の資金調達ベネフィットは，資金調達額（＝投資額）の増加関数で，②式であるとする。

$$B = 0.02 \times I \qquad \cdots②$$

さて，会計利益と営業キャッシュフローの差額はアクルーアル（accruals）とよばれる。アクルーアル（A）は③式で示される。

$$A = E - C \qquad \cdots③$$

企業の利益操作コストは，アクルーアルの増加関数であり，限界コストは逓増し，④式であるとする。

$$M = A^2 \qquad \cdots④$$

③④式から導かれる⑤式は，業績良好と業績低迷で共通である。ただし，会計利益を特定の値にする際に生じる利益操作コストは，業績良好と業績低迷で⑥⑦式のように異なる。

$$M = (E - C)^2 \qquad \cdots⑤$$

$$\text{業績良好：} M = (E - 12)^2 \qquad \cdots⑥$$

$$\text{業績低迷：} M = (E - 2)^2 \qquad \cdots⑦$$

企業の利得は，整理すると⑧⑨式になる。

業績良好：$U = 0.02 \times I - (E - 12)^2$　…⑧

業績低迷：$U = 0.02 \times I - (E - 2)^2$　…⑨

次に，投資家の利得[3]を最大化する投資額は，企業の営業キャッシュフローに依存するが，企業によって操作される可能性がある会計利益には依存せず，⑩式であるとする。$\hat{C}$ は企業の営業キャッシュフローの期待値である。

$I = 1000\hat{C} - 8000$　ただし$I \geqq 0$　…⑩

2-2　ゲームの均衡

本章では，ゲームの均衡概念として完全ベイジアン均衡を採用し，それを直観的基準で絞り込む。「企業が業績良好である」と投資家が考える確率を信念（π）とよぶ。分離均衡を前提とすると，業績良好企業は $\pi = 1$，業績低迷企業は $\pi = 0$ となり，業績良好企業は $\hat{C} = 12$，業績低迷企業は $\hat{C} = 2$ であって，⑩式から業績良好企業は $I = 4000$，業績低迷企業は $I = 0$ になる[4]。一方，一括均衡を前提とすると，投資家は業績良好と業績低迷を識別できないので $\pi = 0.5$ となり，$\hat{C} = 7$ であって，$I = 0$ になる。

ここで，⑧⑨式は⑪⑫式に変形できる。

業績良好：$I = 50 \times \{(E - 12)^2 + U\}$　…⑪

業績低迷：$I = 50 \times \{(E - 2)^2 + U\}$　…⑫

企業の無差別曲線は，U の値を固定した場合の「E と I の組合せ」として示される。U の値を変えることで，異なる無差別曲線を描くことができる。

ゲームの設定とは異なるが，業績良好と業績低迷のどちらであるかを企業と

3）　本稿では，投資家の利得を示す計算式を明示的には取り扱っていない。

4）　$\hat{C} = 2$ を⑩式に代入すると $I = -6000$ になるが，$I \geqq 0$ であるから，$I = 0$ である。一括均衡の場合も同様に考える。

図 6-1　1期間モデル（利益操作なし）

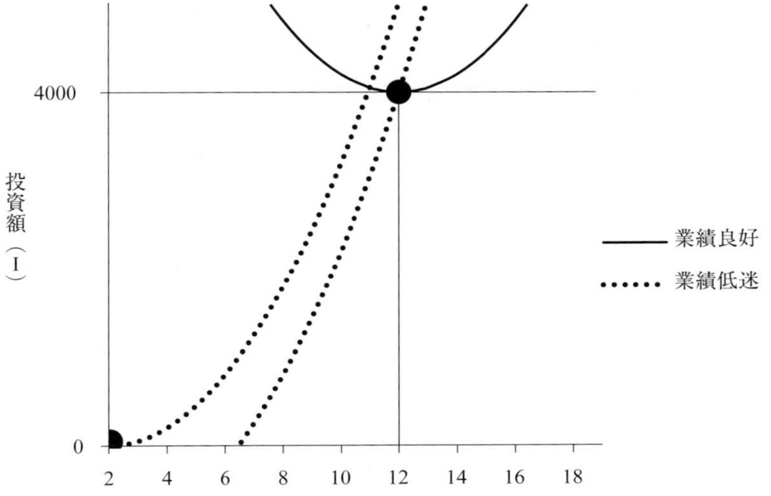

投資家の両方が知っている状況を想定する。この場合，業績良好企業はI＝4000，業績低迷企業はI＝0となり，会計利益がいかなる値であっても，Iの値が変わることはないので，企業に利益操作を行うメリットはない。それゆえ，企業にとっては利益操作コストが生じない会計利益を選択することが，利得の最大化につながる。それは図 6-1 において，業績良好企業は（12, 4000），業績低迷企業は（2, 0）の点で示される。

ここで，業績良好と業績低迷のどちらであるかを投資家が知らない，本来の状況に議論を戻す。この場合は，投資家の信念を明示的に扱う必要がある。図 6-1 において，（2，0）を通る破線の無差別曲線は，E＝10.94 においてI＝4000 の水平線と交わる。このゲームの均衡は次のようになる[5)]。

企業の戦略　：業績良好であればE＝12，業績低迷であればE＝2を選択する。

5)　均衡で実際に達成される会計利益はE ＝ 2とE ＝ 12だけである。それ以外の値は均衡経路外になるが，記述を省略している。3と4のゲームも同様である。

投資家の信念：$E=2$ であれば $\pi=0$，$E=12$ であれば $\pi=1$ である。

投資家の戦略：$E=2$ であれば $I=0$，$E=12$ であれば $I=4000$ を選択する。

2-3　解釈

業績良好企業の立場で考えてみる。業績良好企業は，分離均衡であれば $I=4000$ になるが，一括均衡であれば $I=0$ になる。このゲームでは，業績低迷企業が業績良好であるふりをして $E=12$ を選択するということはない。図 6-1 の 2 本の破線の無差別曲線からわかるように，業績低迷企業の利得は（2, 0）の方が（12, 4000）より大きいからである。それゆえ，業績良好企業は，$E=12$ を選択すれば分離均衡となり，$I=4000$ を確保できる。このように，企業は業績良好であれば利益操作を行わない[6)]。

3．1 期間モデル（利益操作を行うケース）

3-1　ゲームのルール

2 のゲームについて，企業の営業キャッシュフローの数値だけを修正して，新しいゲームを設定する。業績良好の場合は 2 のゲームと同じ $C=12$ であるが，業績低迷の場合は $C=8$ であるとする。

3-2　ゲームの均衡

分離均衡を前提とすると，業績良好企業は $\hat{C}=12$，業績低迷企業は $\hat{C}=8$ であって，⑩式から業績良好企業は $I=4000$，業績低迷企業は $I=0$ になる。一方，一括均衡を前提とすると，$\hat{C}=10$ であって，$I=2000$ になる。

ここで，E と I の関係は⑬⑭式で示される。

$$\text{業績良好}：I=50\times\{(E-12)^2+U\} \qquad \cdots⑬$$

$$\text{業績低迷}：I=50\times\{(E-8)^2+U\} \qquad \cdots⑭$$

---

6)　企業は業績低迷であっても利益操作を行わない。3 と 4 のゲームも同様である。

図 6-2　1 期間モデル（利益操作あり）

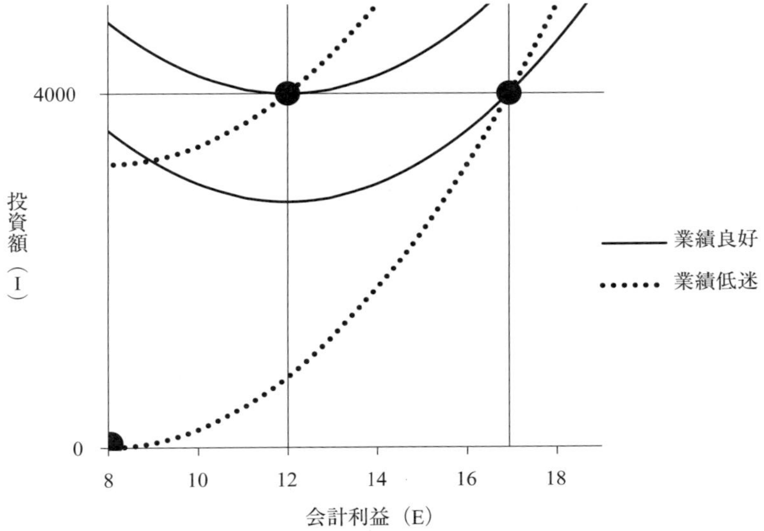

図 6-2 において，(8, 0) を通る破線の無差別曲線は，E = 16.94 において I = 4000 の水平線と交わる。このゲームの均衡は次のようになる[7)]。

企業の戦略　：業績良好であれば E = 16.94，業績低迷であれば E = 8 を選択する。

投資家の信念：E = 8 であれば $\pi = 0$，E = 16.94 であれば $\pi = 1$ である。

投資家の戦略：E = 8 であれば I = 0, E = 16.94 であれば I = 4000 を選択する。

3-3　解釈

業績良好企業の営業キャッシュフローは 2 のゲームと同じ C = 12 である。そこで，業績良好企業が 2 のゲームの均衡と同じ E = 12 を選択すると仮定しよう。そうすると，業績低迷企業は E = 8 ではなく，業績良好であるふりをして E = 12 を選択する。というのは，図 6-2 の 2 本の破線の無差別曲線からわ

7)　直観的基準による絞り込みを行わないと，業績良好企業の会計利益は 16.94 以外の値をとりうる。なお，図 6-2 からわかるように，業績低迷企業の利得は E = 8 と E = 16.94 で等しくなるが，ここでは E = 8 を選択すると仮定した。

かるように，業績低迷企業の利得は（8, 0）より（12, 4000）の方が大きいからである。一括均衡では，業績良好企業はI＝4000を確保できなくなる。業績良好企業が業績低迷企業を振り切って分離均衡にするには，会計利益を12から16.94まで引き上げる必要があり，そうすると，業績良好企業は（16.94, 4000），業績低迷企業は（8, 0）という分離均衡になる。なお，業績良好企業は均衡において，I＝4000を確保できることになるが，利益操作コストが発生するため，利得は2のゲームより小さくなる。そのことは，図6-2の2本の実線の無差別曲線からわかる。

2のゲームでは，業績低迷のC＝2は業績良好のC＝12から大きく離れており，業績良好企業が業績低迷企業からまねをされることはなかった。しかし，3のゲームでは，業績低迷のC＝8は業績良好のC＝12と比較的近く，業績良好企業は業績低迷企業からまねをされる状況にある。これらのことが，業績良好企業の利益操作の有無につながっている。

4. 2期間モデル

会計利益は営業キャッシュフローを期間配分し直したものである。それゆえ，「会計利益の合計」と「営業キャッシュフローの合計」は長期的に一致する。このことは「一致の原則」とよばれる。一致の原則は，会計利益情報が他の情報から区別される，際だった特徴である。一致の原則が存在するため，企業がある期に利益増加型の会計操作を行うと，他の期には会計利益が減少する。2および3のゲームのような1期間モデルでは，会計利益が有するこの特徴を明確なかたちで取り扱うことができない。よって，ここでは2期間モデルを採用する。

4-1　ゲームのルール

3のゲームのルールを一部修正することにより，2期間モデルのゲームを設定する。なお，監査が実施されることを前提とするが，「監査人」は戦略的な行動を行わないと想定し，ゲームのプレーヤーには含めない。

プレーヤーの選択肢　まず，自然の選択肢は「1 期営業キャッシュフロー (C_1)」と「2 期営業キャッシュフロー (C_2)」である。C_1 と C_2 は離散的であって，表 6-2 のとおりである。業績良好企業と業績低迷企業の間で，C_1 の値は異なるが，C_2 の値は等しい。

表 6-2　2 期間モデルの営業キャッシュフロー

	1 期営業キャッシュフロー (C_1)	2 期営業キャッシュフロー (C_2)
業績良好	12	10
業績低迷	8	10

次に，企業の選択肢は「1 期会計利益 (E_1)」と「2 期会計利益 (E_2)」であり，これらは連続的な値をとる。ここで，会計には一致の原則が存在するため，⑮式が成立する。

$$E_1 + E_2 = C_1 + C_2 \qquad \cdots ⑮$$

このゲームでは，2 期終了後に監査が行われるとする。監査人は，2 期間トータルで「会計利益＝営業キャッシュフロー」が成立しているか否かを確認できるが，1 期と 2 期の間で利益のシフトが行われているか否かについては確認できないとする[8)]。⑮式は⑯式に変形できる。

$$E_1 - C_1 = -(E_2 - C_2) \qquad \cdots ⑯$$

企業が 1 期に利益操作を行うと，1 期に「$E_1 - C_1$」というアクルーアルが生じる。そのことは，⑯式からわかるように，2 期に「$E_2 - C_2$」というアクルーアルの反転をもたらす。

なお，投資家は 1 期のみ投資活動を行うとする。投資額 (I) の値は連続的であって，$I \geqq 0$ である。

プレーヤーの情報　企業と投資家の間には，企業の 1 期営業キャッシュフローについて，情報の非対称性が存在する。企業は企業自身の 1 期営業キャッ

8)　この前提は Christensen and Demski（佐藤監訳 2007）451 ページを参考にした。

シュフローを知っているのに対し，投資家は企業の1期営業キャッシュフローを観察できず，1期会計利益だけを観察する。なお，企業と投資家はともに表6-2の数字を知っており，投資家は$C_1 = 12$と$C_1 = 8$が等確率で生じることを知っている。

財務制限条項　企業は2期の会計数値に関して，財務制限条項が存在する。この財務制限条項は，企業が業績良好と業績低迷のいずれであっても適用され，内容は次のとおりである。

企業は取引銀行との間で財務制限条項を締結している。2期会計利益が7を下回ると，取引銀行からの借入金について，早期返済を行う義務が生じる。

プレーヤーの手番　ゲームのタイムラインは表6-3のとおりである。

表6-3　2期間モデルのタイムライン

1期	(1)	自然	「1期および2期の営業キャッシュフロー」を選択する。
	(2)	企業	「1期および2期の営業キャッシュフロー」を観察したうえで，「1期会計利益」を選択する。
	(3)	投資家	「1期会計利益」を観察したうえで，「投資額」を選択する。
2期	(4)	企業	「2期会計利益」が財務制限条項に抵触すると，取引銀行からの借入金を早期返済する。

プレーヤーの利得　企業が1期に利益操作を行うと2期にもアクルーアルが生じるが，それは1期のアクルーアルの反転にすぎないので，利益操作コストが生じるのは1回だけである。企業の利得は財務制限条項抵触コスト（x）にも依存し，⑰式であるとする。

$$U = 0.02 \times I - (E_1 - C_1)^2 - x \quad \cdots⑰$$

ここで，財務制限条項に抵触した場合に早期返済しなければならない額は，企業の存続が不可能になるほど多額であり，財務制限条項抵触コストは極めて大きく，⑱式であるとする。

$$E_2 \geqq 7\text{のとき } x = 0 \qquad E_2 < 7\text{のとき } x\text{は無限大} \quad \cdots⑱$$

なお，投資家の利得を最大化する投資額は，企業の1期および2期の会計利益には依存せず，企業の 1 期営業キャッシュフローだけに依存し，投資家の反応は⑲式で示されるとする。$\hat{C}_1$ は企業の 1 期営業キャッシュフローの期待値である。

$$I = 1000\hat{C}_1 - 8000 \quad ただしI \geqq 0 \qquad \cdots⑲$$

4‒2　ゲームの均衡

表 6‒2 について，会計における「一致の原則」を適用すると，業績良好ならば $E_1 + E_2 = 22$，業績低迷ならば $E_1 + E_2 = 18$ になる。それゆえ，⑱式の E_2 は E_1 に置き換えることができ，⑳㉑式になる。

業績良好 : $E_1 \leqq 15$ のとき $x = 0$　　$E_1 > 15$ のとき x は無限大　…⑳

業績低迷 : $E_1 \leqq 11$ のとき $x = 0$　　$E_1 > 11$ のとき x は無限大　…㉑

⑳㉑式をふまえ，「1 期会計利益と投資額」について企業の無差別曲線を描くと図 6‒3 になる。実線の無差別曲線は $E_1 = 15$ のところで，また，破線の無

図 6‒3　2 期間モデル

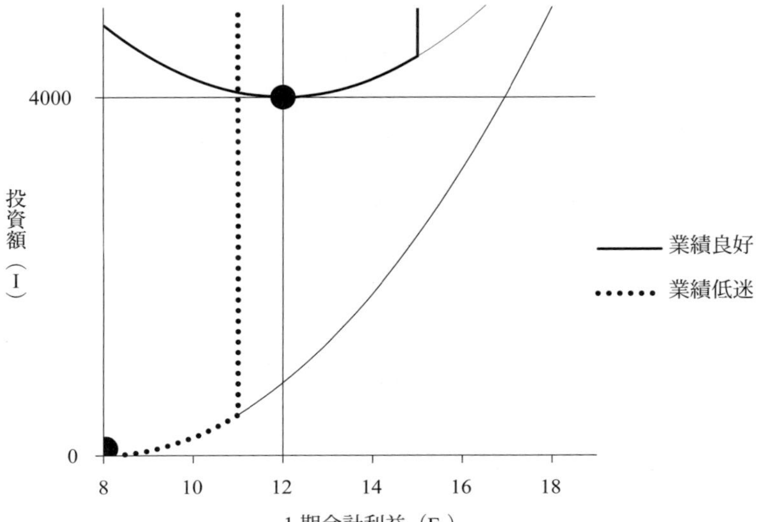

差別曲線は $E_1=11$ のところで，それぞれ垂直になる部分を有する。このゲームの均衡は次のとおりである。

企業の戦略　：業績良好であれば $E_1=12$，業績低迷であれば $E_1=8$ を選択する。

投資家の信念：$E_1=8$ であれば $\pi=0$，$E_1=12$ であれば $\pi=1$ である。

投資家の戦略：$E_1=8$ であれば $I=0$，$E_1=12$ であれば $I=4000$ を選択する。

4-3　解釈

この 2 期間モデルでは，2 期において財務制限条項が存在し，企業はそれに抵触することを避ける必要がある。かりに一致の原則がなければ，1 期会計利益と 2 期会計利益は独立していると考えることができる。その場合，財務制限条項が 2 期会計利益にもたらす制約は，企業の 1 期における会計選択に影響を及ぼすことはない。2 期間モデルの 1 期だけをみると，1 期間モデルである 3 のゲームと変わるところがないので，図 6-2 のように，業績良好企業は（16.94, 4000），業績低迷企業は（8, 0）になるはずである。

しかし，実際には一致の原則が存在する。そのため，2 期会計利益に対する制約が，企業の 1 期における会計選択に影響を及ぼす。2 期間モデルでは，業績低迷企業の E_1 が 11 を超えることはない。図 6-3 において，破線の無差別曲線が垂直になっている部分が，その状況を表している[9)]。したがって，業績低迷企業は E_1=12 を選択せず，（8, 0）になる。

なお，業績良好企業についても財務制限条項は適用されるので，E_1 は 15 を超えない。ただし，このことは業績良好企業が E_1=12 を選択することを妨げない。このように，2 期間モデルでは，業績良好企業は利益操作をしなくても業績低迷企業を振り切ることができ，（12, 4000）になる。業績良好企業は，利益操作コストを負担してまで利益操作をすることはない[10)]。

9）図 6-3 では破線の無差別曲線を 1 本しか描いていないが，異なる利得の無差別曲線を描いても $E_1=11$ で垂直になる。

10）2 期間モデルの 1 期については，財務制限条項が存在することで，3 のゲームでは

5. おわりに

本章では，企業が利益操作を行う際の「他社との関係」「他期間との関係」という点について，数値例を用いて検討を試みた。比喩的に表現するならば，企業は「横と縦」を同時に見ながら行動している。ここで，「他企業の状況」を考慮して行動するということは，会計以外の分野でも，いくらでも見られる現象である。ただ，会計においては一致の原則が存在するため，「他期間の状況」を考慮するという点が特に重要となる。

今後の研究の方向性としては，本章の設定をもとに「財務制限条項抵触コストを無限大ではなく，より小さなものにする」「投資家は2期にも投資活動を行う」「企業の営業キャッシュフローを離散的ではなく連続的な値にする」など，様々なパターンをとりあげることが考えられる。また，本章は数値例による考察であったが，モデルを一般化することも今後の課題である。

追記　本章の執筆にあたっては科研費（25380617）の助成を受けている。

参考文献

澤木久之（2014）『シグナリングのゲーム理論』勁草書房。
田村威文・平井秀明（2016）「会計規制の強化は投資家にとって有利になるのか？—2期間のシグナリングゲームによる考察」『経済学論纂』第57巻第1・2合併号。

Arya, A, J. Glover, and S. Sunder (1998), "Earnings management and the revelation principle," *Review of Accounting Studies*, vol.3, pp.7–34.
Christensen, J. A. and J. S. Demski (2003), *Accounting Theory: an information content perspective*, The McGraw-Hill Companies, Inc.（佐藤紘光監訳（2007）『会計情報の理論—情報内容パースペクティブ』中央経済社）
Ronen, J. and V. Yaari (2008), *Earnings Management: Emerging Insights in Theory, Practice, and Research*, Springer Science+Business Media, LLC.

なく，2のゲームのような状況になっている。

第 7 章

森林涵養からみた環境保全政策

中山惠子・白井正敏・松本昭夫

1. はじめに

かつて森林資源は，CO_2 を吸収し，酸素を供給することで地球環境の浄化に多大な役割を担っていた。しかし，地球規模の経済成長は，森林資源を枯渇させ，さらなる環境汚染の悪化をもたらした。森林の機能は，CO_2 削減のみならず，土壌が降水を貯留し，河川に流れ込む水量を平準化して洪水を防止するとともに河川の流量を安定させる機能や水質浄化，土砂の流失の防止など多岐にわたる。しかし，森林ストックは公共財的性格を持つので個人は通常，森林涵養への関心は希薄であり，森林を保全する林業も衰退の一途を辿っている。すでに民間での森林事業による環境維持や環境保全は不可能な段階に達しているため，持続可能な経済成長の実現に向けて，政府には適切な環境保全政策の立案が求められている（Pittel（2002））。中でも，森林保全が喫緊の政策的課題であることはいうまでもない。

特に，国土の 3 分の 2 が森林であるわが国では，森林吸収による CO_2 削減効果は小さくない。事実，2005 年発効の京都議定書で政府は「2008 年～ 2012 年に温室効果ガスを 1990 年比 6％減少させる」との目標を定め，そのうちの 4％近くを森林吸収分で達成したとされる。森林吸収分を高めるには，間伐などで森林環境の良化を図らねばならないが，その際，問題となるのが財源である。

全国に先駆け，森林涵養政策を実施したのが愛知県豊田市である。1994 年より水道使用量 $1m^3$ あたり 1 円を水道水源保全基金[1)] として積み立て，豊田市の水の供給源である矢作川上流 6 町村の森林保全に「おいしい水のお礼として」その基金を利用してもらうという取り組みは注目を集め，長野県木曽広域連合や福岡県須恵町をはじめ各地で水道水源保全基金が設立された。

都道府県では，2003 年，高知県が森林の持つ公益的機能の維持・増進を目的とした「森林環境税」を創設したのを皮切りに，その名称は，「水と緑の森づくり税」，「県民緑税」，「森林環境保全税」などさまざまであるが導入県は徐々に増加し，2016 年には導入府県は 37 にのぼっている．森林環境税[2)] は，現行の個人および法人県民税に一定額を上乗せする県民税均等割超過課税方式を採っている．県民一人あたり 500 円を県民税に上乗せしている県が最も多く，法人に関しては，課税していない県もあるが，法人税均等割の 5 ～ 11％程度を上乗せしている県が殆どである。市町村では，2009 年，横浜市が緑の保全・創造に取り組むための「横浜みどり税」を導入した。

また，国税としての「森林環境税（仮称）」も始まっており，与党の 2016 年度税制改正大綱に，森林整備の財源にあてるための新税としての検討が盛り込まれた。これは，2014 年から施行されている地球温暖化対策税の使途が CO_2 の排出抑制に限定されており，森林による CO_2 吸収対策にはあてられていないことから浮上した議論である。しかし，国による新税と，すでに地方自治体が導入している森林環境税との明確な区分も提示されておらず，また，森林整備による受益に関しては実感が薄いため，二重課税に対する納税者の抵抗も予測される。

本来，森林涵養にかかる費用は特定の財源に拠る必要はない。そこで，本章では，森林涵養の財源を現在のような人頭税形式の森林環境税ではなく，他の

1)　中山・白井・山田（2006），中山・白井（2009）参照。
2)　森林環境税に関しては，諸富（2005），陳・田中（2007），藤岡・伊藤（2012），村上（2012），青木（2014），Nakayama, Shirai and Matsumoto（2016）などに詳しい。

税で賄う可能性を考察することとした。具体的には，定常成長経済において，ある世代が次世代のための資本形成と環境保全森林涵養投資計画を策定し，その費用を所得税，もしくは消費税に求める森林涵養投資政策が効率性を達成し得るかを検討する[3)]。

本章の構成は，以下のとおりである。まず，第 2 節で経済の設定を行い，第 3 節は想定した経済における最適資源配分条件を求める。第 4 節では，森林涵養にあてる費用を税で賄い，環境保全政策を行う場合の最適課税政策を考察する。その財源を 4–1 では所得税，4–2 では消費税に求めた場合を扱う。さらに，第 5 節では，生産関数を特殊化し，森林（材木）を投入して消費財を生産する経済を想定し，第 4 節と同様な最適森林涵養政策を分析する。

2. モ　デ　ル

最初に，モデルの基本設定を記す。個人は 1 期間生存し，t 期に生存する個人を t 世代と呼ぶ。各期の個人の数は一定とし，総人数を 1 に規準化する。個人は資本ストックを用いて財を生産すると同時に，生産された財を彼らの消費，資本ストックへの投資，森林涵養投資に配分する。生産過程では環境汚染が発生し，その環境浄化に森林ストックが寄与する。

t 世代の個人は，親世代と子世代で分離可能な効用関数，

$$\mathrm{u}(c_t, Z_t) + (1+\delta)^{-1} u(c_{t+1}, Z_{t+1}) \tag{1}$$

にしたがって行動し，全世代の各個人は，次世代の子供 1 人を育てる。なお，効用関数はすべての世代にわたって不変とする。

次に，本章で使用する記号を定める。次の変数，c_t，y_t，I_t，I_t^M，K_t，M_t，Z_t は順に t 期の消費，生産物，投資，森林涵養投資，資本ストック，森林ストック，環境汚染を表す。δ，ρ，ζ は社会的割引率，資本ストックの減耗率，森林ストックの減耗率を，α，β，m は生産過程で使われる資本ストックにより発

3)　Wallart（1999）は，環境税に関する政策の効率性を検討している。

生する汚染率，森林ストックによる汚染浄化率，森林涵養により増加される森林ストックの増加率を表す。

これら設定の下では，以下の条件式，

$$c_t = y_t - I_t - I_t^M \tag{2}$$

$$y_t = f(K_t) \tag{3}$$

$$K_{t+1} = (1-\rho)K_t + I_t \tag{4}$$

$$M_{t+1} = (1-\zeta)M_t + mI_t^M \tag{5}$$

$$Z_t = \alpha K_t - \beta M_t \tag{6}$$

が任意の t 期で成立する。

3. 社会的最適化問題

社会的厚生関数は，

$$W = \sum_{\tau=0}^{\infty} u(c_{t+\tau}, z_{t+\tau})(1+\delta)^{-(t+\tau)} \tag{7}$$

で表される。社会的割引率 δ は，個人の割引率と等しいと仮定する。この社会的厚生(7)式を最大化させる投資と森林涵養投資を求める社会的最適化問題は，(2)～(6)式を制約として，

$$\max_{I_t, I_t^M} \sum_{\tau=0}^{\infty} u(c_{t+\tau}, z_{t+\tau})(1+\delta)^{-(t+\tau)} \tag{8}$$

と定式化される。ここで状態評価関数 $J(K_t,\ M_t)$ を，

$$J(K_t, M_t) = \max_{I_t, I_t^M} \{u(c_t, Z_t) + (1+\delta)^{-1} J(K_{t+1}, M_{t+1})\} \tag{9}$$

と定める。最適解が存在し，それが定常状態へ収束すると仮定しよう。定常経

路に注目すれば，

$$J_K = mJ_M \tag{10}$$

を得る。さらに，定常経路上では，次の2式，

$$J_K = u_c f'(K_t) + u_Z\alpha + (1+\delta)^{-1} J_K (1-\rho) \tag{11}$$

および

$$J_M = -u_Z\beta + (1+\delta)^{-1} J_M (1-\zeta) \tag{12}$$

が満足される。(10)式を用いて (11)式と(12)式を整理すれば，定常状態における最適条件式，

$$\frac{u_c f'(k) + u_z\alpha}{\delta+\rho} = \frac{-u_z m\beta}{\delta+\zeta} \tag{13}$$

が導かれる。(13)式の左辺は資本ストックへの1単位の投資からの社会的限界便益，右辺は森林ストック1単位の増加から得られる社会的限界便益である。(13)式は，社会的最適点ではそれらが等しくなることを意味している。

4. 個人と政府の行動

4–1　所得税の場合

4–1では，政府は所得税を課し，それを森林涵養にあてると仮定する。所得税率を T_t とすれば，政府の予算制約は，

$$T_t y_t = I_t^M \tag{14}$$

で与えられる。政府は，個人の行動と政府の予算制約(14)式にしたがい，社会的厚生を最大にする所得税率を決定する。

個人の効用は，自分自身の効用と子供の割引効用の和とする。また個人は，個人の予算制約とその個人が親から引き継いだ資本ストックと森林ストックの下で，効用を最大にするようにその個人自身の消費と子供のための資本ストッ

クへの投資を選択すると仮定する。その際，子供は，親と同様な行動をすると想定する。このとき t 世代の個人の最大化問題は，

$$\max_{I_t} \sum_{t=1}^{\infty} u(c_t, z_t)(1+\delta)^{-t} \tag{15}$$

subject to

$$c_t = (1-T_t)y_t - I_t \tag{16}$$

$$y_t = f(K_t) \tag{17}$$

$$K_{t+1} = (1-\rho)K_t + I_t \tag{18}$$

$$M_{t+1} = (1-\zeta)M_t + mT_t y_t \tag{19}$$

$$Z_t = \alpha K_t - \beta M_t \tag{20}$$

と定式化される。この問題における評価関数は，

$$J(K_t, M_t) = \max_{I_t} u(c_t, Z_t) + (1+\delta)^{-1} J(K_{t+1}, M_{t+1}) \tag{21}$$

である。定常状態に限定すれば，最適条件は，

$$u_c = (1+\delta)^{-1} J_K \tag{22}$$

で与えられる。個人は，(22)式を満足する投資を選択するが，その投資は所得税率に依存して決定される。

一方，政府は，税が個人の行動に与える効果に配慮して，社会的厚生(7)式を最大にするように税率 T_t を選択する。この場合の政府の評価関数は，

$$J(K_t, M_t) = \max_{T_t} u(c_t, Z_t) + (1+\delta)^{-1} J(K_{t+1}, M_{t+1}) \tag{23}$$

と表される。定常経路上での最適条件式は，

$$J_K = (1+\delta) u_c \tag{24}$$

および

$$mJ_M = (1+\delta) u_c \tag{25}$$

と求められ，これら 2 式から，

$$J_K = mJ_M \tag{26}$$

を得る。さらに，定常経路上では，

$$J_K = u_c f'(K) + u_Z \alpha + (1+\delta)^{-1} J_K (1-\rho) \tag{27}$$

および

$$J_M = -u_c T - u_Z \beta + (1+\delta)^{-1} J_M \{(1-\zeta) + mT\} \tag{28}$$

も満たされねばならない。よって，定常状態では，(26)～(28)式が成立することになる。

また，(28)式は，

$$J_M = -u_Z \beta + (1+\delta)^{-1} J_M (1-\zeta) - (u_c - (1+\delta)^{-1} J_M m) T \tag{29}$$

と変形され，(25)式より導かれる $u_c = (1+\delta)^{-1} J_M m$ を用いれば，(29)式は，さらに，

$$J_M = -u_Z \beta + (1+\delta)^{-1} J_M (1-\zeta) \tag{30}$$

と書き改められる。

社会的最適条件式(27)，(30)式は，第 3 節で得られた(11)，(12)式と同一である。したがって，森林涵養費用の財源を所得税に求める政府の森林涵養政策は，定常状態において効率性を達成することが示された。

4-2　消費税の場合

4-2 では，政府は森林涵養投資費用を消費税で賄うと仮定する。この場合，消費税率を T_t とすれば，政府の予算制約は，

$$(T_t - 1)\,c_t = I_t^M \tag{31}$$

で与えられ，t 世代の個人の最大化問題は，

$$\max_{I_t,} \sum_{t=1}^{\infty} u(c_t, z_t)\,(1+\delta)^{-(t-1)} \tag{32}$$

subject to

$$T_t c_t = y_t - I_t \tag{33}$$

$$y_t = f(K_t) \tag{34}$$

$$K_{t+1} = (1-\rho)\,K_t + I_t \tag{35}$$

$$M_{t+1} = (1-\zeta)\,M_t + m\,(T_t - 1)\,c_t \tag{36}$$

$$Z_t = \alpha K_t - \beta M_t \tag{37}$$

と定式化される。個人の評価関数は，

$$J(K_t, M_t) = \max_{I_t} u(c_t, Z_t) + (1+\delta)^{-1} J(K_{t+1}, M_{t+1}) \tag{38}$$

で表される。個人の最大化問題の一階の条件は定常状態では，

$$-u_c/T + (1+\delta)^{-1} J_K = 0 \tag{39}$$

である。

これに対して政府は，個人の行動を所与として社会的厚生を最大にするように各期の消費税率 T_t を決定する。政府の最大化問題は，予算制約(31)式と個

人行動を制約として，

$$\max_{T_t} \sum_{t=1}^{\infty} u(c_t, z_t)(1+\delta)^{-(t-1)} \tag{40}$$

と表される。前節と同様な手順で，定常成長経路上での次の三つの最適条件式，

$$J_K = mJ_M \tag{41}$$

$$J_K = u_c f'(K) + u_Z\alpha + (1+\delta)^{-1} J_K (1-\rho) \tag{42}$$

$$J_M = -u_Z\beta + (1+\delta)^{-1} J_M (1-\zeta) \tag{43}$$

を得る。(41)～(43)式より，定常状態での最適条件，

$$\frac{u_c f'(k)/T + u_z\alpha}{\delta+\rho} = \frac{-u_z m\beta}{\delta+\zeta} \tag{44}$$

が導かれる。

Tは 1 より大であるから，消費税により森林涵養投資を賄う政府の政策は，社会的最適条件(13)式は成立しない。それゆえ，消費税による森林涵養投資政策は，効率解を達成できない。(44)式を満たす資本ストックの大きさは社会的最適資本ストック水準より小さい。よって，消費税で賄う最適森林涵養政策の下での汚染水準は，定常状態では社会的最適より低水準に留まる。

5. おわりに

本章では，森林保全のための森林涵養費用を税で賄う森林保全政策の有効性を検討した。 具体的には，環境保全費用を全世代への所得税，消費税で調達する場合の社会的最適性を考察し，所得税による場合には社会的最適を達成するが，消費税の場合には達成し得ないとの結論を得た。消費税による資金調達の場合には，実現される所得水準は社会的最適状態において達成される水準より低く，定常状態での汚染水準も社会的最適水準より低い水準に留まることが

示された。さらに付論では，森林資源を投入して消費財を生産する経済へと設定を変更し，社会的最適性を検討したが，所得税に依拠する森林保全政策も最適性を達成できないことが明らかとなった。

なお，本章では最適解の存在と定常解への収束を前提して最適条件を論議したが，解の存在を保証する条件に関しては何ら付言していない。この点に関しては，今後の課題といえよう。

〈付論〉生産活動に起因する森林資源枯渇問題

森林資源の枯渇は，森林涵養の不足ばかりでなく，森林資源を生産投入物として利用するための大量の森林伐採によっても引き起こされている（藤森(2016)）。森林を材木として大量に消費する，あるいは生産資源として使用することにより森林枯渇の問題も世界的規模で発生している。本節では，この生産活動への森林資源への投入による森林資源枯渇問題に対処するための政策効果を検討する。ここでは，財は前世代から引き継いだ森林ストック（材木）を使って生産し，森林 1 単位の生産投入は α 単位の環境汚染を発生すると仮定するが，この仮定以外は前節までと同様な経済を想定する。

1．社会的最適化問題

社会的厚生関数を，

$$W=\sum_{\tau=0}^{\infty} u(c_{t+\tau}, z_{t+\tau})(1+\delta)^{-(t+\tau)} \tag{A-1}$$

とする。ここで，δ は社会的割引率で，個人の割引率と等しいと仮定する。最適化問題は，次の条件式にしたがって森林インプット M_t^P と涵養投資 I_t^M の配分を決定することである。

$$c_t = y_t - I_t^M \tag{A-2}$$

$$y_t = f(M_t^P) \tag{A-3}$$

$$M_{t+1} = (1-\zeta)(M_t - M_t^P) + mI_t^M \tag{A-4}$$

$$Z_t = \alpha M_t^P - \beta(M_t - M_t^P) \tag{A-5}$$

状態評価関数を，

$$J(M_t) = \max_{M_t^P,\, I_t^M} \{u(c_t, Z_t) + (1+\delta)^{-1} J(M_{t+1})\} \tag{A-6}$$

subject to (A-1) - (A-5)

と定義すれば，評価関数の最大化の一階の条件として，

$$\frac{\partial u}{\partial c_t}\frac{\partial c_t}{\partial M_t^P} + \frac{\partial u}{\partial z_t}\frac{\partial z_t}{\partial M_t^P} + (1+\delta)^{-1} J_{M_t+1}\frac{\partial M_{t+1}}{\partial M_t^P} = 0 \tag{A-7}$$

および

$$\frac{\partial u}{\partial c_t}\frac{\partial c_t}{\partial M_t^M} + \frac{\partial u}{\partial z_t}\frac{\partial z_t}{\partial I_t^M} + (1+\delta)^{-1} J_{M_t+1} = 0 \tag{A-8}$$

が導かれる。ここでは以下の関係式，

$$\frac{\partial c_t}{\partial M_t^P} = f'(M_t^P) \tag{A-9}$$

$$\frac{\partial c_t}{\partial I_t^M} = -1 \tag{A-10}$$

$$\frac{\partial z_t}{\partial M_t^P} = \alpha + \beta \tag{A-11}$$

$$\frac{\partial z_t}{\partial I_t^M} = 0 \tag{A-12}$$

$$\frac{\partial z_t}{\partial I_t^M} = 0 \tag{A-13}$$

$$\frac{\partial M_{t+1}}{\partial I_t^M} = m \tag{A-14}$$

が成立する。(A-9)～(A-14)式を（A-7)式と（A-8)式に代入すれば，

$$u_c f'(M_t^P) + u_Z(\alpha + \beta) - (1+\delta)^{-1} J_{M_{t+1}}(1-\varsigma). = 0 \tag{A-15}$$

および

$$-u_c + (1+\delta)^{-1} m J_{M_{t+1}} = 0 \tag{A-16}$$

を得る。定常状態では，（A-15）式と（A-16）式はそれぞれ，

$$u_c f'(M_t^P) + u_Z(\alpha + \beta) - (1+\delta)^{-1} J_M(1-\varsigma) = 0 \tag{A-17}$$

$$(1+\delta) u_c = m J_M \tag{A-18}$$

に変形され，さらに（A-16）式を（A-15）式に代入すれば，

$$u_c f'(M_t^P) + u_Z(\alpha + \beta) = (1-\varsigma) u_c / m \tag{A-19}$$

が得られる。

最適選択と定常状態への収束を仮定して定常状態経路に注目すれば，定常状態では次の条件式，

$$J_M = u_c \frac{\partial c_t}{\partial M_t} + u_z \frac{\partial Z_t}{\partial M_t} + (1+\delta)^{-1} J_M \frac{\partial M_{t+1}}{\partial M_t} \tag{A-20}$$

を満足し，

$$\frac{\partial c_t}{\partial M_t} = 0 \tag{A-21}$$

$$\frac{\partial Z_t}{\partial M_t} = -\beta \frac{\partial c_t}{\partial M_t} = 0 \tag{A-22}$$

および

$$\frac{\partial M_{t+1}}{\partial M_t} = 1 - \zeta \tag{A-23}$$

である。また，定常状態では，

$$J_M = -u_Z\beta + (1+\delta)^{-1} J_M (1-\zeta) \qquad \text{(A-24)}$$

および

$$-u_Z\beta = \frac{\delta-\zeta}{1+\delta} J_M \qquad \text{(A-25)}$$

が成立する。(A-18)式を（A-25）式に代入すれば，

$$u_c = -\frac{u_Z m\beta}{\delta+\zeta} \qquad \text{(A-26)}$$

が導かれる。(14)式を利用すれば，定常状態における M_t^P に関する最適条件，

$$u_c f'(M_t^P) + u_Z(\alpha+\beta) = -\frac{u_Z\beta}{\delta+\zeta} \qquad \text{(A-27)}$$

を得る。(A-27)式の左辺は生産に使用された木材1単位の限界社会的便益，右辺は次世代が受け取る森林ストックへの投資1単位の限界便益を表している。(A-27)式は，最適点では両者が等しいことを示している。

2. 政府行動と個人行動

森林涵養投資を賄うために，政府は t 期に所得税 T_t を課し，個人の行動と政府の予算を制約として社会的厚生を最大化するように税率を決定すると仮定する。

$$T_t y_t = I_t^M \qquad \text{(A-28)}$$

個人の効用は，彼自身の効用と子供の割引効用の和とする。個人は所得税と親の世代から引き継いだ森林ストックにしたがって，効用を最大にするように消費を選択すると仮定する。ここでは，彼の子供も同一の行動をすると想定している。世代 t の個人の最大化問題は，次のように定式化される。

$$\max_{M_t^P} \sum_{\tau=0}^{\infty} u(c_{t+\tau}, Z_{t+\tau})(1+\delta)^{-(t+\tau)} \qquad \text{(A-29)}$$

subject to

$$c_t = (1 - T_t) y_t \tag{A-30}$$

$$y_t = f(M_t^P) \tag{A-31}$$

$$Z_t = \alpha M_t^P - \beta (M_t - M_t^P) \tag{A-32}$$

$$M_{t+1} = (1 - \zeta) M_t + m T_t y_t \tag{A-33}$$

評価関数の定義は，

$$J(M_t) = \max_{M_t^P} u(c_t, Z_t) + (1 + \delta)^{-1} J(M_{t+1}) \tag{A-34}$$

で与えられる。最適条件は，

$$u_c \frac{\partial c_t}{\partial M_t^P} + u_z \frac{\partial Z_t}{\partial M_t^P} + (1+\delta)^{-1} J_{M_{t+1}} \frac{\partial M_{t+1}}{\partial M_t^P} = 0 \tag{A-35}$$

と表され，(A-35) 式を整理すれば，

$$u_c (1 - T_t) f'(M_t^P) + u_Z(\alpha + \beta) + (1 + \delta)^{-1} J_{M_{t+1}} m T_t f'(M_t^P) = 0 \tag{A-36}$$

を得る。常態変数 M_t に関しては，次の条件，

$$J_{Mt} = u_c \frac{\partial c_t}{\partial M_t} + u_z \frac{\partial Z_t}{\partial M_t} + (1+\delta)^{-1} J_{M_{t+1}} \frac{\partial M_{t+1}}{\partial M_t} \tag{A-37}$$

および

$$J_{Mt} = -\beta u_Z + (1 + \delta)^{-1} J_{M_{t+1}} (1 - \zeta) \tag{A-38}$$

が導出される。定常状態に限定すれば，(A-36)，(A-38)式は，

$$u_c (1 - T) f'(M^P) + u_Z(\alpha + \beta) + (1 + \delta)^{-1} J_M m T f'(M^P) = 0 \tag{A-39}$$

および

$$J_M = -\beta u_Z + (1+\delta) - 1J_M(1-\zeta) \tag{A-40}$$

に書き換えられる。さらに，（A-40）式は，

$$-\beta u_Z = \frac{\delta+\zeta}{1+\delta} J_M \tag{A-41}$$

とも表される。

政府は，個人の行動（A-39)式および（A-41)式を考慮して，社会的厚生，

$$J(M_t) = \max_{T_t} u(c_t, Z_t) + (1+\delta)^{-1} J(M_{t+1}) \tag{A-42}$$

を最大にするように税率 T_t を選択する。このとき 1 階の条件は，

$$-u_c y_t + (1+\delta)^{-1} J_{Mt+1} \frac{\partial M_{t+1}}{\partial T_t} = 0 \tag{A-43}$$

および

$$-u_c + (1+\delta)^{-1} J_{M_{t+1}} m = 0 \tag{A-44}$$

である。常態変数に対しては，次の条件式

$$J_{M_t} = -u_Z \beta + (1+\delta)^{-1} J_{M_{t+1}}(1-\zeta) \tag{A-45}$$

が満たされる。(A-44)式を定常状態経路に制限すれば，

$$-u_c + (1+\delta)^{-1} J_M m = 0 \tag{A-46}$$

を得る。一方，（A-39)式からは，

$$u_c f'(M^P) + u_Z(\alpha+\beta) - (u_c - (1+\delta)^{-1} J_M m) T f'(M^P) = 0 \tag{A-47}$$

が導かれる。(A-47)式の左辺最終項は（A-46）から任意の T に対して 0，よって（A-47)式は，

$$u_c f'(M^P) + u_Z(\alpha+\beta) = 0 \tag{A-48}$$

となる。

効率性条件は，(A-27) 式が示すように (A-48) 式の左辺の値は正でなければならないことを要求する。それゆえ，この場合，森林涵養を賄うための任意の所得税は効率性を達成できない。なお，(A-48) 式は森林 1 単位の消費財生産への投入による消費の増加の限界便益は現世代の森林 1 単位の生産投入による公害発生と森林 1 単位伐採による公害増の限界負効用に等しいことを意味している。

追記　本章は，中京大学特定研究助成の研究成果の一部である。ここに謝意を表する。

参考文献

青木卓志 (2014),「森林環境税導入の政策過程の一考察：―共通性と差異の考察―」，地域学研究，第 44 巻第 1 号，81–95 ページ。

藤森隆郎 (2016),『林業がつくる日本の森林』，築地書館。

藤岡茂・伊藤史子 (2012),「森林・水源税の現状とあり方に関する考察」，都市化学研究，第 4 号，41–51 ページ。

諸富徹 (2005),「森林環境税の課税根拠と制度設計」，『分権型社会の制度設計』日本財政学会編，勁草書房，95–118 ページ。

村上一真 (2012)「森林環境税の必要性判断に係る意思決定プロセスの分析：地域への愛着と地域との関わりに係る分析」，環境経済・政策研究，第 5 巻第 1 号，34–45 ページ。

中山惠子・白井正敏・山田光男 (2006),「愛知県豊田市水道水源保全事業の経済的評価」，中京大学経済学論叢，第 17 号，55–68 ページ。

中山惠子・白井正敏 (2009),「水道水源保全に関する森林涵養公共投資の費用負担問題―最適化問題による森林環境税の分析」，『地域学研究』，第 39 巻第 3 号，553–565 ページ。

陳艶・田中一行 (2007),「県民税による森林環境整備―「森林環境税」理論化の試み」，日本不動産学会誌，第 21 巻第 1 号，116–126 ページ。

Hanley, N., Shogren J. F., & White B. (1997), *Environmental Economics in Theory and Practice*, Macmillan Press.

Nakayama, K., M. Shirai and A. Matsumoto (2016), “Environmental Preservation Policy”, *Chukyo University Institute of Economics, Discussion Paper Series*, No.1609, pp.1–12.

Pittel,K., (2002), *Sustainability and Endogenous Growth*, Edward Elgar Publishing Limited.

Wallart, N. (1999), *The Political Economy of Environmental Taxes*, Edward Elgar Publishing.

第 8 章

会計基準の厳格化が報告利益管理に及ぼす経済的影響：解題

平 井 秀 明

1. は じ め に

経営者による会計情報利益の調整，すなわち「報告利益管理（earnings management）」は財務会計研究者が最も高い関心を示す研究領域の1つである[1)]。Healy and Wahlen（1999, p.368）は「潜在的な経済パフォーマンスについてステークホルダーをミスリードするような財務報告，あるいは報告される会計数値に左右される契約上の帰結に影響するような財務報告を変更する目的で，経営者が財務報告上の判断および構造的取引の判断を行うときに生じる」ものが報告利益管理であるとしている[2)]。そして，この定義に基づくならば，経営者による報告利益管理は，次の2つに分類される。1つは「会計的報告利益管理（accounting earnings management）」と呼ばれ，会計基準の枠内で費用収益の対応を変化させることによって報告利益を調整するもの。いま1つは，「実体的報告利

1) 当該分野の広範な既存研究の概観としては，Ronen and Yaari（2010），辻 編（2016）を参照されたい。

2) 本章における報告利益管理とは，多くの先行研究と同じく「一般に認められた会計基準（Generally Accepted Accounting Principles: GAAP）」の枠内で当期の報告利益を裁量的に測定するプロセスを意味している。したがって，GAAP に反する会計操作である「粉飾決算（window dressing）」とは異なることに留意されたい。

益管理（real earnings management）」であり，企業の投資・資金調達行動自体を変更することによって報告利益を調整しようとするものである。

報告利益管理に関わる先行研究においては，経営者の会計的裁量行動に着目したものが多かった。しかし，2000 年以降は Roychowdhury（2006）をはじめとして実体的裁量行動についての研究が増加し，会計的裁量行動と実体的裁量行動の双方に着目した研究が多くなってきている（Sellami, 2015; 辻編，2016, pp.83–108）。例えば，経営者が報告利益を管理する際に，会計的・実体的裁量行動の双方を行使できる場合，Graham *et al.*（2005）や須田・花枝（2008）のサーベイ調査によれば，経営者は会計的報告利益管理よりも実体的報告利益管理を選好するとの指摘もある。実際，Cohen *et al.*（2008）は，2002 年にアメリカ議会を通過したサーベインズ・オクスリー法（Sarbanes-Oxley Act）後に会計的報告利益管理が減少し，実体的報告利益管理が増加したことを実証している。

経営者による会計的裁量行動と実体的裁量行動の双方に着目した既存研究は，実証分析に依拠したものが多い。しかし，例えば田村（2011）は，ゲーム論的手法を用いて経営者の会計的・実体的裁量行動の選択，ならびに基準設定者（standard setter）による会計基準の厳格化が経営者の裁量行動や投資家の投資行動に及ぼす影響を分析している。その結果，会計基準の厳格化が経営者のみならず投資家にとっても必ずしも便益をもたらすとは限らないことを示唆した。

本章では，上述してきた近年の会計的・実体的裁量行動を伴う報告利益管理と，会計基準の厳格化の影響を精緻な理論モデルを用いて分析した Ewert and Wagenhofer（2005）に関して，そのロジックの理解に努めながらモデルの展開を丹念に跡づける。Ewert and Wagenhofer（2005）は，Ronen and Yaari（2010）や辻 編（2016）といった国内外の報告利益管理研究の包括的なレビューでも引用されている重要な理論研究の一つである。彼らの理論モデルは，基本的には Fisher and Verrecchia（2000）の合理的期待均衡モデルに依拠したものであるが，Fisher and Verrecchia（2000）と比較すると次のような二つの特徴がある。まず第 1 に，Fisher and Verrecchia（2000）は経営者と資本市場（マーケット・メーカー）からなる 1 期間モデルだが，Ewert and Wagenhofer（2005）は同様の意思決定主体で 2 期間モデルに拡張している。こうした，多期間モデルへの拡張は，特に会計的報告利益管理を考察する際に重要である。なぜなら，基本的に報告利益とは営業キャッシュ・フローを期間配分し直したものであり，報告利益の合計とキャッシュ・フローの合計は長期的には一致する。よって，ある期に報告利益を過剰に報告するような攻撃的な裁量行動は，他の期に報告利益を減少させることにつながり，特に会計的報告利益管理は長期的な企業価値に影響を及ぼさない。第 2 に，Fisher and Verrecchia（2000）では経営者による報告利益管理として，（暗示的に）会計的裁量行動のみを想定しているが，Ewert and Wagenhofer（2005）は実体的裁量行動も（会計的裁量行動と峻別して）経営者の選択肢として考慮し，具体的には次のように想定している。実体的報告利益管理とは，会計上の利益を調整するための取引のタイミングや構造を変化させることであるとし，そのような取引の変化は最適な行動計画から乖離させるものであるため，結果として，企業価値を毀損させるものである[3)]。

以上より，Ewert and Wagenhofer（2005）モデルは会計的・実体的裁量行動の双方の重要な特質を踏まえ，かつ，峻別して報告利益管理のあり方を分析可能な重要な理論モデルと考えられる。さらに，上述した田村（2011）と同様に，会計基準の厳格化が報告利益管理の水準や企業価値にいかなる影響を及ぼすのか考察している[4)]。

---

3)　Roychowdhury（2006）は，実体的報告利益管理を，通常の業務遂行によって特定の財務報告上の目標が達成されたと利害関係者が誤解することを望んで経営者が行う通常の業務遂行からの逸脱であると定義している。したがって，経営者による通常の業務遂行が最適行動であるならば，Roychowdhury（2006）と Ewert and Wagenhofer（2005）の実体的裁量行動の定義は，本質的に同じものである。

4)　後述する Ewert and Wagenhofer（2005）の会計基準の厳格化による効果と，田村（2011）分析結果の含意は幾つか類似点がある。但し，福井（2011）が指摘するように，田村（2011）は，Fisher and Verrecchia（2000）と同じく 1 期間モデルのため，長期的にみた場合は報告利益とキャッシュ・フローの合計は等しくなるという自己修正機能がモデル構築に反映されてない。そのため，会計的裁量行動と実体的裁量行動の区別も十分に分析にいかされていないという問題がある。

2．モデルの設定と均衡の導出

2-1　設　定

リスク中立的な企業の経営者と競争的かつリスク中立的な資本市場（マーケット・メーカー）からなる2期間モデルを考える[5)]。具体的には，各期 $t(=1, 2)$ において経営者が企業価値に基づいた会計情報を開示し，マーケット・メーカーが会計報告をみて株価を設定する。企業価値は事前には不確実でありこの価値を $\tilde{x}$ であらわす。企業価値 $\tilde{x}$ は，平均 $E[\tilde{x}]=\bar{x}>0$，分散 σ_x^2 の正規分布にしたがうものとし，経営者ならびにマーケット・メーカーの共有知識（common knowledge）と仮定する。

経営者が私的に獲得する情報は企業価値 $\tilde{x}$ そのものではなく，これと関連するノイズを含んだシグナル $\tilde{y}_t$ であると仮定し，具体的には次式であらわされるものとする。

$$\tilde{y}_t=\tilde{x}+\tilde{\epsilon}_t \tag{1}$$

但し，$\tilde{\epsilon}_t$ は平均0，分散 $\sigma_{\epsilon t}^2$ の正規分布にしたがい $\tilde{\epsilon}_1$ と $\tilde{\epsilon}_2$ は独立であると仮定する。このとき $\tilde{y}_t$ は，正規分布の再生性（reproductive property）より，平均 μ，分散 $(\sigma_x^2+\sigma_{\epsilon t}^2)$ の正規分布にしたがうことになる。

各期 t において経営者は企業価値に関するシグナル $\tilde{y}_t$ を観察後に会計報告 m_t を行う。このとき経営者は，観察した企業価値に関するシグナルそのものを報告するのではなく，報告利益管理を施した会計情報を開示するものと想定とする。報告利益管理の手段としては，会計手続きの変更や会計上の見積り等の会計的裁量行動に加えて，実際の経営行動を変更して報告利益を捻出または削減する実体的裁量行動も考慮する。そこで，会計的報告利益管理の水準を b_A，

5）本モデルでは，経営者は企業（株主）の利益を最優先するように行動する，ないしは企業の所有者そのものを想定する。したがって，経営者と所有者を巡る利害の衝突は想定しないものとする。

実体的報告利益管理の水準を b_R で示す。このとき，第 1 期の企業価値のシグナル y_1 を観察後の会計報告 m_1 を次式で表わす。

$$m_1=y_1+b_A+b_R \tag{2}$$

(2)式における $b_A(\gtreqless 0)$ は会計的裁量行動を通した報告利益管理の水準であり，b_R が実体的裁量行動を通したものである。例えば，$b_k>0\,(k=A, R)$ であれば，当期の利益を過剰に報告する攻撃的な報告利益管理（aggressive earnings management）であり，$b_k<0$ であれば当期の利益を過小に報告する守備的な報告利益管理（conservative earnings management）を意味する。

次に，第 2 期の企業価値のシグナル y_2 を観察後の会計報告 m_2 を考える。まず，本質的に会計的裁量行動とは，財務報告のための会計方法を変更するなどしてキャッシュ・フローを期間配分し直したものであり，企業の全生涯に渡る全体利益すなわち企業価値は変化しない。よって，第 1 期に攻撃的な会計的報告利益管理$(b_A>0)$を施すと，第 2 期にはその分報告利益が減少$(-b_A)$するという利益保存の法則（Law of Conservation of Income）を仮定する[6)]。他方，実体的裁量行動は投資・資金調達行動自体を変化させることで報告利益を調整するものであり，企業価値に直接的な影響を及ぼす。具体的に Ewert and Wagenhofer (2005) は，実体的報告利益管理とは，会計上の利益を調整するための取引のタイミングや構造を変化させることであるとし，そのような取引の変化は最適な行動計画から乖離させるものであるため，結果として，企業価値を毀損させることになると想定している。これら，会計的・実体的報告利益管理の特徴を踏まえて，第 2 期の会計報告は

$$m_2=y_2-b_A-b_R=(x+\epsilon_2-cb_R)-b_A-b_R \tag{3}$$

と表わされる。(3)式における $cb_R\,(c\geq 0)$ が実体的報告利益管理 b_R に伴うコス

6)　利益保存の法則は，利益が包括主義（clean surplus rule）に基づいて計算されている限り，常に維持される。詳しくは，例えば，Sunder（山地 他訳，1998，pp.91–92）を参照されたい。

トを表わしている。

2期間にわたる経営者の利得は，各期の報告利益と株価に依存するものとして，次式で表わされる[7)]。

$$U=sm_1+pP_1+m_2-v(b_A, b_R) \tag{4}$$

但し，$s>0$ は第1期の会計報告におく（第2期のそれと比較した）相対的なウエイトを表わす。そして p は第1期の株価におくウエイトであり，$\tilde{p}$ は平均 $E[\tilde{p}\,]=\bar{p}>0$，分散 σ_p^2 の正規分布にしたがい，その他の確率変数と独立であると仮定する。また，$v(\cdot)$ は経営者の会計的・実体的報告利益管理に伴うコストであり，

$$v(b_A,b_R)=\frac{rb_A^2}{2}+\frac{b_R^2}{2} \tag{5}$$

で表わされる[8)]。会計的報告利益管理 b_A にかかる係数 $r>0$ は定数である。なお，Ewert and Wagenhofer（2005）では，分析の簡単化のため経営者の利得に第2期の株価 P_2 は含めていない。

次に，マーケット・メーカーが企業価値の価格，すなわち株価を設定する側面を考える。マーケット・メーカーは企業の会計報告 m_1 に関する情報に条件付けられた企業価値 $\tilde{x}$ の期待値に等しいように第1期の株価 P_1 を設定する。但し，本モデルでは上述したように経営者の報告利益管理として会計的裁量行動に加えて，実体的裁量行動も考慮している。さらに，実体的報告利益管理は企業価値を毀損させものと想定している。よって，第1期のマーケット・メーカーによる株価設定ルールは，

7）Sanker and Subramanyam（2001）が，経営者の目的関数として（4）式と類似の定式化をしている。経営者の報酬として報告利益と株価の双方が依拠するという理論的議論としては，例えば，Dutta and Reichelstein（2005），Dutta（2007）らで与えられている。

8）報告利益管理を実施するさまざな手段に伴う費用に関して詳しくは，例えば，Marquardt and Wiedman（2004）を参照されたい。

図 8-1　期間モデルのタイムライン

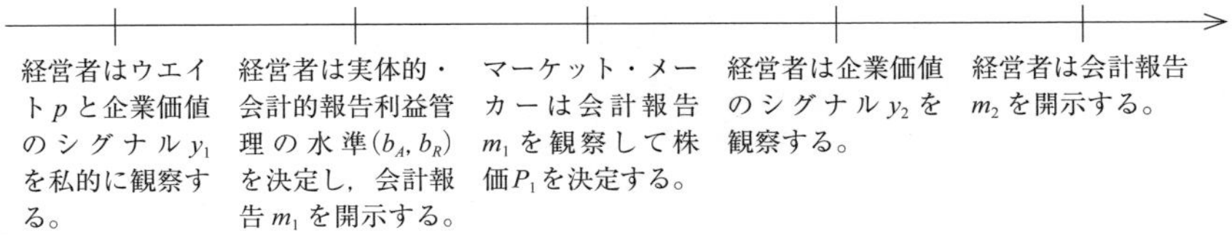
経営者はウエイト p と企業価値のシグナル y_1 を私的に観察する。
経営者は実体的・会計的報告利益管理の水準 (b_A, b_R) を決定し，会計報告 m_1 を開示する。
マーケット・メーカーは会計報告 m_1 を観察して株価 P_1 を決定する。
経営者は企業価値のシグナル y_2 を観察する。
経営者は会計報告 m_2 を開示する。

$$P_1(m_1)=E[\tilde{x} \mid m_1]-E[cb_R \mid m_1] \tag{6}$$

と表わされる。

モデルの流れをここで明示的に述べておく。まず，第 1 期において，経営者は株価におくウエイト p と企業価値のシグナル y_1 を私的に観察する。そして，経営者はこの私的情報にもとづいて会計的・実体的報告利益管理の水準（b_A, b_R）を決定し，第 1 期の会計報告 m_1 を行う。マーケット・メーカーは，第 1 期の会計報告を観察して第 1 期の株価 P_1 を決定する。その後，第 2 期において，経営者は企業価値のシグナル y_2 を私的に観察し，第 2 期の会計報告 m_2 を開示する。図 8-1 は，このモデルのタイムラインを表わしたものである。

2-2　合理的期待均衡の定義

ここで，本モデルで用いられる均衡概念である合理的期待均衡を定義しておく。経営者の会計報告戦略は，マーケット・メーカーの株価設定ルールに対する予想（conjecture）$\hat{P}_1$ にもとづき決定され，またマーケット・メーカーの株価設定ルールは，経営者の会計報告戦略 $(\hat{b}_A, \hat{b}_R)$ に対する予想にもとづいて決定される。したがって，本モデルにおける合理的期待均衡とは，次の三つの条件を満たす $(b_A, \hat{b}_A, b_R, \hat{b}_R, P_1, \hat{P}_1)$ のことである。

(i). $b_A, b_R \in \arg\max_{b_A, b_R} E[U|y_1] = E\left[sm_1 + p\hat{P}_1 + m_2 - \frac{rb_A^2}{2} - \frac{b_R^2}{2}|y_1\right]$

(ii). $P_1(m_1)=E[\tilde{x}|m_1=y_1+\hat{b}_A+\hat{b}_R]-E[c\hat{b}_R|m_1=y_1+\hat{b}_A+\hat{b}_R]$

$$(\text{iii}).\ b_A(\cdot)=\hat{b}_A(\cdot), b_R(\cdot)=\hat{b}_R(\cdot)\ \textit{and}\ P_1(m_1)=\hat{P}_1(m_1)$$

条件(ｉ)は，経営者がマーケット・メーカーの株価設定ルールに対する予想$\hat{P}_1$を所与として，期待利得が最大になるように会計的・実体的報告利益管理の水準(b_A, b_R)を決めることを意味している。条件(ⅱ)は，マーケット・メーカーは，一般に入手可能なすべての情報を織り込んで価格設定することを意味している。ここでは，経営者の第1期の会計報告m_1，すなわち会計的・実体的報告利益管理の水準に対する予想$(\hat{b}_A, \hat{b}_R)$を所与として第1期の株価を設定することを意味している。また，経営者とマーケット・メーカーとも（条件付き）期待値で評価していることは，双方リスク中立的であることを反映したものである。条件(ⅲ)は，経営者もマーケット・メーカーも相手の行動に対して合理的期待を持つことを意味している。

2-3　均衡の導出[9)]

2.1項の設定と下記で述べる線形戦略の仮定のもとで，均衡における経営者の会計的・実体的報告利益管理の水準，およびマーケット・メーカーの設定する株価について，次の命題が得られる。

命題1.

均衡における会計的・実体的報告利益管理の水準（b_A, b_R）と第1期の株価P_1は，それぞれ次のように表わされる。

$$b_A^*=(\Delta s+p\beta)\frac{1}{r},\quad b_R^*=\Delta s+p\beta-c$$

$$P_1^*=\bar{x}-\mathrm{c}(\Delta s-c+\beta\bar{p})-\beta(\bar{x}+R\Delta s-c+R\beta\bar{p})+\beta m_1$$

9)　本項での確率統計の基礎事項で説明が省略されているものについては，例えば，椎葉 他（2010，pp.193–264）ですべて確認できる。

但し，$\Delta s \equiv s-1, R \equiv (1+r)/r$ である。また，β は陰的に

$$\beta = \frac{\sigma_x^2 - c\beta^2 R\sigma_p^2}{\sigma_x^2 + \sigma_{\varepsilon 1}^2 + \beta^2 R^2 \sigma_p^2}$$

で与えられ，β は一意の正の実根を持つ。但し，$c^2\sigma_p^2 \geq 3(\sigma_x^2+\sigma_{\epsilon 1}^2)$ ならば，加えて二つの負の実根を持つ。

証明．幾つかのステップに分けて証明していく。

【ステップ 1：線形戦略の仮定】

経営者は $\hat{P}_1$ について，(2)式を用いて次のような線形戦略を仮定する[10)]。

$$\hat{P}_1(m_1) = \hat{\alpha} + \hat{\beta} m_1 = \hat{\alpha} + \hat{\beta}(y_1 + b_A + b_R) \tag{7}$$

ここで，$\hat{\alpha}$，$\hat{\beta}$ は定数である。すなわち，経営者はマーケット・メーカーが(7)式における α と β を選択すると予想する。

【ステップ 2：経営者の会計報告戦略】

経営者の会計報告戦略を考える。すなわち，2.2 項の均衡条件（i）を求める。私的情報 y_1 を観察した後の経営者の期待利得 $E[U|y_1]$ は，(4)式と(5)式より

$$\begin{aligned} E[U|y_1] &= E\left[sm_1 + p\hat{P}_1 + m_2 - \frac{rb_A^2}{2} - \frac{b_R^2}{2} \middle| y_1\right] \\ &= sm_1 + p\hat{P}_1 + E[m_2|y_1] - \frac{rb_A^2}{2} - \frac{b_R^2}{2} \end{aligned} \tag{8}$$

となる。(8)式で株価におかれるウエイト p については，経営者は自身の目的関数を把握しているため，確率変数として表記されない点に注意する。さらに

10)　報告利益管理に関する Fisher and Verrecchia（2000）モデルや，マーケット・マイクロストラクチャー（market microstructure）分野における Kyle（1985）にはじまる戦略的取引モデル（strategic trading model）等の多くの既存研究において，こうした線形戦略が仮定されている。詳しくは，例えば，Ewert and Wagenhofer（2012），Brunnermeier（2001），Vives（2008），椎葉 他（2010）らを参照されたい。

(8)式に，各期 $t(=1, 2)$ の会計報告 m_t を表わす(2)と(3)，および第 1 期の株価設定ルールに関する予想 $\hat{P}_1$ を表わす(7)を代入すると，次式を得る[11)]。

$$E[U|y_1] = s(y_1 + b_A + b_R) + p(\hat{\alpha} + \hat{\beta}(y_1 + b_A + b_R))$$

$$+(E[y_2|y_1] - b_A - b_R) - \frac{rb_A^2}{2} - \frac{b_R^2}{2} \tag{9}$$

(9)式から，経営者の期待利得最大化の 1 階条件は，

$$\frac{\partial E[U|y_1]}{\partial b_A} = s + p\hat{\beta} - 1 - rb_A = 0$$

$$\frac{\partial E[U|y_1]}{\partial b_R} = s + p\hat{\beta} - c - 1 - b_R = 0$$

となる。したがって，上式らから

$$b_A = \frac{\Delta s}{r} + \frac{\hat{\beta}}{r}p \tag{10}$$

$$b_R = \Delta s - c + \hat{\beta}p \tag{11}$$

を得る。但し，$\Delta s \equiv s - 1$ である。なお，期待利得最大化の 2 階条件は，

$$\frac{\partial^2 E[U|y_1]}{\partial b_A^2} = \frac{\partial}{\partial b_A}(\Delta s + p\hat{\beta} - rb_A) = -r < 0$$

$$\frac{\partial^2 E[U|y_1]}{\partial b_R^2} = \frac{\partial}{\partial b_R}(\Delta s - c + p\hat{\beta} - b_R) = -1 < 0$$

$$\frac{\partial^2 E[U|y_1]}{\partial b_A^2}\frac{\partial^2 E[U|y_1]}{\partial b_R^2} - \left(\frac{\partial^2 E[U|y_1]}{\partial b_A \partial b_R}\right) = r > 0$$

となり満たされる。

---

11)　(9) 式における $E[y_2|y_1]$ には，実体的報告利益管理のコスト cb_R が含まれることに注意されたい。すなわち，$E[y_2|y_1] = E[x + \epsilon_2 - cb_R|y_1] = E[x] + E[\epsilon_2] - cb_R = \bar{x} - cb_R$ である。

【ステップ 3：マーケット・メーカーの株価設定ルール】

次にマーケット・メーカーによる第 1 期の株価設定ルールを考える。すなわち，2.2 項の均衡条件(ⅱ)を求める。マーケット・メーカーは，(6)式に示されているように，第 1 期の会計情報 m_1 に条件付けられた企業価値の期待値として第 1 期の株価を設定する。このとき，(2)式に示されているように $m_1=y_1+b_A+b_R$ であり，y_1 は上述したように平均 $\bar{x}$，分散$(\sigma_x^2+\sigma_{\epsilon 1}^2)$の正規分布にしたがう。また，マーケット・メーカーが「経営者は，マーケット・メーカーが(7)式における α と β を選択すると予想している」ということを知っていれば，経営者の会計的報告利益管理の水準(10)と実体的報告利益管理の水準(11)を予想することができる。そして，(10)と(11)より明らかなように，経営者の会計的・実体的報告利益管理の水準は企業価値に関する第 1 期のシグナル y_1 には依拠しておらず，第 1 期の株価におかれるウエイト p に関して線形である。したがって，マーケット・メーカーの予想 $\hat{b}_A$ と $\hat{b}_R$ をそれぞれ，次のように設定できる。

$$\hat{b}_A(p)=\hat{\delta}_A+\hat{\lambda}p \tag{12}$$

$$\hat{b}_R(p)=\hat{\delta}_R+\hat{\phi}p \tag{13}$$

但し，$\hat{\delta}_A$，$\hat{\delta}_R$，$\hat{\lambda}$，$\hat{\phi}$ は定数であり，マーケット・メーカーにとって経営者が株価におくウエイトは不確実であることに注意する。このとき，第 1 期の会計報告 m_1 は

$$m_1=y_1+\hat{b}_A+\hat{b}_R=y_1+\hat{\delta}_A+\hat{\delta}_R+(\hat{\lambda}+\hat{\phi})p$$

と表わされる。そうすると，m_1 は正規分布する独立な確率変数 y_1 と p の和となることから，正規分布の再生性より，事前には m_1 も正規分布にしたがうと予想することになる。したがって，まず(6)式における $E[\tilde{x}|m_1]$ は確率変数 $\tilde{x}$ と $\tilde{m}_1$ が二変量正規分布にしたがっているとき，変数 $\tilde{m}_1$ の実現値が $\tilde{m}_1=m_1$ であったときの条件付き期待値を表わしていることから，次のように表わすこと

ができる。

$$E[\tilde{x}|m_1]=E[\tilde{x}]+\frac{Cov[\tilde{x},\tilde{m}_1]}{Var[\tilde{m}_1]}(m_1-E[\tilde{m}_1]) \tag{14}$$

ここで(14)式における $E[\tilde{x}]$, $E[\tilde{m}_1]$, $Cov[\tilde{x}, \tilde{m}_1]$，および $Var[\tilde{m}_1]$ は，それぞれ次のように計算できる。

$$E[\tilde{x}]=\bar{x}$$

$$E[\tilde{m}_1]=E[\tilde{y}_1+\hat{\delta}_A+\hat{\delta}_R+(\hat{\lambda}+\hat{\phi})\tilde{p}]=E[\tilde{y}_1]+\hat{\delta}_A+\hat{\delta}_R+(\hat{\lambda}+\hat{\phi})\ E[\tilde{p}]$$

$$=\bar{x}+\hat{\delta}_A+\hat{\delta}_R+(\hat{\lambda}+\hat{\phi})\bar{p}$$

$$Cov[\tilde{x}, \tilde{m}_1]=Cov[\tilde{x}, \tilde{y}_1+\hat{\delta}_A+\hat{\delta}_R+(\hat{\lambda}+\hat{\phi})\tilde{p}]=Cov[\tilde{x}, \tilde{y}_1]=Cov[\tilde{x}, \tilde{x}+\tilde{\epsilon}_1]=Cov[\tilde{x}, \tilde{x}]$$

$$=Var[\tilde{x}]=\sigma_x^2$$

$$Var[\tilde{m}_1]=Var[\tilde{y}_1+\hat{\delta}_A+\hat{\delta}_R+(\hat{\lambda}+\hat{\phi})\tilde{p}]=Var[\tilde{y}_1]+(\hat{\lambda}+\hat{\phi})^2 Var[\tilde{p}]$$

$$=\sigma_x^2+\sigma_{\epsilon 1}^2+(\hat{\lambda}+\hat{\phi})^2\sigma_p^2$$

これらの結果を(14)式に代入すると，

$$E[\tilde{x}|m_1]=\bar{x}+\frac{\sigma_x^2}{\sigma_x^2+\sigma_{\epsilon 1}^2+(\hat{\lambda}+\hat{\phi})^2\sigma_p^2}(m_1-\bar{x}-\hat{\delta}_A-\hat{\delta}_B-\bar{p}(\hat{\lambda}+\hat{\phi})) \tag{14'}$$

となる。

また，株価設定ルール(6)式における $E[cb_R|m_1]$ は，まず(13)式より

$$E[c\hat{b}_R|m_1]=E[c(\hat{\delta}_R+\hat{\phi}\tilde{p})|m_1]=c\hat{\delta}_R+c\hat{\phi}E[\tilde{p}|m_1]=c(\hat{\delta}_R+\hat{\phi}E[\tilde{p}|m_1]) \tag{15}$$

となる。さらに，(15)式における $E[\tilde{p}|m_1]$ は確率変数 $\tilde{p}$ と $\tilde{m}_1$ が二変量正規分布にしたがっているとき，変数 $\tilde{m}_1$ の実現値が $\tilde{m}_1=m_1$ であったときの条件付き期待値を表わしていることから，次のように表わすことができる。

$$E[\tilde{p}|m_1]=E[\tilde{p}]+\frac{Cov[\tilde{p},\tilde{m}_1]}{Var[\tilde{m}_1]}(m_1-E[\tilde{m}_1]) \tag{16}$$

ここで(16)式における $E[\tilde{m}_1]$ と $Var[\tilde{m}_1]$ は，上記(14)' の導出の際に求めた通りである。また，$E[\tilde{p}]$ と $Cov[\tilde{p}, \tilde{m}_1]$ は，それぞれ

$$E[\tilde{p}]=\bar{p}$$

$$Cov[\tilde{p}, \tilde{m}_1]=Cov[\tilde{p}, \tilde{y}_1+\hat{\delta}_A+\hat{\delta}_B+(\hat{\lambda}+\hat{\phi})\tilde{p}]=(\hat{\lambda}+\hat{\phi})\,Cov[\tilde{p}, \tilde{p}]=(\hat{\lambda}+\hat{\phi})\,Var[\tilde{p}]$$

$$=(\hat{\lambda}+\hat{\phi})\sigma_p^2$$

となる。以上より，(16) 式は

$$E[\tilde{p}|m_1]=\bar{p}+\frac{(\hat{\lambda}+\hat{\phi})\sigma_p^2}{\sigma_x^2+\sigma_{\epsilon1}^2+(\hat{\lambda}+\hat{\phi})^2\sigma_p^2}(m_1-\bar{x}-\hat{\delta}_A-\hat{\delta}_B-\bar{p}(\hat{\lambda}+\hat{\phi})) \quad (16)'$$

となる。

したがって，(14)'，(15) と (16)' を (6) に代入して，マーケット・メーカーが設定する第 1 期の株価 P_1 が経営者の会計報告 m_1 に依存して決まることを明示的に表わすと，次のようになる。

$$P_1(m_1)=E[\tilde{x}|m_1]-E[c\hat{b}_R|m_1]$$

$$=\left(\bar{x}+\frac{\sigma_x^2}{\sigma_x^2+\sigma_{\epsilon1}^2+(\hat{\lambda}+\hat{\phi})^2\sigma_p^2}(m_1-\bar{x}-\hat{\delta}_A-\hat{\delta}_B-\bar{p}(\hat{\lambda}+\hat{\phi}))\right)$$

$$-c\left(\hat{\delta}_R+\hat{\phi}\left(\bar{p}+\frac{(\hat{\lambda}+\hat{\phi})\sigma_p^2}{\sigma_x^2+\sigma_{\epsilon1}^2+(\hat{\lambda}+\hat{\phi})^2\sigma_p^2}(m_1-\bar{x}-\hat{\delta}_A-\hat{\delta}_B-\bar{p}(\hat{\lambda}+\hat{\phi}))\right)\right) \quad (17)$$

【ステップ 4：合理的期待の条件】

合理的期待を意味する 2.2 項の均衡条件 (iii) から，均衡においては，経営者の会計的・実体的報告利益管理の水準 (b_A, b_R) とマーケット・メーカーによるその予想 $(\hat{b}_A, \hat{b}_R)$ は等しくなる。したがって，(10) 式と (11) 式，(12) 式と (13) 式のそれぞれの係数を比較することにより，次の関係が得られる。

$$\hat{\delta}_A=\delta_A=\frac{\Delta s}{r},\hat{\delta}_R=\delta_R=\Delta s-c,\hat{\lambda}=\lambda=\frac{\hat{\beta}}{r},and\ \hat{\phi}=\phi=\hat{\beta} \quad (18)$$

均衡においては，同様にマーケット・メーカーの第 1 期の株価設定ルール P_1 と経営者によるその予想 $\hat{P}_1$ は等しくなる。したがって，(7) 式と (17) 式の係数を比較することにより，次の関係が得られる。

$$\hat{\alpha}=\alpha=\bar{x}-c(\hat{\delta}_R+\hat{\phi}\bar{p})-\beta(\bar{x}+\hat{\delta}_A+\hat{\delta}_R+(\hat{\lambda}+\hat{\phi})\bar{p})$$
$$and$$
$$\hat{\beta}=\beta=\frac{\sigma_x^2-c\hat{\phi}(\hat{\lambda}+\hat{\phi})\sigma_p^2}{\sigma_x^2+\sigma_{\epsilon1}^2+(\hat{\lambda}+\hat{\phi})^2\sigma_p^2} \quad (19)$$

よって，(18)と(19)より，$\delta_A, \delta_R, \lambda, \phi$ ならびに α, β が，それぞれ次のように求まる。

$$\delta_A=\frac{\Delta s}{r}, \delta_R=\Delta s-c, \lambda=\frac{\beta}{r}, and\ \phi=\beta$$

$$\alpha=\bar{x}-c(\Delta s-c+\beta\bar{p})-\beta(\bar{x}+R\Delta s-c+R\beta\bar{p})\ and\ \beta=\frac{\sigma_x^2-c\beta^2R\sigma_p^2}{\sigma_x^2+\sigma_{\epsilon1}^2+\beta^2R^2\sigma_p^2}$$

但し，$R\equiv(1+r)/r$ である。これらを(12)式と(13)式，および(7)式に代入すれば，均衡における会計的・実体的報告利益管理の水準(b_A^*, b_R^*)と第1期の株価 P_1^* は，それぞれ次のように表わされる。

$$b_A^*=(\Delta s+p\beta)\frac{1}{r},\quad b_R^*=\Delta s+p\beta-c$$

$$P_1^*=\bar{x}-c(\Delta s-c+\beta\bar{p})-\beta(\bar{x}+R\Delta s-c+R\beta\bar{p})+\beta m_1$$

但し，

$$\beta=\frac{\sigma_x^2-c\beta^2R\sigma_p^2}{\sigma_x^2+\sigma_{\epsilon1}^2+\beta^2R^2\sigma_p^2}$$

である。ここで，上式を変形しその左辺を $Z(\beta)$ とおくと，

$$Z(\beta)\equiv R^2\sigma_{pl}^2\beta^3+cR\sigma_{pl}^2\beta^2+(\sigma_x^2+\sigma_{\epsilon1}^2)\beta-\sigma_x^2=0 \tag{20}$$

となる。β に関する実三次方程式(20)は3つの根を持つ。まず，$c\geq0$ なのでデカルトの符号率（Descartes' rule of signs）より $Z(\beta)=0$ は一つの正の実根を持つ[12)]。さらに $Z(0)=-\sigma_x^2<0, Z(\sigma_x^2/(\sigma_x^2+\sigma_{\epsilon1}^2))=R\sigma_p^2(\sigma_x^2/(\sigma_x^2+\sigma_{\epsilon1}^2))^2(R(\sigma_x^2/(\sigma_x^2+\sigma_{\epsilon1}^2))+c)>0$ であり，(20)式を β に関して微分すると，

$$\frac{dZ(\beta)}{d\beta}=3R^2\sigma_{pl}^2\beta^2+2cR\sigma_{pl}^2\beta+(\sigma_x^2+\sigma_{\epsilon1}^2)>0,\quad for\ \beta>0$$

となり，$Z(\beta)$ は $\beta>0$ に関して狭義の単調増加関数となる。したがって，正の

12)　デカルトの符号率に関して詳しくは，例えば，高木（1965, p.101）を参照されたい。

実根は 0 と $\sigma_x^2/(\sigma_x^2+\sigma_1^2)<1$ の間に存在する。

次に，実三次方程式(20)に一つの正の実根の他に二つの負の実根を持つための十分条件を示す。まず，$Z(0)=-\sigma_x^2<0$ なので，もし $Z(\beta)$ が任意の $\beta\in\mathbb{R}$ に関して単調増加ならば負の実根は存在しない。また，$\beta\to-\infty$ ならば $Z(\beta)\to-\infty$ なので，(20)式が負の実根を持つための必要十分条件は，$Z(\beta)$ がある $\beta_m<0$ において $Z(\beta_m)\geq 0$ となるような極大値を持つことである。そこで，極大値をもつための必要条件は(20)式より

$$\frac{dZ(\beta m)}{d\beta}=3R^2\sigma_p^2(\beta_m)^2+2cR\sigma_p^2\beta_m+(\sigma_x^2+\sigma_{\epsilon 1}^2)=0$$

となる。上記の β_m に関する二次方程式は次の判別式 $D\geq 0$ を満たすとき，二つの実根を持つ。すなわち，

$$D=4c^2R^2(\sigma_p^2)^2-12R^2\sigma_p^2(\sigma_x^2+\sigma_{\epsilon 1}^2)\geq 0$$

であり，さらに上式を変形すると，

$$c^2\sigma_p^2\geq 3(\sigma_x^2+\sigma_{\epsilon 1}^2) \tag{21}$$

を得る。よって，もし上記の不等式(21)が成り立つならば実三次方程式(20)は二つの極値 $\beta_{m2}<\beta_{m1}<0$ を持ち，β_{m2} は極大値，β_{m1} は極小値となる。なお，$Z(\beta_{m2})=0$ であれば β_{m2} は(20)の負の重根であり，$Z(\beta_{m2})>0$ であれば β_{m2} と β_{m1} は(20)の異なる負の実根となる。

以上より，命題 1 は証明された。□

命題 1 に示された均衡の特徴について，以下，考察していく。最初に，均衡における会計的報告利益管理の符号は，$(\Delta s+p\beta)$ の符号に依存することは明らかである。$\Delta s(\equiv s-1)$ は，各期の会計報告におく相対的なウエイトであった。したがって，例えば，$\Delta s>0$ であれば，経営者は第 2 期に比べ第 1 期の会計報告を自身の利得の観点から重視しており，第 1 期により攻撃的な会計的報告利益管理を実施することになる。また，$p\beta$ は第 1 期の株価におかれるウエイト

p と会計報告 m_1 が株価に及ぼす影響を乗じたものである。したがって，経営者が第1期の株価を重視する，もしくは第1期の会計報告が当期の株価に正の影響を及ぼすほど，会計的報告管理の水準は上昇することになる。

均衡における実体的報告利益管理の水準も，$(\Delta s+p\beta)$ に依存することになるが，それに加えて，その費用 c も考慮することになる。すなわち，実体的な裁量行動に伴う費用 c が上昇すれば，企業価値を引き下げ第2期の会計報告にネガティブな影響を及ぼすことを通じて経営者の利得を引き下げてしまう。したがって，攻撃的な実体的報告利益管理を実施するインセンティブは，その費用 $c(>0)$ によって抑制される。さらに，もし会計的報告利益管理はできず，かつ，（慈悲深い）経営者が期末の企業の期待価値から実体的報告利益管理のコストを除した値を最大化するように実体的裁量行動をとるものとする。すなわち，

$$E[\tilde{x}]-cb_R-\frac{b_R^2}{2}$$

を最大化するように b_R を選択すると，$b_R^+=-c$ となる。したがって，本モデルでは実体的報告利益管理において $b_R^+=-c$ は企業価値の面からファーストベストな水準となり，$(\Delta s+p\beta)$ は実際の実体的裁量行動におけるバイアスを表わすものといえる。

次に，命題1に示された β の水準を考察する。まず(7)式より明らかなとおり，β はマーケット・メーカーによる第1期の株価設定に際して会計報告 m_1 にかかる係数である。そしてこの値は，もし経営者が会計情報に何ら報告利益管理を施さなければ $\beta=(\sigma_x^2/(\sigma_x^2+\sigma_{\epsilon 1}^2)$ となる。さらに，命題1に示された均衡における β と比較すると，

$$0<\beta=\frac{\sigma_x^2-c\beta^2R\sigma_p^2}{\sigma_x^2+\sigma_{\epsilon 1}^2+\beta^2R^2\sigma_p^2}<\frac{\sigma_x^2}{\sigma_x^2+\sigma_{\epsilon 1}^2}$$

となることは（他の事情が同じならば）明らかである。したがって，報告利益管理が実施されない場合と比べて，均衡における β は，会計的・実体的裁量行動に伴う費用ならびに経営者の株価におくインセンティブ・パラメータ p の不

確実性 σ_p^2 によって低下する。

最後に，命題 1 は正の値 β を伴う均衡が常に存在するが，もし $c^2\sigma_p^2 \geq 3(\sigma_x^2+\sigma_{\epsilon 1}^2)$ ならば，加えて β が負となる均衡も存在することを示している。そして，β が負値をとることは(7)式より，株価は会計報告に関してネガティブな反応をとることを意味する。こうした直感に反する結果は，会計報告は企業価値のみならず経営者のインセンティブ・パラメータ p，すなわち経営者が第 1 期の株価におくウエイトも含むことにある。したがって，もし市場参加者が企業の好調な会計報告がウエイト p の値が大きいためと考えれば，そうした会計報告は経営者の実体的裁量行動によるもので，企業価値を毀損していると予想し得る。こうした状況は，ウエイト p の分散 σ_p^2 が大きいときに生起しやすく，条件 $c^2\sigma_p^2 \geq 3(\sigma_x^2+\sigma_{\epsilon 1}^2)$ も満たされやすい。但し以下においては，議論の簡単化のため，$c^2\sigma_p^2 < 3(\sigma_x^2+\sigma_{\epsilon 1}^2)$ を仮定し β が正の値をとる均衡のみ考察する。

3.　会計基準の厳格化の効果

本節においては，会計基準の厳格化，すなわち会計的裁量行動による費用 r の増加が，報告利益の質，ならびに報告利益管理の水準と費用にいかなる影響を及ぼすのか考察する。なお，実際の基準設定者は会計基準の変更がもたらす平均的な効果に関心を持っている。同様に，実証研究も平均的な報告利益管理の水準に焦点をあてている。そのため，以下の大半の比較静学に際しては，報告利益管理の期待値をとって分析をしている。このことは換言すると，経営者が第 1 期で私的情報であるウエイト p，シグナル y_1 を入手する前の事前(*ex ante*)の観点から考察することを意味している。

3-1　報告利益の質に与える影響

報告利益の質（quality of earnings）は，報告利益情報の有用性を支える特性であり，Francis *et al*. (2006) によれば次のような 12 の指標が先行研究で用いられてきた。会計発生高の質（accruals quality），異常発生高（abnormal accruals），持続性，予測可能性，利益平準化，利益変動性（earnings variability），価値関連性

(value relevance)，利益有用性（earnings informativeness），利益不透明性（earnings opacity），適時性，保守主義（conservatism），利益の質に対する投資家の理解度[13]。

本モデルにおいては，価値関連性と利益変動性という2つの基準で報告利益の質を測る。価値関連性とは，会計情報が株式リターンや株価にどれだけ重要な影響を与えるかを測る指標である。すなわち，本モデルでは β で表わされている。利益変動性は報告利益の分散 $Var[\tilde{m}_1]$ で測られるものとする。そのうえで，これら二つの指標に会計基準の厳格化が及ぼす影響は，次の命題2で与えられる。

命題2．会計基準の厳格化は，

（ｉ）．会計情報の価値関連性 β を高める。すなわち，$\frac{d\beta}{dr}>0$ となる。

（ii）．第1期の会計報告の分散 $Var[\tilde{m}_1]$ を低下させる。

すなわち，$\frac{dVar[\tilde{m}_1]}{dr}<0$ となる。

証明．命題1より，β は陰的に

$$R^2\sigma_p^2\beta^3+cR\sigma_p^2\beta^2+(\sigma_x^2+\sigma_{\epsilon 1}^2)\beta-\sigma_x^2=0$$

で決まる。そこで，上式を β と r に関して全微分すると次式を得る[14]。

$$\frac{d\beta}{dr}=\frac{2R\sigma_p^2\beta^3+c\sigma_p^2\beta^2}{r^2(3R^2\sigma_p^2\beta^2+2cR\sigma_p^2\beta+\sigma_x^2+\sigma_{\varepsilon 1}^2)}>0, for\ \beta>0 \tag{22}$$

次に，第1期の会計報告 m_1 の分散は，(2)式に命題1の結果を代入し分散をとることで，

$$Var[\tilde{m}_1]=\sigma_x^2+\sigma_{\varepsilon 1}^2+\beta^2\left(\frac{1+r}{r}\right)^2\sigma_p^2=\sigma_x^2+\sigma_{\varepsilon 1}^2+\beta^2R^2\sigma_p^2 \tag{23}$$

13）　詳しくは，Francis *et al.*（2006），Dechow *et al.*（2010）らを参照されたい。

14）　計算過程において，$\frac{dR}{dr}=-\frac{1}{r^2}<0$ を利用している。

となる。いま，上記の $Var[\tilde{m}_1]$ が r に関して非減少関数と仮定する。このとき，r に関して $r_2>r_1$ という二つの値をとると(22)から $\beta_2>\beta_1$，また $R=(1+r)/r$ より $R_2<R_1$ となる。また，分散 $Var[\tilde{m}_1]$ が r に関して非減少関数ならば(23)より，

$$(\beta_2R_2)^2\geq(\beta_1R_1)^2\Leftrightarrow\beta_2R_2\geq\beta_1R_1$$

を意味することになる。さらに，$\beta_2>\beta_1$ なので $\beta_2^2R_2>\beta_1^2R_1$ となる。しかし，このとき命題 1 より β_1 と β_2 の大小関係に関して，

$$\frac{\sigma_x^2-c(\beta_2^2R_2)\sigma_p^2}{\sigma_x^2+\sigma_{\varepsilon1}^2+(\beta_2^2R_2^2)\sigma_p^2}=\beta_2<\frac{\sigma_x^2-c(\beta_1^2R_1)\sigma_p^2}{\sigma_x^2+\sigma_{\varepsilon1}^2+(\beta_1^2R_1^2)\sigma_p^2}=\beta_1$$

となり矛盾する。したがって，(23)に示された分散 $Var[\tilde{m}_1]$ は r に関して減少関数である。

以上より，命題 2 は証明された。□

命題 2 から会計基準の厳格化は，会計報告のノイズを弱め，より価値関連性を高め，かつ，利益変動を抑制させる事が示唆された。したがって，基準設定者の目的が報告利益の質の向上にあるならば，会計基準の厳格化はその目的に資するといえる。

3-2　報告利益管理の水準

ここでは，会計基準の厳格化が経営者による会計的・実体的裁量行動に及ぼす影響を考察する。会計基準の厳格化は，会計的報告利益管理の費用を上昇させることから，会計的裁量行動には直接的な影響を及ぼす。他方，実体的裁量行動には費用などを通して直接的には作用しない。しかし，命題 2 でみたように，会計基準の厳格化は会計情報の価値関連性を高める効果があり，この効果が会計的・実体的裁量行動の双方に影響を与える。これらの影響を考慮した結果が，次の命題 3 である。

命題 3. 会計基準の厳格化は,

（ⅰ）. 実体的報告利益管理(b_R^*)の期待値を上昇させる。すなわち, $\frac{dE[b_R^*]}{dr}>0$ となる。

（ⅱ）. もし$\Delta s \geq 0$ ならば, 会計的報告利益管理(b_A^*)と総報告利益管理$(b^*=b_A^*+b_R^*)$の期待値を減少させる。すなわち, $\frac{dE[b_A^*]}{dr}<0$ *and* $\frac{dE[b^*]}{dr}<0$ となる。

（ⅲ）. 任意の$\Delta s<0$ に関して, 会計的報告利益管理と総報告利益管理の期待値を上昇させるような$\bar{p} \in (\delta_1, \delta_2)$, $\delta_1, \delta_2>0$ が存在する。すなわち, $\frac{dE[b_A^*]}{dr}>0$ *and* $\frac{dE[b^*]}{dr}>0$ *for* $\delta_1 < \bar{p} < \delta_2$ となる。

証明.（ⅰ）については, まず命題 1 より実体的報告利益管理の期待値は,

$$E[b_R^*]=\Delta s - c+\bar{p}\beta$$

となる。上式を r に関して微分すると,

$$\frac{dE[b_R^*]}{dr}=\bar{p}\frac{d\beta}{dr}>0$$

となる。上記の符号は命題 2 より明らか。

（ⅱ）については, 命題 1 より会計的・実体的報告利益管理の期待値は,

$$E[b^*]=-c+(\Delta s+\bar{p}\beta)R$$

となる。上式を r に関して微分すると, 次式を得る。

$$\frac{dE[b^*]}{dr}=(\Delta s+\bar{p}\beta)\frac{dR}{dr}+\bar{p}R\frac{d\beta}{dr}=\frac{dR}{dr}\left((\Delta s+\bar{p}\beta)-\bar{p}\frac{2\beta^3R^2\sigma_p^2+\beta^2cR\sigma_p^2}{3\beta^2R^2\sigma_p^2+2\beta cR\sigma_p^2+\sigma_x^2+\sigma_{\varepsilon 1}^2}\right)$$

$$=\frac{dR}{dr}\left(\Delta s+\bar{p}\beta\left(1-\frac{2\beta^2R^2\sigma_p^2+\beta cR\sigma_p^2}{3\beta^2R^2\sigma_p^2+2\beta cR\sigma_p^2+\sigma_x^2+\sigma_{\varepsilon 1}^2}\right)\right)<0, for\ \Delta s \geq 0\ and\ \beta>0$$

さらに, $E[b^*]=E[b_A^*]+E[b_R^*]$, $\frac{dE[b_R^*]}{dr}>0$ かつ $\frac{dE[b^*]}{dr}<0$ なので, $\frac{dE[b_A^*]}{dr}<0$ となる。

（ⅲ）については, 命題 1 より会計的報告利益管理の期待値は,

$$E[b_A^*]=(\Delta s+\bar{p}\beta)\frac{1}{r}$$

となる。上式を r に関して微分すると，

$$\frac{dE[b_A^*]}{dr}=\frac{1}{r}\left(-\frac{\Delta s+\bar{p}\beta}{r}+\underbrace{\bar{p}\frac{d\beta}{dr}}_{>0}\right) \tag{24}$$

となる。まず任意の $r\geq 1$ に関して，(24) における β と $d\beta/dr$ の値は外生的に決まり，$\bar{p}$ と Δs と独立である。さらに，$\bar{p}$ と Δs は互いに独立である。このとき，$\Delta s<0$ として，$r\geq 1$ かつ $\bar{p}$ を

$$\delta_1=-\frac{\Delta s}{\beta}>0$$

となるように選択する。上記の δ_1 を (24) の $\bar{p}$ に代入すると，

$$\frac{dE[b_A^*|\bar{p}=\delta_1]}{dr}=\frac{1}{r}\left(-\frac{\Delta s+\delta_1\beta}{r}+\delta_1\frac{d\beta}{dr}\right)=\frac{1}{r}\delta_1\frac{d\beta}{dr}>0$$

を得る。上記の符号は命題 2 より明らか。また，連続性より $\frac{dE[b_A^*|\bar{p}=\delta_1]}{dr}>0$ は δ_1 の近傍で成立する。特に，任意の $r\geq 1$ と $\Delta s<0$ に関して，(24) 式における $\Delta s+\bar{p}\beta\,(>0)$ の値が十分に小さく $\frac{dE[b_A^*]}{dr}>0$ となるような $\bar{p}$ の上限が存在する。すなわち，

$$\bar{p}<\delta_2=-\frac{\Delta s}{\beta-r\frac{d\beta}{dr}}$$

である。このとき，$\delta_2>\delta_1$ となることは，次のように示すことができる。まず，

$$\delta_2-\delta_1=\frac{-\Delta s r\frac{d\beta}{dr}}{\beta\left(\beta-r\frac{d\beta}{dr}\right)}>0$$

となるためには，上式の分母の括弧内が正である必要がある。実際，(22) を用いて

$$0<r\frac{d\beta}{dr}=r\frac{2R\sigma_{pl}^2\beta^3+c\sigma_{pl}^2\beta^2}{r^2(3R^2\sigma_{pl}^2\beta^2+2cR\sigma_{pl}^2\beta+\sigma_x^2+\sigma_{\varepsilon 1}^2)}$$

$$=\beta\frac{2R\sigma_{pl}^2\beta^2+c\sigma_{pl}^2\beta}{r(3R^2\sigma_{pl}^2\beta^2+2cR\sigma_{pl}^2\beta+\sigma_x^2+\sigma_{\varepsilon 1}^2)}<\beta \text{ for all } r\geq 1 \text{ and hence,} R>1$$

となる。

上記(ⅰ)において，実体的報告利益管理の期待値は r に関して常に上昇することを示した。また，$E[b^*]=E[b_A^*]+E[b_R^*]$ なので $\frac{dE[b_A^*]}{dr}>0$ ならば，$\frac{dE[b^*]}{dr}>0$ となる。

以上より，命題 3 は証明された。□

命題 3(ⅰ)より，会計基準の厳格化によって実体的報告利益管理の期待値が上昇することが示された。その理由は，まず命題 2(ⅰ)から明らかなように，均衡において会計基準の厳格化は会計報告の価値関連性 β を上昇させる。その結果，第 1 期の株価上昇をさせ経営者の便益の増大をもたらす。したがって，経営者はより攻撃的な実体的裁量行動を選択するのである。

次に命題 3(ⅱ)において，まず会計基準の厳格化によって $\Delta s\geq 0$ ならば，会計的報告利益管理の期待値が減少することが示された。その理由は，会計的裁量行動に伴う経営者の費用を増加させることにある。但し，上述したように会計基準の厳格化は会計報告の価値関連性を高めるため，攻撃的な会計的裁量行動を引き起こす誘因も存在する。したがって，命題 3(ⅱ)の結果は，均衡において前者の影響が後者のそれを上回ることを意味している。さらに，命題 3(ⅰ)の結果と併せて，会計的報告利益管理と実体的報告利益管理には内生的な代替関係があることが示された。すなわち，会計基準の厳格化によって，会計的裁量行動が抑制される一方，攻撃的な実体的裁量行動を引き起こすということである[15]。但し，命題 3(ⅱ)で示されているように，会計基準の厳格化によって総報告利益管理の期待値は減少する。よって，実体的報告利益管理の上昇分は会計的報告利益管理の減少分を部分的にしか補わない。

---

15)　会計的報告利益管理と実体的報告利益管理の代替関係は，会計報告による市場の反応のみによって生起していることに注意されたい。本モデルにおいては，会計的裁量行動と実体的裁量行動に直接的な相互依存関係は想定されていない。

最後に命題 3(iii)では，$\Delta s<0$ ならば(ii)のような直感に沿うような結果をもたらさないことを示している。すなわち，一定の条件の下では会計基準の厳格化が実体的裁量行動のみならず，会計的裁量行動に関しても経営者の攻撃的な選択をもたらすことを示唆している。その理由は，会計基準の厳格化による会計報告の価値関連性の上昇に伴い(攻撃的な)会計的報告利益管理の便益が，その費用を上回ることにある。また，そうした状況は，均衡における会計的報告利益管理の元々の水準が低い，すなわち $\Delta s<0$ の時に生起しやすいことは明らかであろう。

3-3　報告利益管理のコスト

最後に，会計基準の厳格化が報告利益管理の費用の期待値に及ぼす影響を考察する。ここでまず留意すべき点は，均衡における会計情報がもたらす状況は，報告利益管理を実施しない状況と比較してある種のセコンド・ベストな状況ということである。例えば，前述したように報告利益管理を何ら実施しなければ，会計情報の価値関連性は $\beta=\sigma_x^2/(\sigma_x^2+\sigma_{\varepsilon 1}^2)$ となり，均衡におけるそれより高い。また，経営者は会計的裁量行動に伴う不効用を負う必要はなくなる。さらに，同じく先にみたように，本モデルにおいて企業価値を最大化する実体的報告利益管理の水準は $b_R^+=-c$ であり，このとき企業価値の純増加分は

$$-cb_R^+-\frac{(b_R^+)^2}{2}=c^2-\frac{c^2}{2}=\frac{c^2}{2}$$

となる。

但し，こうした状況を経営者が市場参加者に信憑性のあるコミットメントをすることはできない。なぜなら，マーケット・メーカーが企業の会計情報には報告利益管理が施されていると予想した上で株価設定するルールの下では，経営者が会計的裁量行動をせず，実体的裁量行動として $b_R^+=-c$ を選択することは利得の最大化につながらないためである。そこで以下においては，上述の内容を鑑みて，報告利益管理に伴う総費用の期待値として次式を定義する。

$$E[TC]=E[v(b_A^*, b_R^*)]+E[cb_R^*]+\frac{c^2}{2} \tag{25}$$

(25)式の第 1 項は報告利益管理による経営者の不効用であり，第 2 項と第 3 項は企業価値に及ぼすコストを表わしている。この上で，次の命題 4 は会計基準の厳格化が総費用の期待値に及ぼす影響を表わしている。

命題 4．会計基準の厳格化は，

（ⅰ）．もし $c>0$ ならば，企業価値の期待値を減少させる。すなわち，$\frac{d(E[\tilde{x}]-cE[b_R^*])}{dr}<0$ となる。

（ⅱ）．もし企業価値の分散，もしくは経営者が私的に獲得する第 1 期の企業価値のシグナルに含まれるノイズの分散が十分に大きければ，報告利益管理の総費用の期待値を減少させる。すなわち，$\lim_{\sigma_x^2\to\infty}\frac{dE[TC]}{dr}<0 \ or \lim_{\sigma_{\varepsilon 1}^2\to\infty}\frac{dE[TC]}{dr}<0$ となる。

（ⅲ）．もし経営者が第 1 期の株価におくウエイト p の分散 σ_p^2 が，企業価値と第 1 期の企業価値のノイズの分散の合計 $(\sigma_x^2+\sigma_{\epsilon 1}^2)$ より十分に大きければ，任意の $\bar{p}>0$ に関して報告利益管理の総費用の期待値を上昇させるような $\Delta s\in[\delta_1, \delta_2]$, $(\delta_1<0 \ and \ \delta_2>0)$ が存在する。また，もし $\Delta s\geq 0$ ならば，σ_p^2 が $(\sigma_x^2+\sigma_{\epsilon 1}^2)$ に比べて十分大きいことが報告利益管理の総費用が上昇するための必要条件ともなる。

証明．（ⅰ）について，まず期末における企業価値の期待値は命題 1 を用いて，

$$E[\tilde{x}]-cE[b_R^*]=\bar{x}-c(\Delta s+\bar{p}\beta-c)=\bar{x}+c^2-c(\Delta s+\bar{p}\beta)$$

となる。上式を r に関して微分すると，

$$\frac{d(E[\tilde{x}]-cE[b_R^*])}{dr}=-c\bar{p}\frac{d\beta}{dr}<0$$

となる。上記の符号は命題 2 より明らかである。

（ⅱ）については，まず(25)式で定義された報告利益管理の総費用より，均衡

におけるその期待値は

$$E[TC]=E[v(b^*_A,b^*_R)+cb^*_R]+\frac{c_2}{2}=\frac{rE[(b^*_A)^2]}{2}+\frac{E[(b^*_R)^2]}{2}+cE[b^*_R]+\frac{c^2}{2} \tag{26}$$

となる。ここで，(26)式における$\frac{rE[(b^*_A)^2]}{2}$ ，$\frac{E[(b^*_R)^2]}{2}$ ，$cE[b^*_R]$ は命題 1 を用いて，それぞれ次のように計算できる。

$$\frac{rE[(b^*_A)^2]}{2}=\frac{r}{2}(E[b^*_A]^2+Var[b^*_A])=\frac{(\Delta s+\bar{p}\beta)^2+\beta^2\sigma_p^2}{2r}$$

$$\frac{E[(b^*_R)^2]}{2}=\frac{1}{2}(E[b^*_R]^2+Var[b^*_R])=\frac{(\Delta s+\bar{p}\beta-c)^2+\beta^2\sigma_p^2}{2}$$

$$cE[b^*_R]=c(\Delta s+\bar{p}\beta-c)$$

これらの結果を(26)式に代入して整理すると，次式を得る。

$$E[TC]=\frac{R}{2}\left((\Delta s+\bar{p}\beta)^2+\beta^2\sigma_p^2\right)$$

上式を r に関して微分すると，

$$\frac{dE[TC]}{dr}=\frac{d\beta}{dr}R\left((\Delta s+\bar{p}\beta)\bar{p}+\beta\sigma_p^2\right)+\frac{1}{2}\frac{dR}{dr}\left((\Delta s+\bar{p}\beta)^2+\beta^2\sigma_p^2\right) \tag{27}$$

となり，さらに(27)式に$\frac{dR}{dr}=-\frac{1}{r^2}$を代入して整理すると，

$$\frac{dE[TC]}{dr}=\frac{1}{2r^2}\left((\Delta s+\bar{p}\beta)\left(\bar{p}\left(2Rr^2\frac{d\beta}{dr}-\beta\right)-\Delta s\right)+\beta\sigma_p^2\left(2Rr^2\frac{d\beta}{dr}-\beta\right)\right) \tag{27'}$$

となる。このとき，(27)' の符号が負になる，すなわち報告利益管理の総費用の期待値が会計基準の厳格化によって減少する十分条件を導出する。そこで，企業価値の分散 σ_x^2 に関して $\sigma_x^2\to\infty$ とすると，命題 1 と(22)式より $\beta\to 1$ かつ $\frac{d\beta}{dr}\to 0$ となる。よって，(27)' において企業価値の分散 σ_x^2 に関して極限をとると，

$$\lim_{\sigma_x^2\to\infty}\frac{dE[TC]}{dr}=\frac{1}{2r^2}(-(\Delta s+\bar{p})^2-\sigma_p^2)<0$$

となる。同様に，経営者が私的に獲得する第 1 期の企業価値のノイズの分散

$\sigma^2_{\epsilon 1}$に関して極限をとると，命題1と(22)式より $\beta\to 0$ かつ$\dfrac{d\beta}{dr}\to 0$ となる。よって，(27)' においてノイズの分散 $\sigma^2_{\epsilon 1}$に関して極限をとると，

$$\lim_{\sigma^2_{\varepsilon 1}\to\infty}\frac{dE[TC]}{dr}=-\frac{1}{2r^2}(\Delta s)^2<0$$

となる。

(iii)について，(27)' より，もし $r\geq 1$ を所与として

$$2Rr^2\frac{d\beta}{dr}-\beta>0 \tag{28}$$

ならば，$\bar{p}>0$ に関して(27)' の符号が正となるような適当な値 $\Delta s\geq 0$ を導出することができる。なお，命題1より明らかなとおり，β は Δs に依存しないので Δs の選択は(28)の左辺に影響を及ぼさないことに注意されたい。

まず，$\Delta s<0$ かつ(28)が成立していれば，$\Delta s+\bar{p}\beta\geq 0$ である限り(27)' の符号は正となる。すなわち，報告利益管理の総費用の期待値 $E[TC]$が，r に関して増加するための Δs の下限は $\Delta s\geq -\bar{p}\beta\equiv\delta_1$ となる。

次に，(22)より

$$\frac{d\beta}{dr}=\frac{2R\sigma^2_{pl}\beta^3+c\sigma^2_{pl}\beta^2}{r^2(3R^2\sigma^2_{pl}\beta^2+2cR\sigma^2_{pl}\beta+\sigma^2_x+\sigma^2_{\varepsilon 1})}$$

であったので，上式を(28)に代入すると，次式を得る。

$$2Rr^2\frac{d\beta}{dr}-\beta=2Rr^2\left(\frac{2R\sigma^2_{pl}\beta^3+c\sigma^2_{pl}\beta^2}{r^2(3R^2\sigma^2_{pl}\beta^2+2cR\sigma^2_{pl}\beta+\sigma^2_x+\sigma^2_{\varepsilon 1})}\right)-\beta$$

$$=\beta\left(\frac{4R\sigma^2_{pl}\beta^2+2cR\sigma^2_{pl}\beta}{3R^2\sigma^2_{pl}\beta^2+2cR\sigma^2_{pl}\beta+\sigma^2_x+\sigma^2_{\varepsilon 1}}-1\right)$$

$$=\beta\left(\frac{4R^2\sigma^2_{pl}\beta^2+2cR\sigma^2_{pl}\beta-(3R^2\sigma^2_{pl}\beta^2+2cR\sigma^2_{pl}\beta+\sigma^2_x+\sigma^2_{\varepsilon 1})}{3R^2\sigma^2_{pl}\beta^2+2cR\sigma^2_{pl}\beta+\sigma^2_x+\sigma^2_{\varepsilon 1}}\right)$$

$$=\beta\left(\frac{R^2\sigma^2_{pl}\beta^2-(\sigma^2_x+\sigma^2_{\varepsilon 1})}{3R^2\sigma^2_{pl}\beta^2+2cR\sigma^2_{pl}\beta+\sigma^2_x+\sigma^2_{\varepsilon 1}}\right)$$

上式において $\beta>0$ なので，(28)の符号が成立する必要十分条件は

$$R^2\sigma_{pl}^2\beta^2 > (\sigma_x^2+\sigma_{\epsilon 1}^2) \tag{29}$$

であることがわかる。そこで，不等式(29)がいかなる条件のもとで成り立つのかを示す。まず，不等式(29)左辺の $\sigma_{pl}^2\beta^2$ は σ_p^2 に関して増加する，すなわち

$$\frac{d(\sigma_{pl}^2\beta^2)}{d\sigma_p^2}=2\sigma_{pl}^2\beta\frac{d\beta}{d\sigma_p^2}+\beta^2=\beta\left(2\sigma_{pl}^2\beta\frac{d\beta}{d\sigma_p^2}+\beta\right) \tag{30}$$

の符号が正となることを示す。そのために，命題 1 より

$$R^2\sigma_{pl}^2\beta^3+cR\sigma_{pl}^2\beta^2+(\sigma_x^2+\sigma_{\epsilon 1}^2)\beta-\sigma_x^2=0$$

を β と σ_p^2 に関して全微分すると，

$$\frac{d\beta}{d\sigma_p^2}=-\frac{R^2\beta^3+cR\beta^2}{3R^2\sigma_{pl}^2\beta^2+2cR\sigma_{pl}^2\beta+\sigma_x^2+\sigma_{\varepsilon 1}^2}$$

となる。さらに上式を用いると，以下の関係式を得る。

$$2\sigma_p^2\frac{d\beta}{d\sigma_p^2}=2\sigma_p^2\left(-\frac{R^2\beta^3+cR\beta^2}{3R^2\sigma_{pl}^2\beta^2+2cR\sigma_{pl}^2\beta+\sigma_x^2+\sigma_{\varepsilon 1}^2}\right)$$

$$=-\beta\left(\frac{2R^2\beta^2+2cR\beta}{3R^2\beta^2+2cR\beta+\dfrac{\sigma_x^2+\sigma_{\varepsilon 1}^2}{\sigma_p^2}}\right)>-\beta\Rightarrow\therefore 2\sigma_p^2\frac{d\beta}{d\sigma_p^2}+\beta>0$$

したがって，$r\geq 1$ を所与として，任意の σ_x^2 と $\sigma_{\epsilon 1}^2$ に関して σ_p^2 が十分に大きければ(29)が成立することがわかった。さらに，不等式(29)が成立することは(28)が満たされることを意味している。また，(27)' 式の符号が正となるような Δs の上限は，$\bar{p}>0$ より

$$\Delta s\leq\delta_2\equiv\bar{p}\left(2Rr^2\frac{d\beta}{dr}-\beta\right)$$

となる。

したがって，上述した $\delta_1\leq\Delta s\leq\delta_2$ を満たす Δs に関して(27)' の符号は正，すなわち報告利益管理の総費用の期待値は会計基準の厳格化に伴い上昇する。以上より，命題 4(iii)における，$\dfrac{dE[TC]}{dr}>0$ となるための十分条件に関して証明

された。

次に，もし $2Rr^2\frac{d\beta}{dr}-\beta\leq0$ *and* $\Delta s\geq0$ ならば，(27)' より $\frac{dE[TC]}{dr}\leq0$ となる。このことは，$\frac{dE[TC]}{dr}>0$ ならば $2Rr^2\frac{d\beta}{dr}-\beta>0$ *or* $\Delta s<0$ を意味している。したがって，$\Delta s\geq0$ ならば，上述した(28)が成立するための条件らは，会計基準の厳格化が報告利益管理の総費用の期待値を上昇させるための必要条件ともなる。

最後に，ここまで均衡における β は一意の正の実根と仮定してきた。そこで，命題 1 より，β が一意の正の実根を持つ十分条件 $c^2\sigma_p^2<3(\sigma_x^2+\sigma_{\epsilon1}^2)$ の範囲内で，上述してきた σ_p^2 に関して適当な値が存在することを示す。そこでまず，β が一意の正の実根を持つ十分条件は σ_p^2 に関して，次のような上限を設けることを要求している。

$$\sigma_p^2<\frac{3(\sigma_x^2+\sigma_{\varepsilon1}^2)}{c^2}$$

なお，上記の不等式は両辺に $R^2\beta^2$ を掛けた，下記の不等式と同等である。

$$R^2\sigma_p^2\beta^2<\beta^2\frac{3R^2(\sigma_x^2+\sigma_{\varepsilon1}^2)}{c^2}$$

上式に加えて，(29)より，上述してきた σ_p^2 に関して適当な値とは，

$$(\sigma_x^2+\sigma_{\varepsilon1}^2)<R^2\sigma_p^2\beta^2<\beta^2\frac{3R^2(\sigma_x^2+\sigma_{\varepsilon1}^2)}{c^2}$$

を満たす σ_p^2 である。上記の不等式より換言すると，

$$\frac{c^2}{3R^2}<\beta^2$$

を満たすことである。このとき，$r\to\infty$ に関して $R\to1$ となるので，上記不等式の左辺は最大値 $c^2/3$ に収束する。他方，右辺は任意の均衡値 β に関して $\beta^2>0$ となる。したがって，任意の $r\geq1$ に関して上記の不等式を満たすような $c\geq0$ は存在する。

以上より，命題 4 は証明された。□

命題 4(ⅰ)より，会計基準の厳格化は，より企業価値を毀損させる可能生があることが示唆された。その理由は，命題 3(ⅰ)で示したように，会計基準の厳格化は経営者のより攻撃的な実体的裁量行動を誘発し，そのことが企業価値の低下につながるためである。

次に命題 4(ⅱ)では，会計基準の厳格化によって報告利益管理の総費用が減少する十分条件が示された。その条件は，期末における企業価値の分散 σ_x^2 が大きいか，経営者の私的情報に含まれるノイズ $\sigma_{\epsilon1}^2$ が大きいことである。まず，$\sigma_x{}^2$ が大きいとは企業価値の不確実性が高いことを意味しているので，経営者の開示する会計情報の重要性は高まり，その価値関連性を上昇させる。このとき，会計基準の厳格化は実質的に会計情報の価値関連性に影響を及ぼさない。したがって，会計的裁量行動から実質的裁量行動への代替も無視できるものとなる。その結果，会計基準の厳格化は，報告利益管理の総費用の期待値を減少させる。同様のロジックは，ノイズ $\sigma_{\epsilon1}^2$ が大きい場合にもあてはまる。$\sigma_{\epsilon1}^2$ の上昇は会計情報の価値関連性を低下させるが，同時に会計基準の厳格化に伴う限界価値関連性 $d\beta / dr$ も低下させる。その結果，会計基準の厳格化は価値関連性に影響を及ぼさず，総費用の低下につながる。

最後に命題 4(ⅲ)は，会計基準の厳格化によって報告利益管理の総費用が増加する必要十分条件が示されている。ここで重要なパラメータは，経営者の目的関数(4)において第 1 期の株価におくウエイト p の分散 σ_p^2 である。この σ_p^2 の上昇，すなわち経営者が自社の第 1 期の株価をどれだけ重視しているのかについて市場の不確実性が高まることが，会計基準の厳格化による報告利益管理の総費用上昇につながる。その理由は，σ_p^2 の値が大きいとき，会計情報の限界価値関連性 $d\beta / dr$ が相対的に大きいことにある。そのため，上述した命題 4(ⅱ)のロジックとは逆に，経営者の攻撃的な実体的報告利益管理のインセンティブが高まり，総費用の上昇につながる。

4. おわりに

本章では，経営者による報告利益管理に際して会計的・実体的裁量行動の双方の重要な特質をふまえ，かつ，峻別した Ewert and Wagenhofer (2005) のモデルを詳細に取り上げた。さらに，彼らの研究は会計基準の厳格化が及ぼす経済的影響として，次のような重要な含意を導いた。

まず会計基準の厳格化は，会計情報の価値関連性を高めるという意味で，報告利益の質を高めることが示された。但し，この結果を持って経営者の会計的裁量行動を抑制させるか否かは判断することはできないことも示された。その理由は，相反する二つの効果のためである。一方は，会計基準の厳格化に伴う直接的な効果であり，会計的報告利益管理に伴う費用を増加させることで，経営者の会計的裁量行動をとる誘因を低下させる。他方は，厳格化に伴い報告利益の価値関連性が高まることによって，攻撃的な会計的裁量行動による便益が上昇することである。したがって，前者の効果が後者のそれを上回れば，攻撃的な会計的裁量行動は抑制され，下回れば促進することになる。

次に，会計基準の厳格化は企業価値を毀損し得るという意味で，望ましくない効果を持つことも明らかにされた。それは，まず前述したように厳格化に伴い報告利益の価値関連性は高まるため，攻撃的な報告利益管理の便益が増加することにある。このとき，実体的裁量行動は会計的裁量行動と異なり厳格化の直接的な影響はないため，常に実体的報告利益管理の水準は上昇することになる。すなわち，実体的報告利益管理と会計的報告利益管理には代替関係があるのである。そして，企業にとって最適な投資・資金調達行動を，当期の報告利益を上昇させるためなど恣意的に変化させる攻撃的な実体的裁量行動は，企業価値を毀損させてしまう。

さらに，会計基準の厳格化が，総報告利益管理の費用（会計的・実体的報告利益に伴う経営者の費用・不効用と企業価値へのネガティブな影響の合計）を減らすか否かに関しても一概には言えないことも示された。

これらの結果をふまえて Ewert and Wagenhofer (2005) の研究は，基準設定者に対して次のようなシンプル，かつ，もっともらしいロジック―会計基準の厳格化は経営者の報告利益管理の追加的コストを増加させ，報告利益の質を高めるので社会厚生を上昇させる―に安易に従うことは注意すべきことを示唆している。上述してきたように，会計基準の厳格化によって直接的な影響を受けるのは会計的裁量行動のみであり，経営者は会計的裁量行動に代わり実体的裁量行動をより選択し，総報告利益管理の水準を高め，それに伴う（散逸的な）費用を増加させることにつながる可能生もあり得るのである。

追記　本章作成にあたって，田村威文先生（中央大学）から貴重なご助言を賜った。また本研究は科学研究費補助金（課題番号 25380617）の助成を受けている。ここに記して深く感謝の意を表したい。なお，本章に含まれる誤りはすべて筆者の責任に帰するものである。

参考文献

椎葉淳・高尾裕二・上枝正幸（2010），『会計ディスクロージャーの経済分析』，同文館出版。

須田一幸・花枝英樹（2008），「日本企業の財務報告―サーベイ調査による分析」，『証券アナリストジャーナル』，46巻5号，51-69ページ。

高木貞治（1965），『代数学講義 改訂版』，共立出版。

田村威文（2011），「会計規制の強化（その2）―規制強化は投資家にとって有利になるのか？」，『ゲーム理論で考える企業会計：会計操作・会計規制・会計制度』，中央経済社，137-156ページ。

辻正雄 編（2016），『経営者による報告利益管理―理論と実証』，国元書房。

福井義高（2011），「（書評）ゲーム理論で考える企業会計：会計操作・会計規制・会計制度」，『企業会計』，63巻5号，131ページ。

Brunnermeier, M. K. (2001), *Asset Pricing under Asymmetric Information: Bubbles, Crashes, Technical Analysis, and Herding*, Oxford University Press, New York.

Cohen, D. A., A. Dey and T. Z. Lys (2008), "Real and accrual-based earnings management in the pre-and post Sbanes-Oxley periods," *The Accounting Review*, vol.83, pp.757-787.

Dechow, P. M., W. Ge and C. Schrand (2010), "Understanding earnings quality: A review of the proxies, their determinants and their consequence," *Journal of Accounting and Economics*, vol.50, pp.344-401.

Dutta, S. (2007), "Dynamic performance measurement," *Foundations and Trends in Accounting*, vol.2, pp.175-240.

Dutta, S. and S. Reichelstein (2005), "Stock price, earnings, and book value in managerial performance measures," *The Accounting Review*, vol.80, pp.1069-1100.

Ewert, R. and A. Wagenhofer (2005), "Economic effects of tightening accounting standards to restrict earnings management," *The Accounting Review*, vol.80, pp.1101-1124.

Ewert, R. and A. Wagenhofer (2012), *Earnings Management, Conservatism, and Earnings Quality*, now Publishing Inc., Hanover/AD Delft.

Fisher, P. E. and R. E. Verrecchia (2000), "Reporting bias," *The Accounting Review*, vol.75, pp.229–245.

Francis, J., P. Olsson and K. Schipper (2006), "Earnings quality," *Foundations and Trends in Accounting*, vol.1, pp.259–340.

Graham, J. R., C. R. Harvey and S. Rajgopal (2005), "The economic implications of corporate financial reporting," *Journal of Accounting and Economics*, vol.40, pp.3–73.

Healy, P. M. and J. M. Wahlen (1999), "A review of the earnings management literature and its implications for standard setting," *Accounting Horizons*, vol.13, pp.365–383.

Kyle, A. S. (1985), "Continuous auction and insider trading," *Econometrica*, vol.53, pp.1315–1335.

Marquardt, C. A. and C. I. Wiedman (2004), "How are earnings managed? An examination of specific accruals," *Contemporary Accounting Research*, vol.21, pp.461–491.

Ronen, J. and V. L. Yaari (2010), *Earnings management: Emerging insights in theory, practice, and research*, Springer Science+Business Media, LLC, New York.

Roychowdhury, S. (2006), "Earnings management through real activities manipulation," *Journal of Accounting and Economics*, vol.42, pp.335–370.

Sankar, M. R. and K. R. Subramanyam (2001), "Reporting discretion and private information communication through earnings," *Journal of Accounting Research*, vol.39, pp.365–386.

Sellami, M. (2015), "Incentives and constraints of real earnings management: The literature review," *International Journal of Finance and Accounting*, vol.4, pp.206–213.

Sunder, S. (1997), *Theory of Accounting and Control*, South-Western College Publishing. (山地秀俊・松本祥尚・鈴木一水・梶原晃 訳 (1998),『会計とコントロールの理論』, 勁草書房。)

Vives, X. (2008), *Information and Learning in Markets: The Impact of Market Microstructure*, Princeton University Press, Princeton, NJ.

第 9 章

プレイヤー間のネットワーク形成を伴う言語のゲーム

福 住 多 一

1. はじめに

自分の心が，ある状態になると，ヒトは笑顔を見せる。それを見た相手のヒトは，笑顔から相手の心の状態を理解して行動する。言語活動とは，送り手の私的情報を受け手が理解することで双方が得をするシステムである。笑顔という記号が，ある種の心の状態を我々の社会で意味している理由は，笑顔という私的情報伝達システムが送り手と受け手双方に得をもたらすという意味で，安定的に定着しているからである。実はこの心を伝える表情は，笑顔でなくても構わない。我々が威嚇と呼ぶ表情が，笑顔の背後の心情を意味する社会になっていたかもしれない。個々人の利得を基礎として安定的に観察される言語活動は，優れて経済理論による分析が妥当な社会現象である。

Lewis (1969) はヒトの集団で通用する自然言語を自己拘束的な慣習と捉え，ナッシュ均衡の概念を用いて言語を分析する端緒を開いた。Wärneryd (1993) は Lewis (1969) の捉え方に忠実に従い，送り手と受け手というプレイヤーからなるコミュニケーションのゲーム理論モデルを提示した。送り手と受け手のゲームでは，まず自然が状態を一つ等確率で選ぶ。選ばれた状態を送り手プレイヤーは観察する。観察したプレイヤーはメッセージを選び，受け手プレイヤーに伝える。受け手プレイヤーは，メッセージを観察して，送り手の状態を推測する。その推測が，送り手が観察していた状態と一致すれば両プレイヤーは等しく利得1を得る。一致しなければ，両プレイヤーはともに利得ゼロとする。送り手の各メッセージには，あらかじめ何の意味も付されてはいない。ゲームの均衡ではじめて状態とメッセージが結びついて用いられる。本稿ではこの送り手と受け手からなる2人ゲームを言語のゲームと呼ぶ。

Trapa and Nowak（2000）は，このゲームを進化ゲームの設定で考察し，進化的安定戦略が存在することと，状態数とメッセージ数が等しいことが同値であることを示している。Pawlowitsch（2008）は同様の設定で中立安定戦略を特徴づけている。これらはレプリケータ動学の動学的安定状態とゲームの均衡概念を結びつける一連の研究である。Hofbauer and Hutteger（2008）と Hofbauer and Hutteger（2015）は，2つの状態・2つのメッセージ，3つの状態・3つのメッセージというゲームを対象に，レプリケータ動学に小さな突然変異（ノイズ）の確率を入れた選択・突然変異動学（Hofbauer, 1985）で，このゲームの均衡選択を検討している。これら先行研究はすべて標準的な進化ゲームの設定である非常に多人数のプレイヤー集団内でのランダム・マッチングによってプレイヤーどうしがマッチングして言語のゲームをプレイすると想定する。

本章では，このランダム・マッチングを想定しない。各プレイヤーは誰と言語のゲームをプレイするか（マッチングするか）も選択できるモデルを新たに提示する。言語のゲームをプレイするある相手を選ぶことを，その相手プレイヤーとリンクを張ると呼ぶ。プレイヤー集団全体を俯瞰すれば，プレイヤー達によるネットワーク形成ゲームとも言える。本章では1つのリンクの一方のプレイヤーのみリンクを申請した場合でもリンクが形成される片側リンクの仮定をおく。言語のゲームをプレイすることが双方にメリットをもたらすとき，少なくとも一方のプレイヤーが希望すれば，コミュニケーションが成立するという仮定である。リンクを張ることを相手に申請するプレイヤーは，そのリンクの費用を負担するとする。リンクで結びついたプレイヤーどうしが言語のゲームをプレイする。その際，等確率でそれぞれが送り手と受け手の役割になるとする。本章の新たなモデルは，リンクを張る意思決定とその費用を言語のゲームに導入することで，多様な言語が併存する均衡状態などを，先行研究よりも明示的に表現できる。Goyal and Vega-Redondo (2005) は，リンクで結びついたプレイヤーどうしが 2×2 の調整ゲーム (coordination game) をプレイするモデルを提示している。本稿で提示するモデルは，リンクで結びついたプレイヤーどうしが上記の言語のゲームをプレイするので，彼らのモデルの一般化モデルの一つとも言えよう。

本章の構成は次の通りである。第 2 節で，リンク形成を伴う送り手と受け手のゲームを定式化する。第 3 節で少人数プレイヤーのケースと，多数プレイヤーのケースに分けてモデルの分析を行う。第 4 節でまとめと課題を述べる。

2. ネットワーク形成と言語のゲームの融合

2-1　言語のゲーム・モデル

まず送り手と受け手からなる 2 人ゲームを記述する。状態 (states of the world) の集合を $N=\{1, 2, \dots, n\}$, $n\geq 2$, メッセージの集合を $M=\{1, 2, , \dots, m\}$, $m\geq 2$ とする。このゲームは次の手順で進行する。第 1 ステージで自然 (nature) が，状態 $i\in N$ を，N 上の一様分布にしたがってピックアップする。第 2 ステージで受け手プレイヤーは $i\in N$ を観察して，メッセージ $j\in M$ を選ぶ。送り手プレイヤーの戦略集合は，$P^{\Delta}_{n\times m}=\{p_{ij}\in[0, 1] \mid \forall i\in N, \sum^{m}_{j=1}p_{ij}=1\}$ と表現される。この集合に属する一般の戦略を P で表す。それは次の確率行列である。

$$P=\begin{pmatrix} p_{11} & \cdots & p_{1m} \\ \vdots & \cdots & \vdots \\ p_{n1} & \cdots & p_{nm} \end{pmatrix}.$$

第 3 ステージで受け手プレイヤーは，送り手プレイヤーが選んだメッセージ $k\in M$ を観察し，それを状態 $j\in N$ に結びつける。この送り手プレイヤーの戦略集合は，$Q^{\Delta}_{m\times n}=\{q_{kj}\in[0, 1] \mid \forall k\in M, \sum^{n}_{j=1} q_{kj}=1\}$ と表現される。この集合に属する一般の戦略を Q で表す。それは次の確率行列である。

$$Q=\begin{pmatrix} q_{11} & \cdots & q_{1n} \\ \vdots & \cdots & \vdots \\ q_{m1} & \cdots & q_{nm} \end{pmatrix}.$$

各プレイヤーの戦略の組（P, Q）$\in P^{\Delta}_{n\times m}\times Q^{\Delta}_{m\times n}$ をそのプレイヤーの言語 L と呼ぶ。言語 $L_1=(P_1, Q_1)\in P^{\Delta}_{n\times m}\times Q^{\Delta}_{m\times n}$ と言語 $L_2=(P_2, Q_2)\in P^{\Delta}_{n\times m}\times Q^{\Delta}_{m\times n}$ のプレイヤーがマッチングするとしよう。このとき，各プレイヤーは等確率でそれぞれ送り手プレイヤーと受け手プレイヤーの役割を演じると仮定する。各状態がメッセージを通じて完全に両プレイヤー間で通ずる場合に，両プレイヤーは利得 1 を得る。したがって言語 L_1 と言語 L_2 のプレイヤーがマッチングしたとき，各プレイヤーの利得は次で与えられる。

$$\pi(L_1,L_2)=\frac{1}{2}\left(\frac{1}{n}tr(P_1Q_2)+\frac{1}{n}tr(P_2Q_1)\right).$$

ここで tr は行列のトレース（主対角成分の和）を表す。

2-2　ネットワーク形成のモデル

プレイヤーの集合を $I=\{1, 2, \dots, \bar{n}\}$ とする。各プレイヤー $i\in I$ は先に定義した言語のゲームの言語 $L_i=(P_i, Q_i)$ を持つ（選ぶ）。各プレイヤー $i\in I$ が他のプレイヤー $j\in I$ とリンクを張ることを $g_{ij}=1$，リンクを張らない（リンクを切る）ことを $g_{ij}=0$ で表す。プレイヤー $i\in I$ のリンク形成の戦略は，$g_i=(g_{i1}, g_{i2}, \dots, g_{i\bar{n}})\in\{0, 1\}^{\bar{n}}$ であり，その集合を G_i で表す。よって，すべてのプレイヤーのリンク形成の戦略プロファイル $g=(g_1, g_2, \dots, g_{\bar{n}})\in\times_{i\in I}G_i$ は，このプレイヤー集団 I 内のネットワークを表現することになる。リンクを 1 つ張るとき，そのプレイヤーはリンクの費用 $c>0$ を負担する。

後の定義と分析のためにいくつか記号を導入しておく。まず $\bar{g}_{ij}:=\max\{g_{ij}, g_{ji}\}$ とする。つまり $\bar{g}_{ij}=1$ は，少なくともプレイヤー i とプレイヤー j のいずれかが，相手とリンクを張っていることを示す。$\hat{g}_{ij}:=\min\{g_{ij}, g_{ji}\}$ とする。よって $\bar{g}_{ij}=1$ かつ $\hat{g}_{ij}=0$ は，i, j のいずれか一方のみが，相手にリンクを張っていることを表す。$\nu(g_i):=|\{j\in I\,|\bar{g}_{ij}=1\}|$ はプレイヤー i とリンクが張られているプ

レイヤーの人数であり，$\nu^+(g_i) := |\{j\in I\,|g_{ij}=1\}|$ はプレイヤー i 自身がリンクを張っているプレイヤーの人数である。

2–3　ネットワーク形成を伴う言語のゲーム

プレイヤーの集合は，上記のネットワーク形成ゲームと同じく $I=\{1, 2, \dots, \bar{n}\}$ とする。各プレイヤーの戦略 s_i は，言語とリンクの張り方からなる。すなわち，$s_i=(L_i, g_i)=((P_i, Q_i), (g_{i1}, g_{i2}, \dots, g_{i\bar{n}}))$ であり，その集合を S_i で表す。

戦略プロファイル $\mathrm{s}=(s_1, s_2, \dots, s_{\bar{n}})$ に対して，各プレイヤーの利得は，

$$\Pi_i(s)=\sum_{k\in\{j\in I\,|\,\bar{g}_{ij}=1\}}\pi(L_i, L_k)-\nu^+(g_i)c$$

で与えられる。リンクが張られているプレイヤーどうしが，先の言語のゲームをプレイすることで利得を得て，自らが張ったリンクのコストをそこから引く。

こうして，ネットワーク形成を伴う言語のゲームのナッシュ均衡が次で定義される。

定義　戦略プロファイル $\mathrm{s}^*=(s_1^*, s_2^*, \dots, s^*_{\bar{n}})$ は，次を満たすときナッシュ均衡点と呼ばれる。

$$\forall_i\in I,\ \forall s_i\in S_i,\ \Pi_i(s_i^*, \mathrm{s}^*_{-i})\geq\Pi_i(s_i, s^*_{-i}),$$

ただし s_{-i} はプレイヤー $i\in I$ の戦略 s_i を除くほかのすべてのプレイヤーの戦略プロファイルである。

3. プレイヤー集団の大小別の均衡

3–1　少人数プレイヤーでのリンク費用と均衡

最もシンプルなケースから観察してみる。つまりプレイヤー数 $\bar{n}=2$，送り手・受け手のゲームの戦略は純戦略で状態数とメッセージ数が等しい $n=m=2$ の場合である。分析の理解に有用なので，やや冗長だがこの言語のゲームの利得票を表 9–1 に示しておく。モデルの仮定からどの戦略の組においても両プレ

表 9-1　ケース $\bar{n}=n=m=2$ の言語のゲームの純粋戦略での利得票。

(P,Q)		10 10	10 10	10 01	10 10	01 10	10 10	01 01	10 10	10 10	10 01	10 01	10 01	01 10	10 01
10 10	10 10	0.5		0.5		0.5		0.5		0.5		0.5		0.25	
10 01	10 10	0.5		0.5		0.5		0.5		**0.75**		0.75		0.75	
01 10	10 10	0.5		0.5		0.5		0.5		0.25		0.25		0.25	
01 01	10 10	0.5		0.5		0.5		0.5		0.5		0.5		0.5	
10 10	10 01	0.5		**0.75**		0.25		0.5		0.5		0.75		0.25	
10 01	10 01	0.5		0.75		0.25		0.5		0.75		**1**		0.5	
01 10	10 01	0.25		0.75		0.25		0.5		0.25		0.5		0	
01 01	10 01	0.25		**0.75**		0.25		0.5		0.5		0.75		0.25	
10 10	01 10	0.5		0.25		**0.75**		0.5		0.5		0.25		0.75	
10 01	01 10	0.5		0.25		0.75		0.5		0.75		0.5		**1**	
01 10	01 10	0.5		0.25		0.75		0.5		0.25		0		0.5	
01 01	01 10	0.5		0.25		**0.75**		0.5		0.5		0.5		0.75	
10 10	01 01	0.5		0.5		0.5		0.5		0.5		0.5		0.5	
10 01	01 01	0.5		0.5		0.5		0.5		**0.75**		0.75		0.75	
01 10	01 01	0.5		0.5		0.5		0.5		0.25		0.25		0.25	
01 01	01 01	0.5		0.5		0.5		0.5		0.5		0.5		0.5	

イヤーの利得は等しいことに注意されたい。この表 9-1 から，一見，ネットワーク形成を伴う言語のゲームにも多様なナッシュ均衡があるように見受けられる。

リンク形成を伴うゲームに議論を戻す。以後，表記の簡単化のために

$$E=\begin{pmatrix}1&0\\0&1\end{pmatrix},\quad E'=\begin{pmatrix}0&1\\1&0\end{pmatrix},$$

とする。そして

互いに最適反応しているセルの利得を四角印□で囲ってある。

01 10 01 10	10 01 10 10	10 01 01 10	01 01 10 10	01 01 01 10	10 01 10 01	10 01 01 01	01 01 10 01	01 01 01 01
0.25	0.5	0.5	0.5	0.5	0.5	0.5	0.5	0.5
$\boxed{0.75}$	0.25	0.25	0.25	0.25	0.5	0.5	0.5	0.5
0.25	$\boxed{0.75}$	0.75	0.75	$\boxed{0.75}$	0.5	0.5	0.5	0.5
0.5	0.5	0.5	0.5	0.5	0.5	0.5	0.5	0.5
0.5	0.5	0.75	0.25	0.5	0.5	$\boxed{0.75}$	0.25	0.5
0.75	0.25	0.5	0	0.5	0.5	0.75	0.25	0.5
0.25	0.75	$\boxed{1}$	0.5	0.75	0.5	0.75	0.25	0.5
0.5	0.5	0.75	0.25	0.5	0.5	$\boxed{0.75}$	0.25	0.5
0.5	0.5	0.25	0.75	0.5	0.5	0.25	$\boxed{0.75}$	0.5
0.75	0.25	0	0.5	0.25	0.5	0.25	0.75	0.5
0.25	0.75	0.5	$\boxed{1}$	0.75	0.5	0.25	0.75	0.5
0.5	0.5	0.25	0.75	0.5	0.5	0.25	$\boxed{0.75}$	0.5
0.5	0.5	0.5	0.5	0.5	0.5	0.5	0.5	0.5
$\boxed{0.75}$	0.25	0.25	0.25	0.25	0.5	0.5	0.5	0.5
0.25	$\boxed{0.75}$	0.75	0.75	$\boxed{0.75}$	0.5	0.5	0.5	0.5
0.5	0.5	0.5	0.5	0.5	0.5	0.5	0.5	0.5

$$\begin{pmatrix} 1 & 0 \\ 1 & 0 \end{pmatrix}, \qquad \begin{pmatrix} 0 & 1 \\ 0 & 1 \end{pmatrix},$$

というゼロ列を含む行列を Z と書く。

プレイヤー集合 $I=\{1, 2\}$ のとき，リンクの費用 c が 1 より大きければ，誰もリンクを張らずコミュニケーションは起こらない。$0.75<c\leq 1$ である場合，$\pi(L_i, L_j)\geq 1$ なる言語のプレイヤーはリンクを張って言語のゲームをプレイする

インセンティブを持つ[1)]。ナッシュ均衡における言語を $(L_1, L_2)=[(P_1, Q_1), (P_2, Q_2)]$ とすれば，表 9-1 から $(L_1, L_2)=[(E, E), (E, E)], [(E, E'), (E', E)], [(E', E), (E, E')], [(E', E'), (E', E')]$ のいずれかでなければならない。これらのいずれの場合でも，ナッシュ均衡のリンクは $\bar{g}_{12}=1$ かつ $\hat{g}_{12}=0$ である。双方がリンクを張る場合は，いずれか一方がリンクを切るのがそのプレイヤーにとって最適である。

$0<c\leq 0.75$ である場合，表 1 からナッシュ均衡では多様な言語の組があるとわかる。例えば

$$(L_1,L_2)=\left(\left[\begin{pmatrix}1&0\\0&1\end{pmatrix},\begin{pmatrix}1&0\\1&0\end{pmatrix}\right],\left[\begin{pmatrix}1&0\\1&0\end{pmatrix},\begin{pmatrix}1&0\\0&1\end{pmatrix}\right]\right)$$

という $\pi(L_1, L_2)=0.75$ なる言語の組 (L_1, L_2) で，一方がリンクを張るナッシュ均衡があることが容易にわかる。

ここからプレイヤーが 3 人，$I=\{1, 2, 3\}$ の場合を検討する。この場合も $1<c$ のときは，どのプレイヤーもリンクを張ろうとしない。

リンクの費用が $c\leq 1$ に低下した場合を考える。ナッシュ均衡において 1 本でもリンクが張られているならば，リンク数は 2 以上であることは次のように容易にわかる。

補題 1. $I=\{1, 2, 3\}$, $c\leq 1$ とする。ネットワーク形成を伴う言語のゲームでリンクが張られる場合，リンク数は 2 以上である。

証明. ナッシュ均衡においてリンクが 1 つだけ存在して $\bar{g}_{ij}=1$ とする。すると $\pi(L_i, L_j)\geq c$ でなければならない。ここで，誰ともリンクを張らず利得がゼロであるプレイヤー k が存在する。この k は，例えば $L_k=L_i$, $g_{kj}=1$ とすれば $\pi(L_k, L_j)-c\geq 0$ なる利得を得ることができる。これはナッシュ均衡を考えていたことに矛盾する。□

リンク数ゼロの場合は様々な言語によるナッシュ均衡があるが，本章では関

1)　本章では，$\pi(L_i, L_j)=c$ のとき（tie の場合），当該プレイヤーは言語のゲームをプレイすると仮定する。

心を寄せない。ここからリンクの費用の範囲を徐々に低下させて順次，ナッシュ均衡を調べていく。

補題2．ネットワーク形成を伴う純粋戦略の言語のゲームで $I=\{1, 2, 3\}$，$0.75<c\leq 1, n=m=2$ とする。リンクが存在するナッシュ均衡は，次の（i）もしくは（ii）である。

（i）すべての $i\in I$ について $L_i=(E, E)$（$or(E', E')$）であり，すべての組 $i, j\in I(i\neq j)$ について $\bar{g}_{ij}=1, \hat{g}_{ij}=0$ である。

（ii）相異なるプレイヤー i, j, k について，$(L_i, L_j, L_k)=((E, E'), (E', E), (E, E'))$ $(\mathrm{or}((E', E), (E, E'), (E', E)))$ かつ $\bar{g}_{ij}=\bar{g}_{kj}=1, \hat{g}_{ij}=\hat{g}_{kj}=0, \bar{g}_{ij}=0$ である。

証明．ナッシュ均衡では，各リンクを張るプレイヤー数は1であることは明らかである。そこで，まずリンク数3の場合を考える。各プレイヤーが（i）の言語を採用しているとする。任意のプレイヤー $i\in I$ について，$\pi(L_i, L_j)=\pi(L_i, L_k)=1, i\neq j, k$ であり，どのプレイヤーが自らリンクを張っていても，戦略 s_i の言語のうち少なくとも P_i, Q_i のいずれか1つを変えると $\pi(L_i, L_j), \pi(L_i, L_k)$ は減少する。よってこのプレイヤーはリンクを切らざるを得ず，リンク数3に矛盾する。

リンク数2の場合を考える。一般性を失わずに（ii）のようなリンクとする。つまりプレイヤー i とプレイヤー k の間にリンクがないとする。プレイヤー i が戦略 s_i を変更して得ることができる最大の利得は，プレイヤー k とリンクを張って言語を（E', E）に変える場合である。そのときプレイヤー i の利得は $1-c$ である。しかしプレイヤー i は j とのリンクから最小で $1-c$ の利得を得ている。プレイヤー k についても，プレイヤー i と同様の議論となる。プレイヤー j は，言語を変更すると，2本のリンクいずれからも利得2を得られなくなるので，戦略を変更しない。どのプレイヤーも戦略を変更するインセンティブがない。よってリンク数2では（ii）の言語しかナッシュ均衡はない。□

リンク費用が $0.5<c\leq 0.75$ に低下した場合，リンクで結ばれている言語の組（Li, Li）で $\pi(L_i, L_j)=0.75$ となるナッシュ均衡がありそうである。このよう

な言語 $L=(P, Q)$ は，$P=Z$ もしくは $Q=Z$ でなければならない。つまり曖昧さを含む言語でなければならない。しかし，プレイヤー数3の場合，このようにリンクの費用の範囲が低下しても $\pi(L_i, L_j)=0.75$ となる言語 L_i, L_j はナッシュ均衡で存在しないことが，これから示される。

以下の証明で各プレイヤー i の言語を $L_i=(P_i, Q_i)$ と書くが，プレイヤー i とプレイヤー j の間にリンクが張られていることを，誤解の恐れが無ければ，言語 L_i と言語 L_j の間にリンクが張られている，という言い方をする。

補題3．ネットワーク形成を伴う純粋戦略の言語のゲームで $I=\{1, 2, 3\}$, $0.5<c\leq 0.75$, $n=m=2$ とする。リンク数3のナッシュ均衡は，すべての $i\in I$ について $L_i=(E, E)$ (or (E', E')) であり，すべての組 $i, j\in I(i\neq j)$ について $\bar{g}_{ij}=1$, $\hat{g}_{ij}=0$ である。

証明．$i, j, k\in I$ を相異なるプレイヤーとする。

リンク数3の場合のナッシュ均衡であるから，各言語どうしがそれぞれ1つのリンクで結ばれていなければならない。2人のプレイヤー間に2本のリンクがあると，一方のプレイヤーはリンクを切るインセンティブがある。よってすべての $i, j\in I(i\neq j)$ について $\bar{g}_{ij}=1$ かつ $\hat{g}_{ij}=0$ である。

任意の Z について，$\frac{1}{2}\{\frac{1}{2}\mathrm{tr}(EZ)+\frac{1}{2}\mathrm{tr}(ZE)\}=\frac{1}{2}\{\frac{1}{2}\mathrm{tr}(E'Z)+\frac{1}{2}\mathrm{tr}(ZE')\}=\frac{1}{2}\{\frac{1}{2}\mathrm{tr}(ZZ)+\frac{1}{2}\mathrm{tr}(ZZ)\}=0.5<c$ である。したがって

条件(α)：L_i と L_j の間にリンクが張られるためには，$P_i=Q_j=E$ (orE') または，$Q_i=P_j=E$(orE') でなければならない。

条件(β)：L_j と L_k の間にリンクが張られるためには，$P_j=Q_k=E$(orE')または，$Q_j=P_k=E$(orE')でなければならない。

条件(γ)：L_k と L_i の間にリンクが張られるためには，$P_k=Q_i=E$(orE')または，$Q_k=P_i=E$(orE')でなければならない。

(α), (β), (γ) それぞれから1つずつ条件をピックアップし，それらを組み合わせて調べていく。

まず条件(α)で $P_i=Q_j=E$ とする場合を調べる。

・$P_i=Q_j=E$, $P_j=Q_k=E$, $P_k=Q_i=E$ とする。明らかに，どのプレイヤーも言語

を変えるとすべてのリンクでの言語のゲームでの利得が1より小さくなる。またどのリンクを切っても利得を上げることができない。よってナッシュ均衡である。

・$P_i=Q_j=E, P_j=Q_k=E, P_k=Q_i=E'$ とする。$\pi(L_j, L_k)=0.5<c$ となり，j, k 少なくとも一方の最適反応で $\bar{g}_{jk}=0$ となり，リンク数3に矛盾する。

* $P_i=Q_j=E, P_j=Q_k=E, Q_k=P_i=E$ とする。L_i と L_j の間にリンクがあるので，$Q_i \neq E'$ でなければならない。そこで，Q_i と P_k が Z であるとする。すると，$\pi(L_i, L_j)=\pi 1(L_i, L_k)=0.75$ となる。この場合，$Q_i=E$ に変更すると，$\pi(L_i, L_j)=1, \pi(L_i, L_k)=0.75$ となり，プレイヤー i の利得が増える。よって，Q_i と P_k が Z である場合はナッシュ均衡にならない。

そこで Q_i が Z ではないとする。$Q_i \neq E'$ なので，$Q_i=E$ である。L_k が最適なプレイヤー k の言語であれば $P_k=E$ である。全員が$(P, Q)=(E, E)$となるしかなく，これはナッシュ均衡である。

P_k が Z でないとする。これは，直前の，Q_i が Z ではないとした議論と同様に，全員が$(P, Q)=(E, E)$ となるしかなく，これはナッシュ均衡である。

・$P_i=Q_j=E, P_j=Q_k=E, Q_k=P_i=E'$ とする。$Q_k=E=E'$ となり，矛盾。

** $P_i=Q_j=E, P_j=Q_k=E', Q_k=P_i=E$ とする。$\pi(L_i, L_j)=\pi(L_i, L_k)=0.5<c$ となり，$\bar{g}_{ij}=\hat{g}_{ik}=0$ となり，リンク数3に矛盾する。

・$P_i=Q_j=E, Q_j=P_k=E, P_k=Q_i=E$ とする。これは，プレイヤー i, j, k の役割が上の * の場合と入れ替わっただけなので，* と同様の議論から，ナッシュ均衡では全員$(P, Q)=(E, E)$でなければならない。

・$P_i=Q_j=E, Q_j=P_k=E', P_k=Q_i=E$ とする。$P_k=E'=E$ で矛盾。

・$P_i=Q_j=E, P_j=Q_k=E', P_k=Q_i=E'$ とする。先の ** と同様に，$\bar{g}_{jk}=\bar{g}_{ki}=0$ となりリンク数3に矛盾。

・$P_i=Q_j=E, P_j=Q_k=E', Q_k=P_i=E$ とする。$Q_k=E'=E$ で矛盾。

・$P_i=Q_j=E, P_j=Q_k=E', Q_k=P_i=E'$ とする。$P_i=E=E'$ で矛盾。

・$P_i=Q_j=E, Q_j=P_k=E, P_k=Q_i=E$ とする。これは，プレイヤー i, j, k の役割が上の * の場合と入れ替わっただけなので，同様の議論から，ナッシュ均衡では全員$(P, Q)=(E, E)$でなければならない。

・$P_i=Q_j=E, Q_j=P_k=E, P_k=Q_i=E'$とする。$P_k=E=E'$で矛盾。

・$P_i=Q_j=E, Q_j=P_k=E, Q_k=P_i=E$とする。これは，プレイヤー$i, j, k$の役割が上の＊の場合と入れ替わっただけなので，同様の議論から，ナッシュ均衡では全員$(P, Q)=(E, E)$でなければならない。

・$P_i=Q_j=E, Q_j=P_k=E, Q_k=P_i=E'$；$P_i=Q_j=E, Q_j=P_k=E'$，$Q_k=P_i=E$；$P_i=Q_j=E, Q_j=P_k=E'$，$P_k=Q_i=E'$；$P_i=Q_j=E, Q_j=P_k=E'$，$Q_k=P_i=E$；$P_i=Q_j=E, Q_j=P_k=E'$，$Q_k=P_i=E'$；いずれも$E=E'$となり矛盾。

条件（α）で$P_i=Q_j=E'$とする。上記と同様の議論をして，全員の言語が$L=(E', E')$のみがナッシュ均衡にならざるをえないことが示される。

条件（α）で$Q_i=P_j=E$とする。条件（α）を$P_i=Q_j=E$とした上の議論のP_iとQ_jが互いに入れ替わるだけであるから，全員の言語が$L=(E, E)$のみがナッシュ均衡にならざるをえないことが示される。

条件（α）で$Q_i=P_j=E'$とする。条件（α）を$P_i=Q_j=E'$とした先の議論でP_iとQ_jが入れ替わるだけである。よって全員の言語が$L=(E', E')$のみがナッシュ均衡にならざるをえないことが示される。

以上，リンク数3の必要条件からナッシュ均衡の候補をすべて調べた結果，定理のものしかないことが示された。□

リンク数2の場合でも，リンク費用が$0.5<c\leq 0.75$であるとき，リンクの両端の言語（L_i, L_j）の組で$\pi(L_i, L_j)=0.75$となるナッシュ均衡，すなわち$P=Z$もしくは$Q=Z$となる曖昧な言語は現れないことが示される。

補題4．ネットワーク形成を伴う純粋戦略の言語のゲームにおいて$I=\{1, 2, 3\}$，$0.5<c\leq 0.75$, $n=m=2$とする。リンク数2のナッシュ均衡は，相異なるプレイヤーi, j, kについて，$(L_i, L_j, L_k)=((E, E'), (E', E), (E, E'))$ (or $((E', E), (E, E'), (E', E))$)かつ$\bar{g}_{ij}=\bar{g}_{kj}=1, \hat{g}_{ij}=\hat{g}_{kj}=0, \bar{g}_{ij}=0$である。

証明．ナッシュ均衡においてリンク数が2であるとする。各リンクを張るプレイヤーは1人であることは明らかであるから，あるプレイヤーの組が1つ存在して，その間にはリンクが張られていない。そのプレイヤーの組をiとkとする。$\bar{g}_{ij}=\bar{g}_{kj}=1$ より，$P_i=Q_j=E(\text{or } E')$ または $Q_i=P_j=E(\text{or } E')$，かつ $P_j=Q_k=E(\text{or } E')$ または $Q_j=P_k=E(\text{or } E')$，でなければならない。これらの必要条件を条件（a）と呼ぶ。

$\bar{g}_{ij}=\bar{g}_{kj}=0$ より，$P_i=Q_k=E$ （or E'）ならば $(Q_i, P_k)=(E, E')(\text{or}(E', E))$，かつ $Q_i=P_k=E(\text{or } E')$ ならば $(P_i, Q_k)=(E, E')(\text{or}(E', E))$，でなければならない。これらの必要条件を条件（$b$）と呼ぶ。

(*)・$P_i=Q_j=E, P_j=Q_k=E$ とする。条件（b）より（$(Q_i, P_k)=(E, E')(\text{or}(E', E))$ である。$(Q_i, P_k)=(E, E')$ であれば，L_j と L_k の間の言語ゲームの利得が $\pi(L_i, L_k)=\frac{1}{2}\{\frac{1}{2}\text{tr}(E, E)+\frac{1}{2}\text{tr}(E, E')\}=0.5<c$ となり，$\bar{g}_{jk}=0$ となって矛盾。同様に（$(Q_i, P_k)=(E', E)$）であれば，$\bar{g}_{ij}=0$ となって矛盾。よって $P_i=Q_j=E, P_j=Q_k=E$ なるナッシュ均衡はない。

(**)・$P_i=Q_j=E, P_j=Q_k=E'$ とする。$(Q_i, P_k)=(E, E')$ とすると，$\bar{g}_{ij}=0$ となって矛盾。$(Q_i, P_k)=(E', E)$ とすると，$\bar{g}_{ij}=\bar{g}_{jk}=1, \bar{g}_{ik}=0$ となる。まずこれがナッシュ均衡かどうかを確認する。

そこで P_i を Z とすると，L_i の利得は 0.25 減少する。P_i を E' にすると $\bar{g}ij=0$ で矛盾。Q_i を E に変更すると $\bar{g}_{ij}=0$ で矛盾。Q_i を Z に変更すると，L_i の利得は 0.25 減少する。よって，プレイヤー i は戦略を変更するインセンティブを持たない。

P_j を E とすると $\bar{g}_{ij}=0$ となり矛盾。P_j を Z とするとプレイヤー j の利得が減少する。Q_j を Z もしくは E' にしても，プレイヤー j の利得は減少。よってプレイヤー j は戦略を変更するインセンティブを持たない。

プレイヤー k については，上のプレイヤー i と同様の議論で，戦略を変更するインセンティブを持たないことがわかる。以上より，$P_i=Q_j=E, P_j=Q_k=E'$，$(Q_i, P_k)=(E', E)$, $\bar{g}_{ij}=\bar{g}_{jk}=1, \bar{g}_{ik}=0$ がナッシュ均衡であると確認された。$P_i=Q_j=E, P_j=Q_k=E'$，$(Q_i, P_k)=(E', E)$ の場合もこれと同様にナッシュ均衡となることが示される。$P_i=Q_j=E, P_j=Q_k=E'$ $(Q_i, P_k)=(E, E)$ とすると $\bar{g}_{ij}=0$ となり矛盾。Q_i と P_k いずれかが Z であるとき，その Z を E に変更することで i もしくは k は利得が増えるので，このようなナッシュ均衡はない。

(＊＊＊)・$P_i=Q_j=E, Q_j=P_k=E$ とする。$\bar{g}_{ij}=\bar{g}_{jk}=1$ であるから，(Q_i, Q_k) は (E', E), (E, E') のいずれでもない。さらに $\bar{g}_{ik}=0$ より $(Q_i, Q_k)\neq(E, E)$ である。

ここで $(Q_i, Q_j)=(E, E)$ とする。すると $Q_k\neq E$ である。$Q={}_kE'$ とすれば，$\bar{g}_{jk}=0$ で矛盾。$Q_k=Z$ とすれば，$\bar{g}_{ik}=1$ となり矛盾。

$(Q_i, Q_j)=(Z, Z)$ とする。すると $\bar{g}_{ij}=0$ となって矛盾。

$(Q_i, Q_j)=(Z, E)$ とする。$\bar{g}_{ik}=0$ より $Q_k\neq E$。そこで $Q_k=E'$ とすると，$\bar{g}_{jk}=0$ で矛盾。$Q_k=Z$ とすると，P_j が Z の場合，$\bar{g}_{ij}=\bar{g}_{jk}=1, \bar{g}_{ik}=0$ となる。しかし Q_i もしくは Q_k を E に変更すれば，$\bar{g}_{ik}=1$ となりそのプレイヤーの利得は増える。$Q_k=Z$ ならば，P_j が Z の場合，$\bar{g}_{ij}=\bar{g}_{jk}=1, \bar{g}_{ik}=0$ となる。しかし Q_k を E に変更すると $\bar{g}_{kj}=1$ となり，このリンクから $0.75-c\geq 0$ の利得を新たに得る。一方，j と k の間の言語ゲームの利得は変わらないので $\bar{g}_{jk}=1$ のままである。よって，この場合のプレイヤー k は戦略を変えるインセンティブがあるのでナッシュ均衡にならない。

$(Q_i, Q_j)=(E, Z)$ とする。すると $\bar{g}_{ij}=0$ で矛盾。$(Q_i, Q_j)=(Z, E')$ or (E', Z) とする。そもそも $Q_j=E$ の場合を考えているので矛盾。

以上より，$P_i=Q_j=E, Q_j=P_k=E$ の場合はナッシュ均衡が無い。

(＊＊＊＊)・$P_i=Q_j=E, Q_j=P_k=E'$ とする。$Q_j=E=E'$ で矛盾。

・$Q_i=P_j=E, P_j=Q_k=E$ とする。これは，各プレイヤーの P, Q についての議論を上の（＊＊＊）と入れ替えたもので，それと同様の議論となる。

・$P_i=Q_j=E', P_j=Q_k=E$ とする。これは上の（＊＊）における E と E' を入れ替えたもので，それと同様の議論となる。

・$P_i=Q_j=E', P_j=Q_k=E$ とする。これは，上の（＊＊＊）における E と E' を入れ替えたもので，それと同様の議論となる。

・$P_i=Q_j=E', P_j=Q_k=E'$ とする。これは，上の（＊）における E と E' を入れ替えたもので，それと同様の議論となる。

・残りの場合分けすべて次のように，上記の（＊）から（＊＊＊＊）のいずれかと同様の議論になる。$Q_i=P_j=E, P_j=Q_k=E$ の場合は，（＊＊＊）と同様。$Q_i=P_j=E$, $P_j=Q_k=E'$ の場合と，$Q_i=P_j=E', P_j=Q_k=E$ の場合は，（＊＊＊＊）と同様。$Q_i=P_j$

$=E, Q_j=P_k=E$ の場合は，(*) と同様。$Q_i=P_j=E, Q_j=P_k=E'$ の場合，$Q_i=P_j=E'$, $Q_j=P_k=E$ の場合は，(**) と同様。$Q_i=P_j=E'$, $P_j=Q_k=E'$ の場合，(***) と同様。

以上，リンク数 2 の必要条件からナッシュ均衡の候補をすべて調べた結果，定理のものしかないことが示された。□

補題 1，補題 2，補題 3，補題 4 から次を得る。

定理 1．ネットワーク形成を伴う純粋戦略の言語のゲームで $I=\{1, 2, 3\}$, $n=m=2$, $0.5<c\leq 1$ とする。

リンクが存在するナッシュ均衡は，次のいずれかである。

(i)　すべての $i\in I$ について $L_i=(E, E)$ (or (E', E')) であり，すべての組 $i, j\in I(i\neq j)$ について $\bar{g}_{ij}=1, \hat{g}_{ij}=0$ である。

(ii)　相異なるプレイヤー i, j, k について，$(L_i, L_j, L_k)=((E, E'), (E', E), (E, E'))$ (or $((E', E), (E, E'), (E', E))$) かつ $\bar{g}_{ij}=\bar{g}_{kj}=1, \hat{g}_{ij}=\hat{g}_{kj}=0, \bar{g}_{ij}=0$ である。

(i) では完全なコミュニケーションが成立し，各状態 $i\in N$ をあらわすメッセージ（記号）$j\in M$ が，すべてのプレイヤーで共有されている。

(ii) は奇妙な均衡である。相手は思っていることと話すことが逆だと 3 人ともが思い込んでいるとき，1 人が要となって完全なコミュニケーションが成立する。『「嘘」の嘘」は本当』である。

$0.25<c\leq 0.5$ までリンクの費用の範囲が低下すると，ようやく曖昧な言語の構成要素 Z が均衡に出現する。

定理 2．ネットワーク形成を伴う純粋戦略の言語のゲームで $I=\{1, 2, 3\}$, $n=m=2$, $0.25<c\leq 0.5$ とする。すべての $i\in I$ について $L_i=(Z, Z)$，すべての組 $i, j\in I(i\neq j)$ について $\bar{g}_{ij}=1, \hat{g}_{ij}=0$ は，ナッシュ均衡となる。

証明．どのプレイヤーも P または Q を Z を E または E' に変えても，$\pi(Z, Z)=\pi(E, Z)$ であることから明らかである。□

図 9-1　リンクの費用と均衡

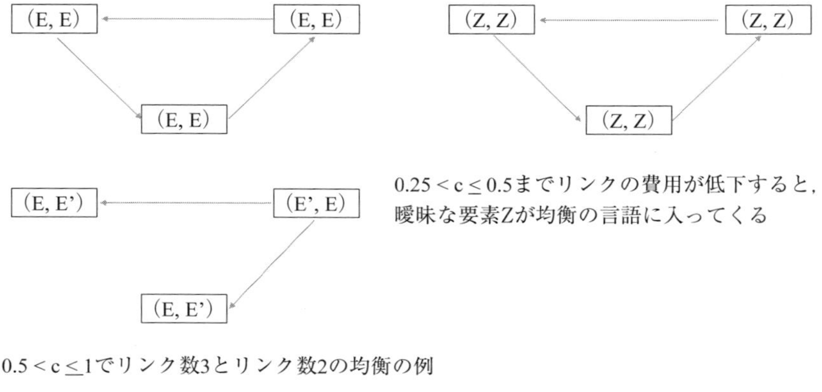

証明からも明らかなように，曖昧な言語のみからなる均衡は弱ナッシュ均衡である。以上の均衡の例を図 9-1 に示す。プレイヤー数 4 になると，定理 1 (ii) のような均衡がサイクル型のネットワークになるなど，複雑な様相を呈する。完全な分析は今後の課題である。

3-2　多人数プレイヤーでの曖昧言語と明瞭言語の分離共存

前節では様々な言語の集合から均衡言語を探した。プレイヤー間で共通言語がまだ成立していない状態から，どの言語がネットワーク形成を伴って出現するかを考えてきたといえる。

ここから，次の 2 つの特徴的な言語 L_1 と L_2 のみが，すでにある場合を考察する。これらの言語をプロトタイプ言語と呼ぶ。

$$L_1=(P_{1,}Q_1)=\left[\begin{pmatrix}1&0&0\\0&1&0\\0&0&1\end{pmatrix},\ \begin{pmatrix}1&0&0\\0&1&0\\0&0&1\end{pmatrix}\right],$$

$$L_2=(P_{2,}Q_2)=\left[\begin{pmatrix}\alpha&1-\alpha&0\\0&0&1\\0&0&1\end{pmatrix},\ \begin{pmatrix}1&0&0\\1&0&0\\0&0&\beta\end{pmatrix}\right]$$

ここで $\alpha, \beta \in (0, 1)$ とする。

$n=m=3$ の言語のゲームで，多人数プレイヤー集団内でのランダム・マッチングを想定して対称ナッシュ均衡である戦略の人口分布に関心を寄せる伝統的な進化ゲーム理論では，この L_1 は進化的安定戦略（evolutionarily stable strategy），L_2 は中立安定戦略（neutrarily stable strategy）であることが知られている。前者は漸近安定で後者はそうではないという違いはあるが，いずれもレプリケーター動学の局所安定的な定常状態であることが知られている[2)]。

予めプロトタイプ言語を特定化し，どれが生き残るかを考察する設定は Pawlowitsch（2007）による。そこでは突然変異を許す出生死滅過程で有利（集団での固定確率が相対的に高い）のは，言語 L_1 のほうであることが示されている。

L_2 は L_1 よりも曖昧な言語である。個々のプレイヤーどうしの言語のゲームから得られる利得は小さい。しかし本稿では，内生的なネットワーク形成を伴うと，ナッシュ均衡で L_1 言語の集団（完備ネットワーク）と L_2 言語の集団（完備ネットワーク）が，分離して並存する場合があることを示す。Goyal and Vega-Redondo（2005）はネットワーク形成を伴う 2×2 の調整ゲームで，リスク支配均衡とパレート支配均衡が異なる場合の均衡選択に関して詳細に検討している。本章のこの節の議論はその系である。

L_1 と L_2 の定義にもとづきプロトタイプ言語のゲームを作る。

$$\pi(L_k, L_l) = \frac{1}{2}\left\{\frac{1}{3} tr(P_k Q_l) + \frac{1}{3} tr(P_l Q_k)\right\}, \quad i,j=1,2,$$

より (i, j) 成分が $\pi(L_i, L_j)$ である次の言語のゲームの利得行列を得る。

	L_1	L_2
L_1	1	$\frac{1}{3}+\frac{1}{6}(\alpha+\beta)$
L_2	$\frac{1}{3}+\frac{1}{6}(\alpha+\beta)$	$\frac{2}{3}$

L_1, L_2 のプレイヤー集合をそれぞれ N_1，N_2 とする。$\bar{n}=|N_1|+|N_2|$ である。$k=$

2)　詳しくは，Trapa and Nowak (2000), Pawlowitsch (2007) などを参照されたい。

1, 2 について

$$i_k \in \underset{i \in I}{\operatorname{argmax}} \{\nu^+(g_i) \mid (P_i, Q_i) = L_k\},$$

とする。つまり i_k は言語 L_k で自ら最も多くリンクを張っているプレイヤーである。

補題 5. 各 $k=1, 2$ について，$\nu^+(g_{ik}) = [\frac{|N_k|}{2}]$ ならば，N_k の各プレイヤーを節とする完備ネットワーク，つまり

すべての組 $(i, j) \in N_1 \times N_1 (i \neq j)$ で，$\bar{g}_{ij} = 1, \hat{g}_{ij} = 0,$

すべての組 $(i, j) \in N_2 \times N_2 (i \neq j)$ で，$\bar{g}_{ij} = 1, \hat{g}_{ij} = 0,$

なる $g = (g_1, g_2, \ldots, \bar{g}_n)$ を構成することができる。ここで $[x]$ は x を超えない最大の整数を表す。

証明. 各プレイヤーは自分自身とはリンクを張らない。よって各 N_k 内全員が相互にリンクで結びつくとき，各プレイヤーは $|N_k| - 1$ 本のリンクですべてのプレイヤーとリンクで結ばれる。

片側リンクの仮定から，2 人のプレイヤーがリンクで結ばれるのに必要な「リンクを張る」数はそのプレイヤー数 2 の半分である。よって各 N_k 内のすべてのプレイヤーどうし全員がリンクで結びつくには各プレイヤーが $[\frac{|N_k|}{2}]$ 本のリンクを張れば十分である。□

この補題を用いて，ある範囲にリンクの費用があり，プレイヤー集合 I が十分大きいとき，図 9-2 のように明瞭な L_1 の集団と曖昧な言語 L_2 の集団が互いに分離しつつ併存することが示される。

定理 3. ネットワーク形成を伴い，言語の集合を $\{L_1, L_2\}$ とする言語のゲームにおいて，$\frac{1}{3} + \frac{1}{6}(\alpha+\beta) < c \leq \frac{2}{3}, (\alpha, \beta \in (0, 1))$ とする。プレイヤー数 $\bar{n}$ が十分大きいとき，

すべての組 $(i, j) \in N_1 \times N_1 (i \neq j)$ で，$\bar{g}_{ij} = 1, \hat{g}_{ij} = 0,$

すべての組 $(i, j) \in N_2 \times N_2 (i \neq j)$ で，$\bar{g}_{ij} = 1, \hat{g}_{ij} = 0,$

すべての組 $(i, j) \in N_1 \times N_2$ で，$\bar{g}_{ij} = 0$

なるナッシュ均衡が存在する。

図 9-2　言語 L_1（明瞭な言語）と言語 L_2（曖昧な言語）が分離併存するナッシュ均衡がある。図は $C=0.5$ のケース。→ の始点はリンクを支えているプレイヤーである。

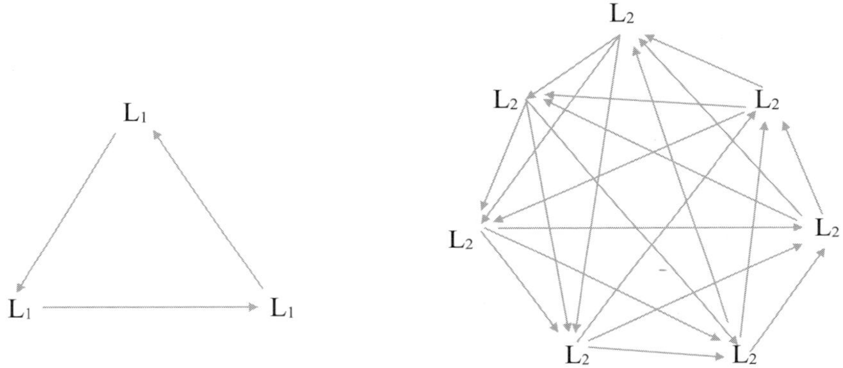

証明．N_1, N_2 それぞれの集団内での最小利得プレイヤーが，戦略を変えるインセンティブを持たない場合があることを確認すれば十分である。

補題 5 より，プレイヤー i_1 の利得は $\Pi_1=(|N_1|-1)\cdot 1-\lfloor\frac{|N_1|}{2}\rfloor c$ である。このプレイヤーが L_2 に変更して得る最大利得 Π_{12} は，N_2 のプレイヤー全員とリンクを張ることで得られる。つまり $\Pi_{12}=|N_2|\frac{2}{3}-|N_2|c$ である。i_1 がこのように戦略を変更しない十分条件は，$\frac{|N_1|+1}{2}>\lfloor\frac{|N_1|}{2}\rfloor$ に注意すると，

$$(|N_1|-1)\cdot 1-\frac{|N_1|+1}{2}c\geq|N_2|\frac{2}{3}-|N_2|c$$

である。これを整理すると，

$$|N_2|\leq\frac{1-\frac{c}{2}}{\frac{2}{3}-c}|N_1|-\frac{1+\frac{c}{2}}{\frac{2}{3}-c} \tag{1}$$

同様に，プレイヤー i_2 の利得は $\Pi_2=(|N_1|-1)\cdot\frac{2}{3}-\lfloor\frac{|N_2|}{2}\rfloor c$ である。このプレイヤーが L_1 に変更して得る最大利得 Π_{21} は，N_2 のプレイヤー全員とリンクを張ることで得られる。つまり $\Pi_{21}=|N_1|\cdot 1-|N_1|c$ である。i_2 がこのように戦略を変更しない十分条件は，$\frac{|N_2|+1}{2}>\lfloor\frac{|N_2|}{2}\rfloor$ に注意すると，

$$(|N_2|-1)\cdot\frac{2}{3}-\frac{|N_2|+1}{2}c\geq|N_1|\cdot 1-|N_1|c$$

である。これを整理すると，

$$|N_2| \geq \frac{1-c}{\frac{2}{3}-\frac{1}{2}c}|N_1| + \frac{\frac{2}{3}+\frac{c}{2}}{\frac{2}{3}\ \ \frac{1}{2}c}. \qquad (2)$$

式（1）右辺の $|N_1|$ の係数と，式（2）右辺の $|N_1|$ の係数を比較すると

$\dfrac{1-\frac{c}{2}}{\frac{2}{3}-c} > \dfrac{1-c}{\frac{2}{3}-\frac{1}{2}c}$ である。

式（1）右辺の第 2 項と，式（2）右辺の第 2 項の符号は，仮定

$\frac{1}{3}+\frac{1}{6}(\alpha+\beta)<c\leq\frac{2}{3}$ に注意して，それぞれ $\dfrac{1+\frac{c}{2}}{\frac{2}{3}-c}<0,\ \dfrac{\frac{2}{3}+\frac{c}{2}}{\frac{2}{3}-\frac{1}{2}c}>0$ とわかる。

図 9-3　言語 L_1（明瞭な言語）と言語 L_2（曖昧な言語）のプレイヤーがともに戦略を変更しないことに十分な領域

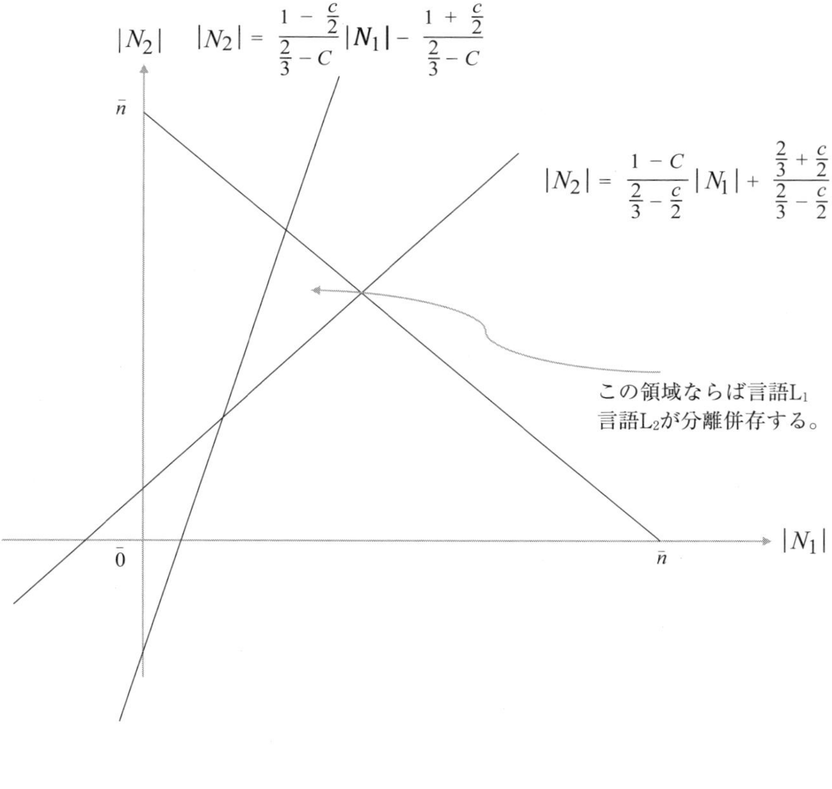

よって式（1），(2）による $|N_1|, |N_2|$ に関する連立方程式

$$|N_2| = \frac{1-\frac{c}{2}}{\frac{2}{3}-c}|N_1| - \frac{1+\frac{c}{2}}{\frac{2}{3}-c} \tag{1'}$$

$$|N_2| = \frac{1-c}{\frac{2}{3}-\frac{1}{2}c}|N_1| + \frac{\frac{2}{3}+\frac{c}{2}}{\frac{2}{3}-\frac{1}{2}c} \tag{2'}$$

は，プレイヤー数の制約 $\bar{n}(=|N_1|+|N_2|)$ が十分大きければ，$|N_1|>0, |N_2|>0$ なる解を持つ。（図 9-3 を参照されたい。）　□

4. おわりに

これまで言語のゲームの分析は，標準的な進化ゲーム理論を応用して進められてきた。そこではランダム・マッチングの仮定がおかれ，レプリケーター動学（とその仲間）の定常点での均衡言語に関心を寄せてきた。定常点に関心を寄せることから，複数の言語の並存や言語の多様性を積極的に表現するのは難しかった。中立安定戦略が（前節の曖昧な言語 L_2 のような場合），レプリケーター動学で漸近安定ではないこともある。それをもって既存の先行研究は，言語の多様性を表現しようとしているともいえよう。

本章では，各プレイヤーが，言語のゲームをプレイする相手を，リンクを張るという形で取り込むモデルを提示した。少数のプレイヤーで言語の可能性が多くある場合，多数のプレイヤー集団で少数のプロトタイプの言語を想定する場合，いずれのケースでもリンクの費用の大きさが言語の多様性をもたらす上で重要であることが示唆された。

今後の課題は，モデルを構成する言語のゲームとネットワーク形成のゲームそれぞれにある。言語のゲームでは，プレイヤー人数 4 以上で潜在的な言語の状態数とメッセージ数を増やしたモデルの均衡を探る，プロトタイプの言語として複数の中立安定戦略の言語を想定して分析する，などが課題であろう。ネットワーク形成では，リンクが直接つながっているプレイヤーどうしだけで

なく，間接的につながっている伝言ゲームのようなコミュニケーションへの拡張，リンクの費用のプレイヤー間の非対称性の導入，などが課題と考えられる。

参考文献

Goyal, S., Vega-Redondo, F., Network formation and social coordination. *Games and Economic Behavior*, 50: pp. 178–207, 2005.

Hofbauer, J., The selection mutation equation. *Journal of Mathmatical Biology*, 23(1):41–53, 1985.

Hofbauer, J., Huttegger, S., Feasibility of communication in binary signaling. *Journal of Theoretical Biology*, 254: pp. 843–849, 2008.

Hofbauer, J and Huttegger, S., Selection-mutation dynamics of signaling games. *Games*, 6(1): pp. 2–31, 2015.

Lewis, D. Convention: A philosophical study. Harvard University Press, Cambridge, MA. 1969.

Nowak, M.A., Krakauer, D., The evolution of language. *Proceedings of National Academy of Science.* USA 96, pp. 8028-8033, 1999

Pawlowitsch, C., Finite populations choose an optimal language. *Journal of Theoretical Biology*, 249: pp. 606–616, 2007.

Pawlowitsch, C., Why evolution does not always lead to an optimal signaling system. *Games and Economic Behavior*, 63: pp. 203–226, 2008.

Trapa, P., Nowak, M.A., Nash equilibria for an evolutionary language game. *Mathematical Biology*, 41: pp. 172–188, 2000.

Wärneryd, K., Cheap talk, coordination, and evolutionary stability. *Games and Economic Behavior*, 5: pp. 532–546, 1993.

第 10 章

Consumer Heterogeneity and Gains from Trade in Renewable Resource Trading: No Management Case

Takeshi OGAWA

1. Introduction

Even though goods are of the same kind, their impact on the utility derived by consumers varies considerably depending on the country of production/production locale. There are various reasons for this, including the quality of goods, security, local-production-for-local-consumption attitudes and so on; all of which depend on technological levels and the production environment in the country of origin. Consequently, the production locale can often lead to a variation in prices, even for goods of the same kind. This is particularly noticeable with regard to so-called renewable resources such as fish and timber; unlike regular industrial products where the more technology improves, the more alike the manufactured items become. For example, there are different fish living in the sea and in fresh water, and even for the same type of fish, there are often differences such as the pollution of their habitat and so on. Moreover, given that fish are considered as fresh food, the quality of imported fish is seen to degrade in line with the elapsed period of time spent in transport alone.[1)] Consequently, from the outset it is

1) In addition, there is timber where considerable differences in quality can be seen, depending

necessary to take into consideration differences attributable to production locale.[2)] Many previous studies have shown that when purchasing sea food, there is a difference in consumer evaluation in the original country of production; to begin with there is the representative study by Wessells (2002), followed by others such as Wessells et al. (1999), Johnston et al. (2001), Jaffry et al. (2004), and Oishi et al. (2010).[3)] This tendency to emphasize differences in production locale was also revealed by MAFF (2005) in its Food Consumption Monitor Survey of 2004. In addition, questionnaire surveys conducted amongst numerous consumers by Morita and Managi (2010) and Yukimoto et al. (2011) etc. also evidenced a tendency for consumers to be concerned about differences in production locales.

Quaas and Requate (2013), and Quaas and Stöven (2014) adjusts orthodoxical continuum goods' types of utility to renewable resources, but these types of resource goods cannot focus the types of resource goods which are different from inter-nation produced but the same as intra-nation.

Disparities in evaluation that result from differences in production locales are often said to be connected to research on branding and pricing etc. There are many studies on

---

on the climate of the country of origin; differences that cannot be influenced by the human hand.

2) In some cases differences in production locale can also be thought of as being expressed in transportation costs. However, production locales of fishery resources fundamentally differ from transportation costs in the following two respects. 1. From the consumer's point of view there can be differences even when the transportation distant/method is the same. 2. Assuming all conditions to be equal, domestic resource goods will not necessarily be the logical choice over those of another country, in the event that there is inherently a strong preference for resource goods from the other country. Furthermore, it is possible to progressively reduce transportation costs by means of technological improvements such as larger scale shipping vessels etc., and trade liberalization etc., but consumer preferences cannot necessarily be changed by changes in technology or regimes.

3) For example Oishi uses salmon fillets as an evaluation target and looks at whether or not there is any difference in the statistical significance of the variables (namely, Domestic (i.e. domestically produced) ; Alaska (i.e. produced in Alaska) ; and Chile (i.e. produced in Chile)) and how they differ from one another.

branding and pricing such as the pioneering work of Narasimhan (1988), as well as Chen and Iyer (2002), and Chen et al. (2002) etc. The term "6th Order Industrialization" is often used to describe branding in the fishery sector,[4] but there are relatively few successful examples of it, and even those that do exist are centered on local consumption as in Ariji and Matsui (2012).

Trade in renewable resources such as fish etc is thriving. According to the FAO (2009), 194 countries worldwide are engaged in the export of fish and fishery products, with these exports amounting to as much as 37% of total fish and fishery production. Moreover in the ten years between 1996 and 2006, total exports throughout the world as a whole also grew by 62.7%. The mere fact that so many countries are engaged in such exports means it is only natural to assume that so-called intra-industry trade is being carried out, whereby countries that import fish and fishery products also export the same. However, the model analysis of renewable resources that uses general equilibrium, as represented by Brander and Taylor (1998), is premised on the Ricardian Model; consequently, to date it has not really been possible to incorporate intra-industry trade into the analysis.

In terms of intra-industry trade models, there are many examples such as Falvey (1981) who introduced vertical differentiation in the Heckscher-Ohlin Model; Dixit and Stiglitz (1977), Krugman (1979), and Venables (1984) who introduced horizontal differentiation in monopolistic competition on the basis of decreasing costs and consumers' love of diversity; Lancaster's (1980) monopolistic competition which used a Hotelling-type model of partial equilibrium; and Meritz (2003) who pioneers "new" New Trade Theory. However, if we focus on renewable resources, the differences in resource

4) The term "6th Order Industrialization" is used to describe the integration and collaboration of the fishery sector/fishing villages with secondary/tertiary industry in order to enable the utilization of "resources", including fishery products and others; and to create local businesses capable of generating new value-added, as well as new industries. For more details, see MAFF (2011) p.25.

goods are largely due to the differences in renewable resources such as fish (in particular fishery resources), rather than being attributable to differences in companies. As a result, there is the possibility that a model that incorporates monopolistic competition, which assumes that individual companies produced different goods, will not be applicable to the real life situation. In addition, in terms of precisely understanding price fluctuations caused by a country's trade liberalization, the numerous findings of the partial equilibrium analyses summarized in Clark (2010) alone are insufficient and, ultimately, closed general equilibrium needs to be used for the goods trade portion.

Brander and Taylor (1998), one of the prior studies emphasized in this study, determined that if both countries have incomplete specialization, a country that exports resource goods will end up having the amount of its regular resources depleted by trade and suffer losses of trade.[5] Starting with Brander and Taylor *op.cit.*, and based on their awareness of the issues, prior studies have emerged on management that considers how to prevent losses of trade that occur in countries that export resource goods.

In this study, we deal with general equilibrium analysis in an economy with two countries and two goods, including renewable resources held in each country. We examine the impact of production locale on preferences and show how, even in two countries where both have incomplete specialization, countries that are net exporters of resource goods can generate gains from trade if they implement intra-industry trade in resource goods. This is due to the fact that intra-industry trade (within the resource-good industry) results in people who have strong preference in imported resource goods being able to consume imported resource goods, even in countries that are net exporters of such goods. Consequently a review is required of policy recommendations that are based on the assumption that, in two countries where both have incomplete specializa-

---

5) In order for countries that export resource goods to make gains from trade, once they have specialized in the production of resource goods there must be a sufficient increase in the price of the resource goods after trading has been completed.

tion, it is a foregone conclusion that all consumers in the country that is the net exporter of resource goods will always face losses.

This study is organized as follows. In the next section we establish a basic model to confirm the situation in terms of autarky. Section 3 assumes that countries liberalize trade; and it deals with the impact of this on resource quantities and economic welfare, in a scenario where both countries have incomplete specialization. The final section summarizes the study.

2. Benchmark: Explanation of Basic Model and Autarkic Result

2-1　Establishing a Basic Model

On the basis of Brander and Taylor's (1998) model, our model assumes two countries (the home country and a foreign country) and one factor of production (L=labor), with goods of type H (resource goods) and type M (manufactual goods) ; and examines an economy where each country owns S (renewable resources.) We assume that although the resource goods from the home country and the foreign country constitute different goods as far as consumers in either country are concerned, the production of the resource goods is limited to the production area of each respective country, and neither can produce the resource goods of the other country. Taking manufactual goods as our base goods in terms of value, we assume a linear relationship $M_P = L_M$ between M_P (production volume of manufactual goods) and L_M (quantity of labor input to manufactual goods.) Denoting wages as w, the respective conditions that (i) maximize the profits of a company manufacturing industrial products (π^M) ; and (ii) give zero profit, are shown in the equation below:

$$\max_{L_M \geq 0} \pi^M = L_M - wL_M. \quad \therefore w=1 \quad \text{if} \quad L_M>0.$$

We assume that H_P (the production volume of resource goods) is proportional to S (the quantity of resources) and L_H (the amount of labor put into resource goods) ; in other words, $H_P = qSL_H$, which is based on Schaefer types. Note that q represents the technology coefficient in this equation. Denoting the price of resource goods as p, if a company that produces resource goods assumes the short-sighted view of S (quantity of resources) as a given condition, then the respective conditions that (i) maximize the profits of the company producing resource goods (π^H); and (ii) give zero profit, are shown in the equation below:

$$\max_{L_H \geq 0} \pi^H = pqSL_H - wL_H. \quad \therefore pqS = w \quad \text{if} \quad L_H > 0.$$

From the above, if both resource goods and manufactual goods are produced under conditions of incomplete specialization then the following holds true:

$$pqS = 1.$$

Later, it is assumed that when written as a zero profit condition, it shows this $pqS=1$ expression. If L is the amount of labor in existence, then we can express the constraints of labor as $L_H + L_M = L$.

Inspired by Ogawa et al. (2012), for $G(S)$ (i.e. the recovered quantity of resources for each country) we assume a twice continuously differentiable, single-peaked, quasi-concave continuous function, whereby if $G(0)=G(K)=0$, and $G(S)>0$ under $0<S<K$. Furthermore, the equation below is assumed to satisfy the assumption of pure compensation:

$$\frac{d}{dS}\frac{G(S)}{S} = \frac{1}{S}\left\{G'(S) - \frac{G(S)}{S}\right\} < 0. \tag{1}$$

The dynamic equation for S (quantity of resources) can be expressed as:

$$\dot{S} = G(S) - qSL_H,$$

where $\dot{S}$ represents the fluctuations in S over time. The quantity of resources in the initial period is deemed to be S_0. In order to examine the difference that the production locale makes to preferences for resource goods, we denote the amount of consumption of resource goods from the home country as H_D, and that of those from the foreign country as h_D and assume v (i.e. the partial utility from resource goods) to be $v=bH_D+(1-b)h_D$.[6] Note that $b \in (0, 1)$ is deemed to represent the difference in intensity of the preferences for resource goods from each country. In this model, when it is the norm for there to be two types of resource good (e.g. Sockeye salmon and Atlantic salmon; Tilapia and Sea bream; or Mallotus villosus and Spirinchus lanceolatus), we consider the situation as if only one type were selected. If demand for manufactual goods is M_D, we define u (instantaneous utility) as the log-linear function $u=\beta \ln v+(1-\beta)\ \ln M_D$.[7] Note that $0<\beta<1$; and β is assumed to be the same in both countries. We use an asterisk to denote foreign variables. In this study, b is assumed to have a uniform distribution of (0, 1). Using $I^{(*)}$ for income, budget contraints are $pH_D^{(*)}+p^*h_D^{(*)}+M_D^{(*)}=I^{(*)}$. In this study, we consider technical measures that affect resource management at a later stage.

2-2 Autarky

First we examine autarky. We use the same format as Brander and Taylor (1998) for autarky, as resource goods from another country cannot be consumed. As this similarly applies in foreign countries, we describe only the home country. Both countries need to produce both goods so if wages are $w=1$ and the zero profit condition $pqS=1$ is met, then I (income) becomes $I=L$. According, due to the fact that budget constraints are $pH_D+M_D=L$, the consumption quantities of both goods are:

$$H_D=\frac{\beta L}{p}=\beta qSL, \quad h_D=0, \quad M_D=(1-\beta)L. \tag{2}$$

Unchanged this becomes the production function in a situation of autarky, and so con-

6) For the sake of simplicity, here we assume that consumers are able to distinguish between resource goods from the home country and those from the foreign country, without factoring in the cost. We envisage a situation where, when consumers are making their purchases, each resource good is labeled to show its production locale. Here we do not take into account cases where a good's place of origin is forged.

7) Later results show that in a utility function where the share of total expenditure allocated to resource goods remains constant, results are maintained regardless of the log-linear format.

sequently the amount of labor input becomes:

$$L_H=\beta L,\quad L_M=(1-\beta)L. \tag{3}$$

At this point, if we assume that $\bar{S}>0$ in the dynamic equation for S (resource quantity) and for the regular quantity of resources $\bar{S}$ then,

$$\dot{S}=G(S)-\beta qSL,\quad 0=G(\bar{S})-\beta q\bar{S}L,$$

$$\frac{\dot{S}}{S}=\frac{G(S)}{S}-\beta qL\gtreqless 0 \quad \Leftrightarrow \quad S\gtreqless\bar{S}, \tag{4}$$

holds true and therefore convergence is also satisfied in the event that q is stopped. With regard to $\bar{S}$, $\bar{S}_\beta<0$, $\bar{S}_q<0$, $\bar{S}_L<0$ are satisfied . v (partial utility) is $v=bH_D$ and therefore u (instantaneous utility) can be expressed as:

$$u=\beta\ln b+\beta\ln\beta+\beta\ln q+\beta\ln S+(1-\beta)\ln(1-\beta)+\ln L. \tag{5}$$

Hereinafter, A shall denote autarky.

3. Trade Equilibrium: Gains and Losses from Pure Trade

Next we consider the trade equilibrium. As per Brander and Taylor, we establish a pattern of trade whereby the home country is the exporter of M (manufactual goods). If necessary the names of the home country and the foreign country can be swapped in this configuration, with virtually no loss of generality. As, in this scenario, there is a difference in the nature of resource goods depending on the production locale, it is assumed that both countries resource goods (traded on an intra-industry basis) are imported and exported in accordance with preferences. As there are some people with extreme preferences within $b\in(0,1)$, it may be that both countries have no choice but to produce resource goods and not specialize in manufactual goods. Production patterns can be narrowed down to the following two cases:[8)]

1. Due to incomplete specialization in both countries, both resource goods and manufactual goods are produced.
2. Home Country: Due to incomplete specialization, both resource goods and manufactual goods are produced. Foreign Country: Specializes in production of resource goods.

In this study we consider the particularly important situation where both countries have incomplete specialization.[9)]

We examine the case where both resource goods and manufactual goods are produced due to incomplete specialization on the part of both countries. In this scenario, wages are established as $w=w^*=1$, and consequently income is $I^{(*)}=L^{(*)}$. Details are explained further in the Appendix, but demand for manufactual goods becomes $M_D^{(*)}=(1-\beta)L^{(*)}$. This shows no change in these factors when compared to the situation without free trade. Thus, budget constraints can be expressed as $pH_D^{(*)}+p^*h_D^{(*)}=\beta L^{(*)}$. Therefore, the partial utility of the home country's consumers can be considered to be optimized when[10)]

$$\max_{H_D\geq 0,\, h_D\geq 0} v=bH_D+(1-b)h_D \quad \text{s.t.} \quad pH_D+p^*h_D=\beta L, \tag{6}$$

---

8) This configuration, with the exception of the home country also exporting resource goods, is consistent with Brander and Taylor (1998).

9) According to Brander and Taylor (1998) trade patterns are determined by the ratio of the amount of labor in existence and the internal rate of increase included in the resource recovery function. However, conditions become more complex if the value of the environmental carrying capacity included in the resource recovery function differs for both countries; in this paper, the resource recovery function allows both countries to differ in the general format, so we avoid explicitly indicating conditions related to trade patterns in terms of exogenous parameters alone. Similarly, we also avoid showing conditions that allow the foreign country to specialize in resource goods solely in terms of exogenous parameters.

10) The Appendix indicates that normal economic welfare maximization can drop as far as partial utility maximization; therefore analysis in partial utility is not conducted by means of expenditure minimization which is commonly-used.

In this situation the zero profit condition $p^{(*)}q^{(*)}S^{(*)}=1$, in other words $p^{(*)}=\frac{1}{q^{(*)}S^{(*)}}$, holds true. And we can assume that $p>p^*$; i.e. $qS<q^*S^*$. Using

$$\frac{H_D}{qS}+\frac{h_D}{q^*S^*}=\beta L \quad \Leftrightarrow \quad H_D=qS\left(\beta L-\frac{h_D}{q^*S^*}\right),$$

then the following holds true:

$$v=bqS\left(\beta L-\frac{h_D}{q^*S^*}\right)+(1-b)h_D=bqS\cdot\beta L+\left(1-b-\frac{bqS}{q^*S^*}\right)h_D,$$

Consequently, with the exception of the portion bounded by the following equation:[11)]

$$1-b-\frac{bqs}{q^*S^*}=0 \quad \Leftrightarrow \quad b=\frac{q^*S^*}{qS+q^*S^*},$$

equations (7) and (8) below hold true.[12)]

$$0\leq b<\frac{q^*S^*}{qS+q^*S^*} \quad \Rightarrow \quad H_D=0,\quad h_D=\beta q^*S^*L,\quad v=(1-b)\beta q^*S^*L, \tag{7}$$

$$\frac{q^*S^*}{qS+q^*S^*}<b\leq 1 \quad \Rightarrow \quad H_D=\beta qSL,\quad h_D=0,\quad v=b\beta qSL \tag{8}$$

As a result, aggregate demand $\bar{H}_D$, $\bar{h}_D$ become:

$$\bar{H}_D=\left(1-\frac{q^*S^*}{qS+q^*S^*}\right)\beta qSL=\frac{\beta(qS)^2L}{qS+q^*S^*}, \tag{9}$$

$$\bar{h}_D=\frac{q^*S^*}{qS+q^*S^*}\cdot\beta q^*S^*L=\frac{\beta(q^*S^*)^2L}{qS+q^*S^*}. \tag{10}$$

Similarly in the foreign country:

---

11) Hereafter, there is no discussion onboundary conditions.

12) Here these can drop as far as the linear objective function/constraint expression; therefore the solution is usually a corner solution, with one side's resource goods not normally consumed. As a result the condition expression "marginal rate of substitution = price ratio," which only holds when the solution involves the interior point method, does not normally hold true between domestically-produced and imported resource goods. Consequently, although at first glance it may appear that the three-good model applies to the ma jority of consumers, in actual fact there is no difference at all from the normal two-good model.

$$\max_{H^*_D\geq 0,\ h^*_D\geq 0} v^*=b^*H^*_D+(1-b^*)h^*_D \quad \text{s.t.} \quad pH^*_D+p^*h^*_D=\beta L^*, \tag{11}$$

And using the same calculation methods, with the exception of the portion bounded by the following equation:

$$1-b^*-\frac{b^*qS}{q^*S^*}=0 \quad \Leftrightarrow \quad b^*=\frac{q^*S^*}{qS+q^*S^*},$$

and equations (12) and (13) below hold true.

$$0\leq b^*<\frac{q^*S^*}{qS+q^*S^*} \quad \Rightarrow \quad H^*_D=0, \quad h^*_D=\beta q^*S^*L^*, \quad v^*=(1-b^*)\beta q^*S^*L^*, \tag{12}$$

$$\frac{q^*S^*}{qS+q^*S^*}<b^*\leq 1 \quad \Rightarrow \quad H^*_D=BqSL^*, \quad h^*_D=0, \quad v^*=b^*\beta qSL^*, \tag{13}$$

As a result aggregate demand $\bar{H}^*_D$, $\bar{h}^*_D$ become:

$$\bar{H}^*_D=\left(1-\frac{q^*S^*}{qS+q^*S^*}\right)\beta qSL^*=\frac{\beta(qS)^2L^*}{qS+q^*S^*}, \tag{14}$$

$$\bar{h}^*_D=\frac{q^*S^*}{qS+q^*S^*}\cdot\beta q^*S^*L^*=\frac{\beta(q^*S^*)^2L^*}{qS+q^*S^*} \tag{15}$$

From the supply and demand equilibrium equation, we can determine the input quantities of labor as per equations (16) and (17) below:

$$\frac{\beta(qS)^2L}{qS+q*S*}+\frac{\beta(qS)^2L*}{qS+q*S*}=qSL_H \quad \Leftrightarrow \quad \frac{\beta qS(L+L*)}{qS+q*S*}=L_H, \tag{16}$$

$$\frac{\beta(q^*S^*)^2L}{qS+q^*S^*}+\frac{\beta(q^*S^*)^2L^*}{qS+q^*S^*}=q^*S^*L^*_H \quad \Leftrightarrow \quad \frac{\beta q^*S^*(L+L^*)}{qS+q^*S^*}=L^*_H. \tag{17}$$

As a result, the dynamic equations for resource quantities S, S^* are:

$$\dot{S}=G(S)-\frac{\beta(qS)^2(L+L^*)}{qS+q^*S^*}, \quad S(0)=S_A, \tag{18}$$

$$\dot{S}^*=G^*(S^*)-\frac{\beta(q^*S^*)^2(L+L^*)}{qS+q^*S^*}, \quad S^*(0)=S^*_A. \tag{19}$$

We use

$$\frac{\dot{S}}{S}=\frac{G(S)}{S}-\frac{\beta q^2 S(L+L^*)}{qS+q^*S^*},$$

$$\frac{\dot{S}^*}{S^*}=\frac{G^*(S^*)}{S^*}-\frac{\beta(q^*)^2 S^*(L+L^*)}{qS+q^*S^*},$$

as a linear approximation to allow us to examine the stability of equations (18) and (19). The following equation holds true:

$$\begin{bmatrix} d\left(\frac{\dot{S}}{S}\right) \\ d\left(\frac{\dot{S}^*}{S^*}\right) \end{bmatrix}=\Delta\begin{bmatrix} dS \\ dS^* \end{bmatrix}, \tag{20}$$

and here Δ is defined as per the formula below:

$$\Delta \overset{\mathrm{dfn}}{=} \begin{bmatrix} \frac{d}{dS}\frac{G(S)}{S}-\beta q^2(L+L^*)\cdot\frac{q^*S^*}{(qS+q^*S^*)^2} & -\frac{\beta q^2 q^* S(L+L^*)}{(qS+q^*S^*)^2} \\ -\frac{\beta q(q^*)^2 S^*(L+L^*)}{(qS+q^*S^*)^2} & \frac{d}{dS^*}\frac{G^*(S^*)}{S^*}-\beta(q^*)^2(L+L^*)\cdot\frac{qS}{(qS+q^*S^*)^2} \end{bmatrix},$$

With all components in the negative, this Δ satisfies trace$\Delta<0$, det$\Delta>0$; consequently, from the Routh-Hurwitz theorem used in convergence etc., it is understood to be globally stable.

As, on this occasion, we have determined a pattern of trade where the home country is a net importer of resource goods, the following equation is satisfied:

$$L-\frac{\beta qS(L+L^*)}{qS+q^*S^*}>(1-\beta)L \quad\Leftrightarrow\quad \frac{qS(L+L^*)}{qS+q^*S^*}<L.$$

And if we rearrange this equation we obtain:

$$\frac{qS}{L}<\frac{q^*S^*}{L^*}, \tag{21}$$

This is consistent with the conditions under which foreign countries assume the form of net exporters of resource goods; i.e. the conditions expressed in the equation below:

$$L^* - \frac{\beta q^* S^* (L+L^*)}{qS+q^*S^*} < (1-\beta) L^* \quad \Leftrightarrow \quad \frac{q^* S^* (L+L^*)}{qS+q^*S^*} > L^*$$

As it contains S, S^*, this is a conditional expression which incorporates the dynamic equations associated with S, S^*.

If we examine uctuations in the quantity of resources and the price of resource goods, then from $L_H < L_{HA}$, $L^*_H > L^*_{HA}$ the following hold true:

$$\frac{\dot{S}}{S} = \frac{G(S)}{S} - qL_H > \frac{G(S)}{S} - qL_{HA} = \frac{G(S)}{S} - \frac{G(S_A)}{S_A}, \quad \therefore S > S_A, \quad \therefore p < p_A,$$

$$\frac{\dot{S}^*}{S^*} = \frac{G^*(S^*)}{S^*} - q^* L^*_H < \frac{G^*(S^*)}{S^*} - q^* L^*_{HA} = \frac{G^*(S^*)}{S^*} - \frac{G^*(S^*_A)}{S^*_A},$$

$$\therefore S^* < S^*_A, \quad \therefore p^* > p^*_A.$$

Note that A denotes autarky. To simplify matters, we assume that $S^*>0$. The home country is a net importer of resource goods and as such it inputs less labor into such goods, resulting in an increase in the regular quantity of resources and a fall in the price of resource goods. Conversely, the foreign country is a net exporter of resource goods, so it inputs more labor into such goods, resulting in a decline in the regular quantity of resources and an increase in the price of resource goods. The following diagram shows fluctuations in the quantity of resources.

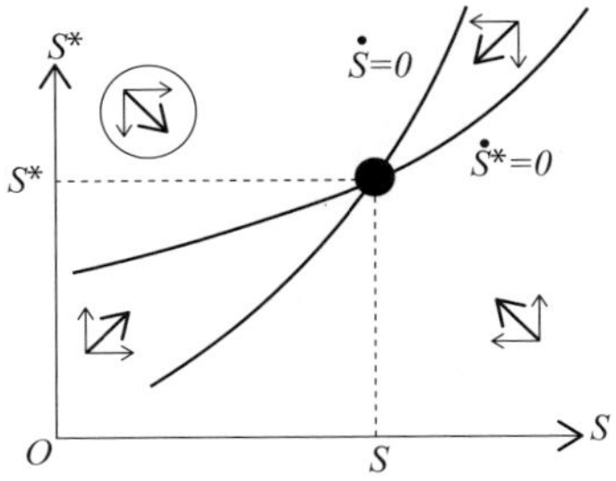

Let us consider gains and losses from trade. In the event that income and the price of manufactual goods do not change, the impact on economic welfare can be explained by variations in the price of resource goods and increases/decreases in options. We consider the situation from the point of view of the home country; a net importer of resource goods. People in the home country who consume domestically-produced resource goods on an on-going basis obtain gains from trade as the price of the home country's domestically-produced resource goods falls and welfare rises. People in the home country who switch to imported resource goods choose the imported resource goods as a preferable alternative to domestically-produced resource goods; consequently their welfare rises all the more and they obtain gains from trade. Therefore, as a net importer of resource goods, the home country's economic welfare improves and the nation makes gains from trade. $u>u_A$ holds true.

On the other hand, the following type of effects can be seen in the foreign country. People in the foreign country who consume domestically-produced resource goods on an on-going basis suffer from losses of trade as the result of a fall in welfare caused by increases in the price of the foreign country's domestically-produced resource goods. The options for people switching to imported goods in the foreign country can be divided as follows. First, those people switching to imported consumer goods in the foreign country immediately after the country liberalizes its trade (while resource quantities remain unchanged) will switch to imported resource goods as they search for better options in circumstances where resource quantities and the price of resource goods are unchanged in the immediate aftermath of liberalization; as a result gains from trade will be generated in the period immediately following trade liberalization. Thereafter, the price of resource goods in the home country that is importing such goods will fall as the quantity of resources rises, resulting in increasingly greater gains from trade. Then there are those people in the foreign country who consume domestically-produced resource goods in the period immediately following trade liberalization but who subsequently switch to imported resource goods. There is no impact on gains/losses from trade in the immediate aftermath of liberalization, but as the quantity of resources in the foreign country declines and the price of resource goods rises, these people give up and switch to imported resource goods. As a result, economic welfare is lower than a situation of autarky in the period immediately following the switch; in order to obtain gains from trade, the home country's resource goods need to sufficiently recover and the price of such goods must sufficiently fall. Consequently, gains/losses from trade cannot be determined on this basis alone.

As we are assuming the instantaneous utility function to be log-linear, all demand for manufactual goods under the zero profit condition will be the same within a country at $(1-\beta)L^{(*)}$.

Consequently, we fnd it is benecial to calculate the aggregate value of partial utility for countries $(\bar{v}, \bar{v}^*)$ as below when comparing the magnitude of the relationship with economic welfare on a national basis.

$$\bar{\nu} = \int_0^1 vdb = \int_0^{\frac{q^*S^*}{qS+q^*S^*}} (1-b)\beta q^*S^*Ldb + \int_{\frac{q^*S^*}{qS+q^*S^*}}^1 b\beta qSLdb$$

$$= \beta q^*S^*L \left\{ \frac{q^*S^*}{qS+q^*S^*} - \frac{1}{2}\left(\frac{q^*S^*}{qS+q^*S^*}\right)^2 \right\} + \frac{\beta qSL}{2} \cdot \left\{ 1 - \left(\frac{q^*S^*}{qS+q^*S^*}\right)^2 \right\}$$

$$\frac{\bar{\nu}}{\beta L} = \frac{(q^*S^*)^2}{qS+q^*S^*} + \frac{qS}{2} - \frac{(q^*S^*)^2}{2(qS+q^*S^*)}$$

In short,

$$\frac{2\bar{\nu}}{\beta L} = \frac{(q^*S^*)^2}{qS+q^*S^*} + qS, \tag{22}$$

Similarly, the following holds true

$$\bar{\nu}^* = \int_0^1 v^*db^* = \beta q^*S^*L^* \int_0^{\frac{q^*S^*}{qS+q^*S^*}} (1-b^*)\,db^* + \beta qSL^* \int_{\frac{q^*S^*}{qS+q^*S^*}}^1 bdb$$

$$\frac{\bar{\nu}^*}{\beta L^*} = q^*S^* \left\{ \frac{q^*S^*}{qS+q^*S^*} - \frac{1}{2}\left(\frac{q^*S^*}{qS+q^*S^*}\right)^2 \right\} + \frac{qS}{2} \left\{ 1 - \left(\frac{q^*S^*}{qS+q^*S^*}\right)^2 \right\}$$

$$= \frac{(q^*S^*)^2}{qS+q^*S^*} + \frac{qS}{2} - \frac{(q^*S^*)^2}{2(qS+q^*S^*)}$$

and so consequently equation (23) below is satisfied.

$$\frac{2\bar{v}^*}{\beta L^*} = \frac{(q^*S^*)^2}{qS+q^*S^*} + qS\left(=\frac{2\bar{v}}{\beta L}\right),$$

The difference between $\bar{v}$ and $\bar{v}^*$ is merely the difference in the exogenous labor endowment in existence.

As we have conrmed that welfare increases in home country, let us examine this with respect to the foreign country. We can calculate the aggregate partial utility of the foreign country, under conditions of autarky as $\bar{v}^*_A = \frac{\beta q^* S^*_A L^*}{2}$. First we compare q^*S^* and $\frac{2\bar{v}^*}{\beta L^*}$ as the portion that disregards fluctuations in the quantity of resources.

$$q^*S^* < \frac{(q^*S^*)^2}{qS+q^*S^*} + qS \quad \Leftrightarrow \quad qS+q^*S^* + (q^*S^*)^2 < (q^*S^*)^2 + (qS)^2 + qS+q^*S^* \quad \Leftrightarrow \quad 0<(qS)^2,$$

and as this holds true, we can establish equation (24) below and this shows that there are gains from trade in all foreign countries when trade is initially commenced.

$$\bar{v}^*_A < \bar{v}^* \Big|_{S=S_A, S^*=S^*_A}, \quad \bar{v}^*_A \Big|_{S^*_A=S^*} < \bar{v}^*, \tag{24}$$

Thereafter the regular quantity of resources in the foreign country decreases, while that in the home country increases. As a result the impact on overall welfare, which takes into account the effect of fluctuations in the quantity of resources until such time as they stabilize, is unclear. However Brander and Taylor (1998) showed that if both countries have incomplete specialization, the country that is the net exporter of resource goods will always suffer a loss of trade. Yet it is still possible for the net exporter of resource goods to also make gains from trade if intra-industry trade is created using the effects of differences in production locales.

Proposition 1. *When intra-industry trade is created using the effects of differences in production locale, it is also possible for the net exporter of resource goods to generate gains from trade, even in a scenario where both countries have incomplete specialization. The quantity of resources in the country that is the net exporter of resource goods is steadily eroded by trade.*

In comparison with the Brander and Taylor (1998) case, our interpretation of this proposition is as follows. In the event that both countries have incomplete specialization, there is no change in income. Accordingly, the format adopted by Brander and Taylor, *op.cit.,* finds that if the focus is placed on the country that exports resource goods, the effect of price increases caused by the fall in the quantity of resources alone has an impact on the said country and the mere fact that consumption of resource goods falls means that the country always suffers losses of trade. However, in the event that there are differences in preference according to production locales, even given the same income, with intra-industry trade the net exporter of resource goods is also able to import such goods from the net importer of resource goods. In countries that continue to be net exporters of resource goods, there are no initial gains from trade during the early stages of trade for people who prefer domestic resource goods; yet gains from trade are generated from the outset for those people who consume imported resource goods. Thereafter, in countries that are net exporters of resource goods the quantity of resources falls and the price of resource goods rises by an equivalent amount and those who consume domestic resource goods in such countries still suffer the effects of losses of trade; however, gains from trade are generated for those who consume imported resource goods due to the drop in price of such goods.

Consequently, we are not necessarily able to confirm gains and losses from trade. Some people in countries that are net exporters of resource goods will switch from domestically-produced to imported resource goods as prices change. This switch may cause some people in countries that are net importers of resource goods to swap back from imported to domestically-produced resource goods.

4. Conclusion

In this study we examined each country's renewable resources, which were subject to differences in preference depending on production locales. Brander and Taylor (1998) found that with incomplete specialization, the net exporter of resource goods always suffered losses of trade in the trade of renewable resources owned by each country. We showed that even under conditions of incomplete specialization in the trading of each country's renewable resources, the existence of differences in preferences dependant on production locales and the establishment of intra-industry trade in resource goods meant that it was feasible for gains from trade to be generated for the net exporter of such goods. The impact of trade involving other patterns of production is a sub ject for later debate.

Acknowledgement

This paper was written thanks to the fact that Yasuhiro TAKARADA (Nanzan University) formerly hired me as a Research Assistant for a project on trade in renewable resources at RIETI (Research Institute of Economy, Trade & Industry). Weijia DONG (Nagoya University/Chinese Academy of Social Sciences), who joined me as a Research Assistant, helped me to understand the model that formed the basis of this paper. I would like to take this opportunity to offer them both my thanks. In addition, the impact of production locales, which formed an important part of this study, was based on information reported by participants who released a separate paper at the 1st TEMF (Theroretical Economics, Management and Fisheries) Study Group held at Kindai University in August 2011. I would hereby also like to thank Takahiro Matsui (Kindai University, Mie University) who set up the TEMF Study Group and all those who were involved or participated in TEMF. This work was also partially supported by JSPS KAKENHI Grant-in-Aid for Young Scientists (B) Number 24730206 and 15K21547.

This paper was also submitted to the institutions listed hereafter and received a number of suggestions for improvements, including some errors in the original manuscript: NMW (Nagoya Macroeconomics Workshop) (Nagoya City University); Game Theory Workshop 2013 (Hitotsubashi University); The Japanese Society of Fisheries Sciences

(Tokyo University of Marine Science and Technology) ; TEMF Study Group (Tokyo University of Marine Science and Technology) ; Japan Society of International Economics (Fukuoka University) ; Japan International Fisheries Research Society (Kindai University) ; Society for Environmental Economics and Policy Studies (Kobe University) ; the Japanese Society for Mathematical Economics, (Keio University) ; European Trade Study Group 2014 Munich (University of Munich) ; Japanese Economic Association (Seinan Gakuin University) ; East Asian Economic Association 2014 Bangkok (Chulalongkorn University) ; The Japan Society of International Economics Kanto 2015 (Toyo University) ; Further Development of Dynamic Economic Research 2016 Spring Edition of Hayama Meeting (International Productivity Center) ; Forest Resources and Mathematical Modeling 2017 Hiroshima (Prefectural University of Hiroshima) ; The Japanese Society of Fisheries Science (Association of Young in Fisheries Science) 2017 Spring (Tokyo University of Marine Science and Technology) etc. Akihiko YANASE (Tohoku University, Nagoya University), Shuichi OHORI (Kansai University), and Takamasa FUJII (Takasaki City University of Economics) discussed this work with me and provided valuable advice which lead to improvements in the paper, and I would like to thank them. I would also like to thank the following chair-persons and those who helped me to compile and organize the study: Akira YAKITA (Nagoya City University/Nanzan University), Makoto HIRAZAWA (Chukyo University), Akira OKADA (Hitotsubashi University), Seiichiro ONO (Kindai University), Keisaku HIGASHIDA (Kwansei Gakuin University), Hisayuki OKAMOTO (University of Hyogo), Akira TOKIMASA (Hiroshima Shudo University), and Yutaka TAKEUCHI (Kagoshima University). In addition, I also received many useful recommendations, too numerous to mention, from academics on the floor at the various venues. In particular, I received some valuable advice personally from Junichi OMINAMI (Kyoto University/Research Institute for Natural Capital), Koji KITAURA (Hosei University), Kenji KONDO (Chukyo University), and Chikara YAMAGUCHI (Hiroshima Shudo University/Hiroshima University). I would like to thank everyone mentioned here. It should be noted that any errors that may occur in this manuscript are entirely attributable to the author.

Appendix A: A Logical Explanation for the Reduction to Maximization of Partial Utility

In this appendix, we describe the reasons for reducing the maximization of economic welfare that occurs in a 3 good model with free trade, down to maximization of partial utility. Essentially, the maximization of instantaneous utility (in the case of the home country) can be expressed as:

$$\max_{H_D\geq 0,\ h_D\geq 0,\ M_D\geq 0} \beta \ln[bH_D + (1-b)h_D] + (1-\beta)\ln M_D \quad \text{s.t.} \quad pH_D + p^*h_D + M_D \leq L. \quad (25)$$

With the multiplier as λ, the Lagrangian Φ (H_D, h_D, M_D, λ) can be expressed as:

$$\Phi(H_D, h_D, M_D, \lambda) \overset{\text{dfn}}{=} \beta \ln[bH_D + (1-b)h_D] + (1-\beta)\ln M_D$$

$$+\lambda(L - pH_D - p^*h_D - M_D).$$

Since there is no guarantee that H_D, h_D have an interior point solution, it is not necessary to use the condition "marginal rate of substitution = price ratio," which is only used in the event of an interior point solution. Therefore using Kuhn-Tucker conditions for a more theoretical description, we obtain equations (26) – (29) below.

$$\frac{\partial\Phi}{\partial H_D} = \frac{\beta b}{bH_D + (1-b)h_D} - \lambda p \leq 0, \quad H_D \geq 0, \quad \left\{\frac{\beta b}{bH_D + (1-b)h_D} - \lambda p\right\} H_D = 0, \quad (26)$$

$$\frac{\partial\Phi}{\partial h_D} = \frac{\beta(1-b)}{bH_D + (1-b)h_D} - \lambda p^* \leq 0, \quad h_D \geq 0, \quad \left\{\frac{\beta(1-b)}{bH_D + (1-b)h_D} - \lambda p^*\right\} h_D = 0, \quad (27)$$

$$\frac{\partial\Phi}{\partial M_D} = \frac{1-\beta}{M_D} - \lambda = 0, \quad M_D > 0, \quad (28)$$

$$\left(\frac{\partial\Phi}{\partial\lambda}=\right)=L-pH_D-p^{*}h_D-M_D=0,\quad \lambda>0. \tag{29}$$

If the following interior point solution holds true for both H_D and h_D:

$$\frac{\beta b}{bH_D+(1-b)h_D}=\lambda p,$$

$$\frac{\beta(1-b)}{bH_D+(1-b)h_D}=\lambda p^{*},$$

then the following limits apply:

$$\frac{b}{1-b}=\frac{p}{p^{*}}\qquad \therefore b=\frac{p}{p+p^{*}}\in(0,1),$$

and consequently equations (66) and (67) hold true.

$$0<b<\frac{p}{p+p^{*}}\quad\Rightarrow\quad\frac{\beta b}{bH_D+(1-b)h_D}-\lambda p<0,\quad H_D>0,$$

$$\frac{\beta(1-b)}{bH_D+(1-b)h_D}-\lambda p^{*}<0,\quad h_D>0,\quad\Rightarrow\quad\frac{\beta}{h_D}-\lambda p^{*}=0, \tag{30}$$

$$\frac{p}{p+p^{*}}<b<1\quad\Rightarrow\quad\frac{\beta b}{bH_D+(1-b)h_D}-\lambda p=0,\quad H_D>0,$$

$$\frac{\beta(1-b)}{bH_D+(1-b)h_D}-\lambda p^{*}<0,\quad h_D=0,\quad\Rightarrow\quad\frac{\beta}{H_D}-\lambda p=0, \tag{31}$$

The conditional expression is fundamentally the same as that for utility maximization under the 2 good log-linear model. As a result, we can establish that:

$$pH_D+p^{*}h_D=\frac{\beta}{\lambda},\quad M_D=\frac{1-\beta}{\lambda},$$

Accordingly if we substitute in $pH_D+p^{*}h_D+M_D=L$ we obtain:

$$\lambda=\frac{1}{L},\quad M_D=(1-\beta)L,$$

and as a result, the following holds true:

$$pH_D + p^*h_D = \beta L.$$

Consequently, substituting in $M_D = (1-\beta)L$ we obtain:

$$\max_{H_D \geq 0,\, h_D \geq 0} \beta \ln[bH_D + (1-b)h_D] + (1-\beta)\ln[(1-\beta)L] \quad \text{s.t.} \quad pH_D + p^*h_D = \beta L.$$

Using the concept of monotonic transformation, the solution to this problem is consistent with the solution below:[13)]

$$\max_{H_D \geq 0,\, h_D \geq 0} bH_D + (1-b)h_D \quad \text{s.t.} \quad pH_D + p^*h_D = \beta L.$$

Reference

Ariji, M., and Matsui, T. (2012), "Grasp of Consumer Needs and Merchandizing Strategy for Changing Fisheries into 6th Industry: The Case of Miyazu City, Kyoto," *Research of International Fisheries* (written with Japanese), Vol.11, pp.1–11.

Brander, J. A., and Taylor, M. S. (1998), "Open-access Renewable Resources: Trade and Trade Policy in a Two-Country Model," *Journal of International Economics*, Vol.44, Iss.2, pp.181–209.

Chen, Y. and Iyer, G. (2002), "Research Note Consumer Addressability and Customized Pricing," Marketing Science, Vol.21, Iss.2, pp.197–208.

Chen, Y., Iyer, G., and Padmanabhan, V. (2002), "Referral Infomediaries," *Marketing Science*, Vol.21, Iss.4, pp.412–434.

Clark, C.W. (2010), *Mathematical Bioeconomics: The Mathematics of Conservation* (the third edition), United States of America: Wiley.

Dixit, A.K. and Stiglitz, J.E. (1977), "Monopolistic Competition and Optimum Product Diversity," *American Economic Review*, Vol.67, Iss.3, pp.297–308.

Falvey, R.E. (1981), "Commercial Policy and Intra-Industry Trade," *Journal of International Economics*, Vol.11, Iss.4, pp.495–511.

FAO (2009), *The State of World Fisheries and Aquaculture 2008*, FAO Fisheries and Aquaculture Department, Rome: Food and Agriculture Organization of the United Nations.

Jaffry, S., Pickerin, H., Ghulam, Y., Whitmarsh, D., and Wattage, P. (2004), "Consumer Choices for Quality and Sustainability Labelled Seafood Products in the UK," *Food*

---

13) This does not satisfy the quasi-concavity of the utility function in the strict sense, but it can be confirmed as a unique solution.

Policy, Vol.29, Iss.3, 215–228.

Johnston, R.J., Wessells, C.R., Donath, H., and Asche, F. (2001), "Measuring Consumer Preferences for Ecolabeled Seafood: An International Comparison," *Journal of Agricultural and Resource Economics*, Vol.26, No.1, pp.20–39.

Krugman, P.R. (1979), "Increasing Returns, Monopolistic Competition, and International Trade," *Journal of International Economics*, Vol.9, Iss.4, pp.469–479.

Lancaster, K. (1980), "Intra-Industry Trade under Perfect Monopolistic Competition," *Journal of International Economics*, Vol.10, Iss.2, pp.151–175.

Ministry of Agriculture, Forestry and Fisheries (MAFF) (2005), "The Labelling of Fresh Food and Processed Food," (written with Japanese), *2004 Food Consumption Monitor 2nd Scheduled Survey Results*, http://www.maff.go.jp/j/heya/h_moniter/pdf/h1602.pdf, accessed on January 15, 2013.

Ministry of Agriculture, Forestry and Fisheries (MAFF) (2011), "Fisheries of Japan-FY2010 (2010/2011) Fisheries Policy Outline for FY2011 (*White Paper on Fisheries: Summary*)," Ministry of Agriculture, Forestry and Fisheries in Japan, http://www.jfa.maff.go.jp/j/kikaku/wpaper/pdf/2010_haku_en6.pdf, accessed on April 16th, 2014.

Melitz, M.J. (2003), "The Impact of Trade on Intra-Industry Reallocations and Aggregate Industry Productivity," *Econometrica*, Vol.71, Iss.6, pp.1695–1725.

Morita, T., and Managi, S. (2010), "Development Potential in Fisheries Eco-Labeling -A Demand Analysis using Web Surveys." in Takarada, Y. and Managi S., [ed.] "*Invitation for Resource Economics: the Fisheries Industry as a Case Study*," (written with Japanese), Minervashobo, Japan, Chapter 9, pp.173–204.

Narasimhan, C. (1988), "Competitive Promotional Strategies," *Journal of Business*, Vol.61, No.4, pp.427–449.

Oishi, T., Ominami, J., Tamura, N. and Yagi, N. (2010), "Estimates of the Potential Demand of Japanese Consumers for Eco-labeled Seafood Products," (written with Japanese), *Nippon Suisan Gakkaishi*, Vol.76, No.1, pp.26–33.

Ogawa, T., Takarada, Y., and Dong, W. (2012), "International Trade and Management Methods for Renewable resources," in Kondo, K., Kunisaki, M., and Takarada, Y., [ed.] "*Modern Economic Theory and Policy Issues: Professor Shigeki Yabuuchi's 60th Anniversary Col lection*," (written with Japanese), Keiso Shobo, Japan, Chapter 11, pp.160–178.

Quaas, M., F., and T., Requate (2013), "Sushi or Fish Fingers? Seafood Diversity, Collapsing Fish Stocks, and Multispecies Fishery Management," *The Scandinavian Journal of Economics*, Vol.115, Iss.2, pp.381–422.

Quaas, M. and Stöven, Max, T. (2014), "New Trade in Renewable Resources and Consumer Preferences for Diversity," in Stöven, Max, T. *Inaugural-Dissertation zur Erlangung des akademischen Grades eines Doktors (Ph.D. Thesis) 2014*, Kiel University-Christian-Albrechts-Universität zu Kiel, pp.64–83, http://macau.uni-kiel.de/servlets/MCRFileNodeServlet/dissertation_derivate_00005463/diss_stoeven.pdf, accessed on March 31st, 2017.

Venables, A.J. (1984), "Multiple Equilibria in the Theory of International Trade with Monopolistically Competitive Commodities," *Journal of International Economics*, Vol.16, Iss.1, pp.103-121.

Wessells, C.R. (2002), "The Economics of Information: Markets for Seafood Attributes," *Marine Resource Economics*, Vol.17, No.2, pp.153-162.

Wessells, C.R., Johnston, R.J., and Donath, H. (1999), "Assessing Consumer Preferences for Ecolabeled Seafood: the Influence of Species, Certifier, and Household Attributes," *American Journal of Agricultural Economics*, Vol.81, No.5, pp.1084-1089.

Yukimoto, M., Murakami, K., and Maruyama, T. (2011), "Consumer Policy and Resource Management," *ESRI Discussion Paper Series* (written in Japanese), No.271, http://www.esri.go.jp/jp/archive/e_dis/e_dis280/e dis271.pdf, accessed on April 16, 2014.

第 11 章

Dynamic Approach to Japanese New Graduates Job Market with Noisy Signaling

Yasuo NONAKA

1. Introduction

After Akerlof (1970)'s important contribution to the literature on economics of information, several markets have been analyzed an examples of 'the market for lemons'. Analyses of job markets are the common examples. Especially, Japanese job markets for new university graduates show typical features which lead to the problem of "mismatch".

In Japan, most of firms and university students join the job market only for university graduates. Then firms usually employ new graduates all at once in April. So that the university students start job searching before they graduate. On the other hand, companies must choose the new graduates as employees without observing their career. Therefore, it is difficult for the companies to figure out the true type of the new graduates before employment.

Because the problems of "mismatch" frequently occurs in the job markets of new university graduates, Japanese firms are also facing problems in which new university graduates leave their jobs early. Statistics shows that the early job-separation rate of new university graduates, that is, the rate of the graduates who have leaved their jobs within three years, is over 30% in average for last decade. (See MHLW,2016.)

Spence (1973)'s pioneering work indicates the idea of 'signaling' by providing a game theoretic analysis. In Spence's model, agents in a market can use signaling to counteract the effect of asymmetric information. Signal from the new graduates reveals their true type and reduces the level of mismatch at employments. A fundamental insight of Spence's model is that signaling can succeed only if the signaling cost differs sufficiently among senders.

However, we have to pay attention to the point that Japanese job markets for the new graduates have different features from Spence's model. The signaling behaviors of the new graduates in Japan are based on the competition between agents with the same educational background. Their actual signaling behaviors are such that engaging in special activity during their school days. Then, the effects on the signaling behaviors often tend to be 'noisy' and depend on how the firms evaluate these activities at the employment. Therefore, signaling behaviors of new graduates are affected by the effectiveness of themselves.

In this paper, we discuss how the new graduates' signaling behaviors affect the early job-leaving rate of themselves from the viewpoint of firms' employments. To this end, we construct a simple model which explains interaction between the employment level and the early job-separation rate, in the other words, the retention rate of new graduates. Then we shows that if the signaling level is low, that is, less new graduates have engaged in signaling behaviors, the adjustment process does not converge to the stationary point. Then, the fluctuations of both employment level and the retention rate occur.

Furthermore, we introduce a signaling dynamics to this model. Here we assume that the signalings from new graduates are noisy. Haan, Offerman and Sloof (2013, Haan et al. hereafter) investigate both theoretically and experimentally noisy signaling games and show that the games differs profoundly from a standard signaling game without noise. In this paper, the signaling behaviors of new graduates include some "noise" so that the new graduates have no perfect control over the signal the firms actually observe. Then firms cannot to figure out precisely each of the new graduates' productivity but consider that early job-leaving rate of new graduates will decrease while the number of new graduates who sending a signal increases.

The signaling level of new graduates depends on the effectiveness of itself. We suppose that the effectiveness of signaling is related the employment level and then explain that the signaling dynamics stabilize the fluctuations of the employment level.

This paper consists of 5 sections. In section 2, we construct a simple model of firm's optimization problem about employing new graduates with their retention rate. Then, we analyze the equilibrium of the model and its dynamic properties in section 3. Section 4 introduces a signaling dynamics and illustrates that the signaling dynamics stabilizes the adjustment process of employment level and the retention rate. Section 5 suggests further discussions as concluding remarks.

2. Basic Model

In this section, we construct the basic model for analyzing a new graduates job market. Suppose that the representative firm has production function $f(N)$ with entire labor input N. We assume that $f'>0$ and $f''<0$. We denote $p(>0)$ as the price of the production goods and $w(>0)$ as the wage level. Therefore the profit function of the firm Π is given by

$$\Pi=pf(N)-wN, \tag{1}$$

The firm employs new graduates for each period. We denote x_t as an employment level at period t. We consider that some of new graduates leave the market by the end of each period. We assume that αx_t of new employees stay the firm by the next period. That is, $(1-\alpha)x_t$ of new employees leave the firm in the next period.

Here we consider that the firm concerns an early job-separation rate of new graduates. The firm chooses x_t considering how many new employees leave the firm in the future. Here we rewrite the firm optimization problem as

$$\Pi=\Sigma_{i=0}^{\infty}pf(\alpha^i x_t)-\Sigma_{i=0}^{\infty}w\alpha^i x_{t,}\ 0<\alpha<1 \qquad (2)$$

Next we explain the relation between the retention rate of new graduate employees and the firm's employment level. The firm chooses x_t under asymmetric information about the new graduates' true type. It is difficult for the firm to evaluate the exact quality of the new graduates before employment. Then some level of mismatch occurs.

There are several reasons which make mismatch in new graduates' job markets. Here we assume that the job-separation rate of new graduate employees is affected by the firm's employment level and signaling behaviors of the new graduates. In the standard Spence's model, job seekers send signals to reveal their type. Then, their signaling behavior can resolve the mismatch and reduce the job-separation rate.

Unlike Spence (1973)'s example, however, in most real application, signaling behavior of the new graduates includes some "noise" so that they have no perfect control over the signal the firm actually observes. There are several reasons that signaling is noisy. At the interview with firms, Japanese new graduates often explain their experiments such as part-time jobs in their spare time, working as a volunteer or club activities. However, their presentations may not identical for the firm to make up particular degree of new graduates' effort. On the other hand, since firms face strict constraints regarding time and budgets on their employment, they cannot to figure out the true type of each new graduate precisely. Therefore, we consider that firm's employment level increases mismatch as it does. Then, the retention rate α decreases with respect to the employment level x.

Denoting e as the signaling level of the new graduates, we define that the function g maps x and e to α as follows.

$$\alpha=g(x,e),\quad \partial g/\partial x<0 \text{ and } \partial g/\partial e>0. \qquad (3)$$

Here the optimal employment level x^* maximizes equation (2) with respect to (3).

In this paper, we focus on the two-period model. We have two main reasons that we focus on short time model. First, the firm faces early job-separation of new graduates. Thus it concerns the profit in short time rather than long time. Second, for the firm, it is difficult to involve long time circumstances in its employment activities. Then its employment focuses on the job-separation rate in short time.

Let us define the production function as $f(x)=\sqrt{x}$. For simplicity, we normalize the price of the production market as 1. Then, equation (2) can be rewritten as

$$\Pi=\sqrt{x}+\sqrt{\alpha x}-\mathrm{w}(x+\alpha x). \tag{4}$$

From equation (4), the optimal employment level x^* is defined by

$$x^*=f(\alpha)\equiv\arg\max\Pi=\frac{(1+\sqrt{\alpha})^2}{4(1+\alpha)^2w^2}. \tag{5}$$

Here we shows that the employment level x is defined as a function of the retention rate of new graduates α and wage level w.

Figure 11-1 illustrates the optimal employment level x^* of the firm as the reaction

Figure 11-1. The optimal employment level with respect to α. (e=0.5)

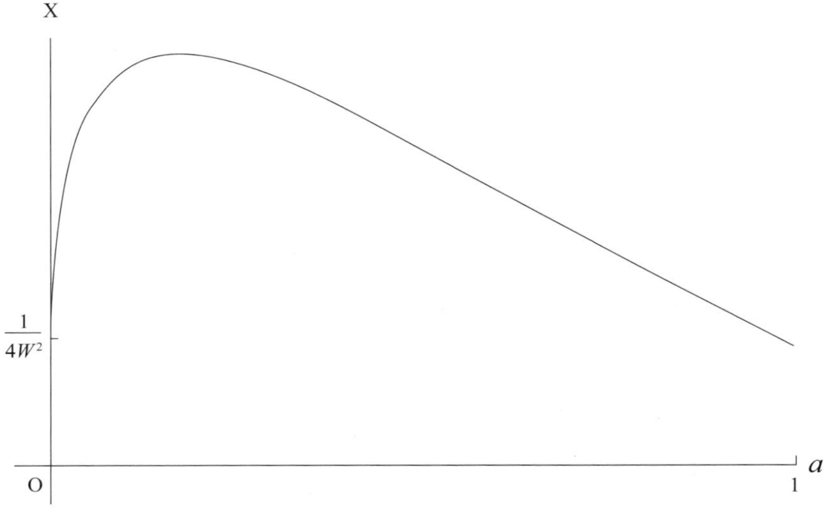

function of the retention rate α. If $\alpha=0$, also $\alpha=1$, the firm's optimization is degenerated to a simple one-period problem. Then $x^*=\frac{1}{4w^2}$ in both cases. If $0<\alpha<1$, x^* is illustrated as a unimodal curve.

In the last part of this section, we define the retention rate function g. From equation (3), the function g is decreasing in x but increasing in e. We apply following simple form as g,

$$g(x,e) \equiv \max\left(1-\frac{x}{e}, 0\right), \quad e,x>0. \tag{6}$$

3. Equilibrium Analysis

In this section, we analyze the equilibrium of the firm's employment in a simple case. Here we assume that the signaling level of new graduates is given. Thus, the optimal level of the firm's employment x^* and the retention rate of new graduates α are solution of the system of equation (5) and (6).

We first figure out the existence of the equilibrium. From equation (5), the equilibrium level of the firm's employment $x^*=\frac{1}{4w^2}$ (>0) when $\alpha=0$ or $\alpha=1$. On the other hand, from equation (6), $\alpha=0$ when $x \geq e$, and $\alpha=1$ when $x=0$. Therefore the equilibrium point $(\hat{x}, \hat{\alpha})$ exists and is unique when

$$e < \frac{1}{4w^2}. \tag{7}$$

These are illustrated in Figure 11-2.

Next, we analyze the stability of $(\hat{x}, \hat{\alpha})$ and its dynamic properties. For given signaling level e, the firm decides the employment level of new graduates with expecting their retention rate. On the other hand, the employment level affects the retention rate.

Here we consider simple dynamical system in discrete time. As we describe in previous section, for each period, the firm employs new graduates at once. In addition, we assume that the firm concern early job-separation of the new graduates. Therefore we set here simple interaction between the employment level and the retention rate in dis-

Figure 11–2. The unique equilibrium of firm's employment

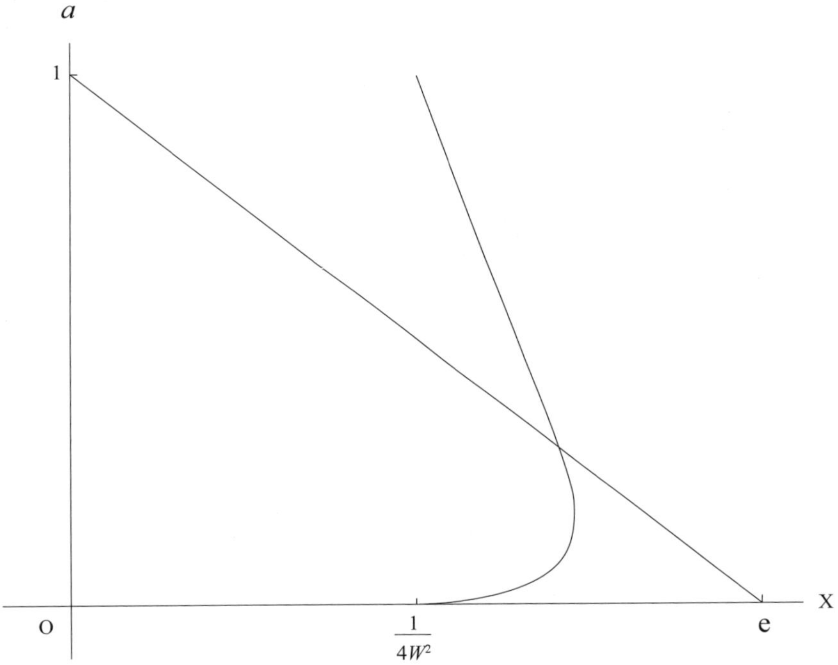

crete time as follows.

Let x_t denotes an employment level for each period t. Here we assume that the firm takes naïve expectation on the retention rate α. Thus, the expectation of the firm on α_t is equal to the observation in previous period. We set following dynamical system describing the interaction between x and α.

$$x_{t+1}=f(\alpha_t)=\frac{(1+\sqrt{\alpha_t})^2}{4(1+\alpha_t)^2w^2}, \tag{8}$$

$$\alpha_{t+1}=g(x_t)=1-\frac{x_t}{e}. \tag{9}$$

Here the stationary point of system (8) – (9) is equivalent to static equilibrium point $(\hat{x}, \hat{\alpha})$. Then $(\hat{x}, \hat{\alpha})$ satisfies following condition

$$(\hat{x}, \hat{\alpha}) = (f(\hat{\alpha}), g(\hat{x})). \tag{10}$$

The local stabilities of $(\hat{x}, \hat{\alpha})$ is important to analyzing the adjustment process of the firm's employment. Under asymmetric information of the new graduates' true type, it is difficult to identify the exact value of α for the firm. Then the firm's expectation on α is not always equal the real value of α_t. However, if $(\hat{x}, \hat{\alpha})$ is locally stable, the interaction between x and α finally converges to the stationary point through the adjustment process described in equation (8) − (9).

Equation (11) shows the determinant of Jacobian matrix of (8) − (9).

$$detJ \equiv \begin{vmatrix} 0 & f' \\ g' & 0 \end{vmatrix} \tag{11}$$

In general, the stationary point is locally stable if the absolute value of the determinant evaluated at stationary point is less than unity. Suppose that $\hat{J}$ denotes the absolute value evaluated at $(\hat{x}, \hat{\alpha})$, that is,

Figure 11-3. The variation of det $\hat{J}$ at $(\hat{x}, \hat{\alpha})$ with respect to e $(0.364 \leq e \leq 1, w=1)$

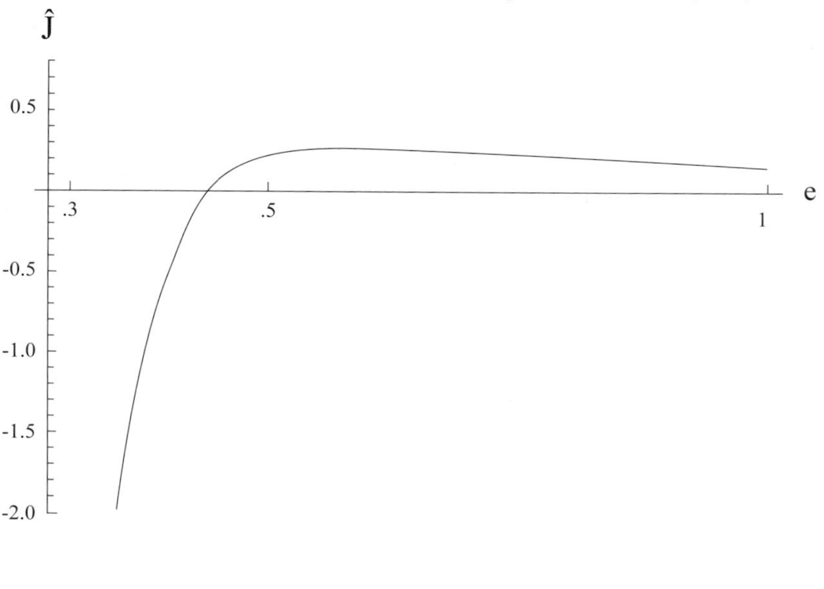

$$\hat{J} \equiv \| f'(\hat{a}) g(\hat{x}) \| \tag{12}$$

Then, $(\hat{x}, \hat{a})$ is locally stable if and only if $\hat{J}<1$.

In the dynamical system of (8) – (9), if the absolute value of $\hat{J}$ exceeds unity ($\hat{J} \geq 1$), the stationary point $(\hat{x}, \hat{a})$ loses it stability and a bifurcation occurs. Figure 11-3 illustrates the variation of $\hat{J}$ with respect to signaling level e. Figure 11-3 shows that if the signaling level is high, that is, e converges to 1, $(\hat{x}, \hat{a})$ becomes stable. On the other hand, the signaling level is low, $\hat{J}$ exceeds unity and $(\hat{x}, \hat{a})$ loses its stability. Figure 11-4 shows a bifurcation cascade of firm's employment with respect to signaling level e. When signaling level reduce, a typical period-doubling bifurcation is observed.

In this section, assuming that new graduates' signaling level is given, we analyze equilibrium of a simple model in discrete time. The firm concerns early job-separation of new graduates and focus on their retention rate in short time. Then, we show that static equilibrium is unique if it exists.

Figure 11-4. Bifurcation diagram of firm's employment x with respect to signaling level e ($0.364 \leq e \leq 1$, $w=1$)

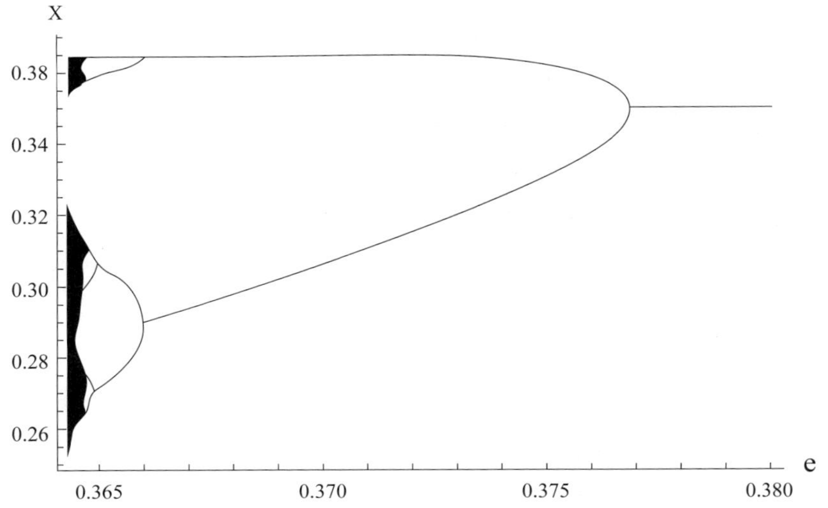

Further we assume that the firm's expectation on the retention rate is naïve, that is, the firm consider the retention rate in present period is equal to that in last period. From the above, the dynamical system of adjustment process of the firm's employment has unique stationary point at the static equilibrium.

We numerically analyze the stability of unique stationary point. When signaling level is high, the stationary point is stable. However, it loses its stability while signaling level is declining and fluctuations of employment level and the retention rate of new graduates are observed. This result implies that if signaling level is low, that is, the degree of asymmetric information is getting strong, the retention rate of new graduates will decrease. First, the firm increase its employment level for the decrement of the retention rate. However, since the increment of employment level decrease the retention rate further, finally the firm turns its strategy and makes the employment level decrease to correspond to deterioration of the profit.

4. Signaling Dynamics

In this section, we extend the model and introduce a new graduates' signaling dynamics. As we mention in pervious section, signaling behaviors of new graduates reveals their true type and reduce the mismatch in the firm's employment. Thus, the retention level is increasing in signaling level of entire new graduates.

Before describing the signaling dynamics, here we introduce some assumptions on new graduates signaling behaviors. First, we normalize the firm's observation of e in a unit interval $(0,1)$. Assume that each of new graduates decides to send a signal or not. If she sent a signal, $e=1$ and if she did not sent a signal, $e=0$. Therefor the average value of new graduates' effort level will be decided as $e \in (0,1)$. In addition, e is also equals to the ratio of new graduates who sent a signal.

Second, we regard the new graduates as if they repeatedly enter the job market. This assumption implies actual job-search behavior of Japanese new graduates. In each year, the new graduates got some experiments (or information) through their job-searching and shared among themselves. These experiments are also taken over in the next period. Therefore signaling behavior of the new graduates reflects the result of it in previous period.

Taking above assumptions into account, we describe the signaling dynamics of the new graduates as flows. In each period t, e_t of new graduates send signal. New graduates sending signal are employed the firm with probability p_s. Then $p_s e_t$ of new graduates send signal in period $t+1$. However, new graduates who have sent signal in period t but not have been employed change their strategy. That is, $(1-p_s)e_t$ of new graduates will not send signal in period $t+1$.

On the other hand, in each period t, new graduates who have not sent signal are employed with probability p_n. Then, $p_n(1-e_t)$ of new graduates continue not to send a signal in period $t+1$. However, unemployed new graduates change their strategy. Then, $(1-p_n)(1-e_t)$ of new graduates who have not sent a signal in period t will send signal in period $t+1$. Therefore for given probabilities, p_s and p_n, the expected value of e_{t+1} depending on e_t, p_s and p_n is given by

$$\mathrm{E}(e_{t+1})=p_s e_t+(1-p_n)(1-e_t). \tag{13}$$

It is important to note that behind the signaling dynamics described above, we set following extreme assumption. Suppose that $\bar{X}$ is the amount of entire new graduates, then the actual amount of new graduates employed by the firm is $e\bar{X}+(1-e)p_n\bar{X}$. Then the firm's optimal employment level x^* in equation (5) corresponds to $e\bar{X}+(1-e)p_n\bar{X}$.

As the first step of analyzing the effect of the signaling dynamics, we introduces some assumptions on the probability that new graduates are employed by the firm. First, p_s is constant. That is, the new graduates sending signal will be employed with same probability over time. Second, p_n is increasing in x_t. That is, if the employment level of the firm increases, the probability that non-signaling new graduates are employed will also increase. Then we define the probability as

$$p_n = \frac{x}{\beta + x}, \quad (\beta > 0) \tag{14}$$

Now the adjustment process of the firm's employment extends to a three dimensional dynamical system as follows.

$$x_{t+1} = f(\alpha_t) = \frac{(1+\sqrt{\alpha_t})^2}{4(1+\alpha_t)^2 w^2}, \tag{15}$$

$$\alpha_{t+1} = g(x_t, e_t) = 1 - \frac{x_t}{e_t}. \tag{16}$$

$$e_{t+1} = h(x_t, e_t) = e_t p_s + \frac{(1-e_t)\beta}{x_t + \beta}. \tag{17}$$

The Jacobian matrix J_s of (15) – (17) is given by

$$Js = \begin{pmatrix} 0 & \frac{\partial f}{\partial \alpha} & 0 \\ \frac{\partial g}{\partial x} & 0 & \frac{\partial g}{\partial e} \\ \frac{\partial h}{\partial x} & 0 & \frac{\partial h}{\partial e} \end{pmatrix} = \begin{pmatrix} 0 & \Delta & 0 \\ -\frac{1}{e} & 0 & \frac{x}{e^2} \\ \frac{(e-1)\beta}{(x-\beta)^2} & 0 & p_s - \frac{\beta}{x+\beta} \end{pmatrix} \tag{18}$$

here

$$\Delta = \frac{(\sqrt{\alpha}+1)(-\alpha - 2\sqrt{\alpha} + 1)}{4w^2(\alpha+1)^3\sqrt{\alpha}} \tag{19}$$

Now its determinant det J_s is given by

$$\hat{J}_s \equiv \det J_s = \Delta \times \left(\frac{ps}{e} - \frac{e\beta^2 + x\beta}{e^2(x+\beta)^3} \right) \tag{20}$$

Here we numerically verify the stability of this system with the variation of the success rate of signaling, p_s. From the discussion in previous section, it can be said that is the average signaling level e converges to high value enough, the dynamics becomes stable. (See Figure 11-3.) It is obvious that if $p_s = 1$, then e will monotonically increasing and converges to 1. Therefore we concern the case that $0 \leq p_s < 1$.

Figure 11-5. Variation of det J_s with respect to p_s ($0 \leq p_s \leq 1$ and $\beta = 1$).

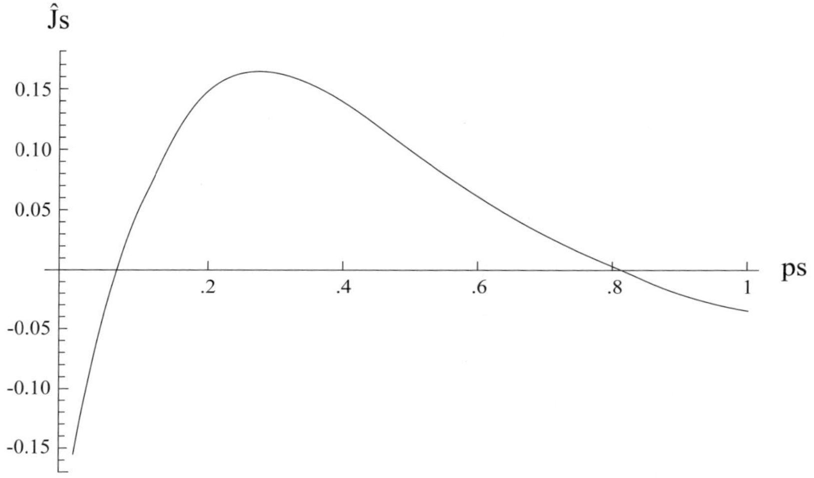

Figure 11-6. Variation of signaling level e with respect to p_s ($0 \leq p_s \leq 1$ and $\beta = 1$).

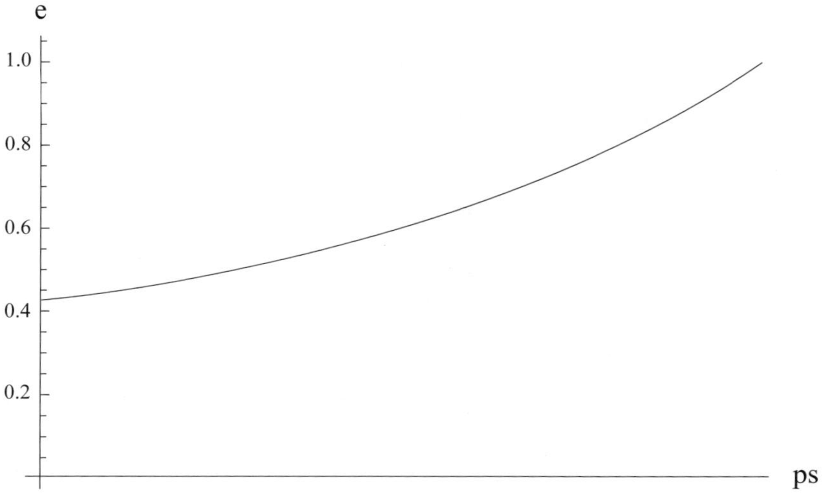

Figure 11-5 illustrates the result of numerical experiment in which det J_s evaluated at the stationary point varies with respect to with respect to p_s. We can observe that the absolute value of det J_s is always less than 1 so that the signaling dynamics is stabilized and converges to the stationary point. In the case that the firm employs every signaling new graduates, the signaling level e is monotonically increasing and converges to 1.

Figure 11-6 shows the variation of signaling level e. We can see that stationary signaling level is always positive and monotonically increasing in p_s. It might be somewhat strange that signaling level e is positive even if p_s is extremely small. That is, although signaling new graduates are hardly employed, still certain amount of new graduates continue to send signal at stationary point. It can happen because in each period, non-signaling and non-employed new graduates will change their strategies and send signal in the next period.

5. Concluding Remarks

This paper analyzes a job market of Japanese university new graduates in which problem of early job-separation is focused. From a viewpoint of signaling literature, Japanese new graduates' behaviors for job-searching have an interesting feature. They're homogeneous by the meaning as the choice of educational level. Therefore they are engaged in various activities in school days to reveal their true type through their job-searching. However the firm cannot observe those activity directly. Therefore it will be insufficient to ascertain new graduate's true type. This problem of asymmetric information leads to a mismatch of employment which will tend to the early job-separation of new graduates.

We first focus on the interaction between the employment level of the representative firm and the retention rate of new graduates. For given average signaling level of new graduates, a rise of the employment level leads a decline of the retention rate. Here the firm choses the optimal employment level under the expectation to the retention rate. Then when signaling level falls, the equilibrium becomes unstable, and fluctuations of the employment level occur.

Moreover, we consider that the average signaling level undergoes influence in both of the belief which new graduates have on the effect of signaling and the firm's employment level. Then we introduce a simple signaling dynamics to our model. As a result, the adjustment process is stabilized under the fixed belief on the success rate of noisy signaling. Further, it is indicated by some numerical experiments that the dynamics converges to the stationary point even if the success rate of noisy signaling is low.

The discussion of this paper includes some problem on which we should work continuously. First we have to handle a relation between profit maximization behavior of the firm and the success rate of signaling. As far as the profit-maximizing employment level of the firm falls below the total number of the new graduates indeed, the success rate of signaling is affected in the employment level. Some precedent numerical experiment shows that the signaling dynamics under the variable signaling success rate will again lose its stability.

Next the difference in the type of each new graduate isn't being handled specifically in this paper. Under the assumption of noisy signaling, we focus on the interaction between the average signaling level of new graduates and their retention rate. Therefore an expansion to this model in which the different types of new graduates are introduced will be tried in the next paper.

References

Akerlof, G., "The market for lemons: quality uncertainty and the market mechanism", *Quarterly Journal of Economics*, 84 (3), pp. 488–500, 1970.

Haan, T. de, Offerman, T. and Sloof, R., "Noisy signaling: Theory and experiment", *Games and Economic Behavior*, 73, pp. 402–428, 2013.

Kennan, J., "Private Information, Wage Bargaining and Employment Fluctuations", *Review of Economic Studies*, 77, pp. 633–664, 2010.

MHLW (Ministry of Health, Labor and Wealth), "Shinki gakusotsu-sha no rishoku-joukyou (Job sepalation of new school guraduate) ", Japan, 2016.

Lofgren, K-G., Persson, T. and Weibull, J. W., "Markets with Asymmetric Information: The Contributions of George Akerlof, Michael Spence and Joseph Stiglitz", *Scandinavian Journal of Economics*, 104 (2), pp. 195–211, 2002.

Spence, A. M., "Job Market Signaling", *Quarterly Journal of Economics*, 87 (3), pp. 355–374, 1973.

Wagner, E. O., “The Dynamics of Costly Signaling”, *Games*, 4 (2), pp. 163–181, 2013.
Wiggins, S., “Introduction to Applied Nonlinear Dynamical Systems and Chaos”, Springer New York, 2003.

第Ⅲ部
経済実証分析の新展開

第 12 章

貨幣と景気循環
——均衡の不決定性とリミットサイクルの計量分析——

西垣泰幸・佐竹光彦・牧大樹

1. は じ め に ——貨幣的経済成長と内生的景気循環

内生的景気循環理論においては，カオスの動学方程式やリミットサイクル理論などの非線形動学の枠組を用いることにより，経済体系に内在する要因がもたらす均衡の不決定性の問題や，決定論として発生する経済変動・景気循環現象の解明が進められてきた。それらは，Kaldor（1940）の先駆的な研究に始まり，Chang and Smith（1971），Varian（1979），Benhabib and Nishimura（1985），Bischi et. al.（2001），Agliari et. al.（2007）などにより研究成果が蓄積されてきた[1)]。本章では，このような研究の流れの中で，特に，貨幣的経済成長モデルを用いて，経済の実物的側面と貨幣的側面の相互作用がもたらす経済成長，景気循環と均衡の不決定性の分析を行い，近年マクロ経済政策として特に重視されている金融政策との関係において，景気循環やその政策効果の検討を行いたい。

貨幣的経済モデルを基礎とする研究の展開においては，Tobin（1970），Uzawa（1988），Matsuyama（1991）などの研究により，外生的なショックが存

1）このような分野の展望論文としては，Boldrin and Woodford（1990）などがある。

在しない場合にも経済変動が起こりうることが知られている。さらに，期待が合理的に形成されたとしても，複数均衡が起こる可能性が指摘されてきた。Tobin（1970）が指摘しているように，貨幣経済モデルにおける均衡価格の不決定性に関する分析は，物価と景気の変動というマクロ経済の長く続く論争に解を与える可能性がある。

貨幣がもたらす複雑な事象を扱う分析の一つとして，「サンスポット理論」がある。これは，合理的期待形成の下でも，経済変数がファンダメンタルズ以外の外生的ショックなどの要因により決定される可能性があることを示している。そして，そのような外生的な要因の代名詞として「サンスポット（太陽の黒点)」という名称を用いている。サンスポット均衡の大きな特徴は，均衡において価格などの経済変数が人々の抱く期待により大きく左右されるということである。つまり，経済のファンダメンタルズとは必ずしも関係のない人々の心理状態が，経済環境に対する期待や経済行動に影響をもたらし，それが結果として価格などの経済変数を実際に変化させることになる（西村，福田 2004)。これは，自己実現的期待と呼ばれており，予想が完全に的中するという意味で合理的期待の一つと考えられている。そして，このサンスポット理論の動学的な不安定性は，差分方程式体系によるカオス現象を生起させるものであると考えられる（Azariadis, 1986)。

他方，トービンはケインズ型モデルとマネタリスト型モデルを用いて，貨幣経済の均衡が持続的循環を含む可能性があることを示した（Tobin, 1970)。そして，景気循環が貨幣的要因により引き起こされるケースと実物投資的要因により引き起こされるケースという興味深い２つのケースを検討している。しかしながら，その論文においては，リミットサイクルの生成に関する分析は，残念ながら必ずしも十分に行われていなかった。

以下では，貨幣が経済の成長過程に本質的な役割を果たすような最も簡単化されたモデルを用いる。貨幣的経済成長モデルと呼ばれるこのようなモデルは，Tobin（1965）や Sidrauski（1967），Patinkin and Levhari（1968），宇沢（1986）などにより分析されてきた。これらの研究においては，貨幣供給がトランスファーペイメントの形を取り個人に配布されるというアドホックな仮定を設けながらも，新古典派経済学の一般的想定である「経済の実物的側面に対して中立的な貨幣」とは異なった，経済成長や循環過程に一定の役割を果たす貨幣を分析している。本章においてはTobin=Uzawa型の新古典派の貨幣的成長モデルを，本章での分析のために改定する。そして，貨幣的経済成長モデルにおける経済均衡の不決定性やリミットサイクルの可能性を動学的に分析することにより，貨幣経済の経済変動や景気循環現象について分析する[2)]。

ところで，このような内生的景気循環理論の研究は実証的にサポートされるのであろうか。しばしば取り上げられているリミットサイクルの存在に関する計量分析には，Tong and Lim（1980），Tong（1983）を先駆的な研究として，Potter（1995），Koop and Potter（1999），Kraeger and Kugler（1993），Sarantis（1999）などがある。これらの研究においては，GDPや為替レートの時系列データを用いてTAR（Threshold Auto Regressive）モデルを適用することにより，持続的な循環現象の検証を行っている。

これらの研究が主に1変数の時系列データを対象に行われているのに対し，Nishigaki, Maki and Satake（2015）においては，資本係数（K/Y）を対象とするTAR分析を行い，$K-Y$平面におけるリミットサイクルの持続性を検証した。ここでは，基本的にこのような分析手法をベースとしながら，貨幣と実物経済の関係性や，景気循環をもたらす貨幣的要因と実物投資要因の相対的な因果関係についても検討する。

以下では，まず，第2節において，Tobin=Uzawaタイプの新古典派貨幣的経済成長モデルを発展させたモデルを提示する。続いて，第3節において，このモデルの長期均衡点の近傍における動学的な性質を検討し，その均衡が渦状収束点やリミットサイクルとして示されることを明らかにする。第4節において

2）　Tobin=Uzawaモデルと本章でのモデルの大きな差は，本章においては政府の所得移転政策の一環として貨幣供給が行われることと，この経済の動学を規定する状態変数を資本ストックと貨幣とすること，さらに，それに伴い動学方程式の設定を変更することにある。

は，日本のマクロ時系列データを用いて貨幣的要因がもたらすリミットサイクルの計量分析を行う。資本ストックと貨幣供給量の時系列データに対して，まず，因果性検定により双方向の因果関係の存在を確認したうえで，TAR モデルを用いてリミットサイクルの検証を行う。このような結果を踏まえ，我が国の高度成長期から平成不況期にわたる景気循環のサイクルを，資本ストック＝貨幣残高の平面において表示する。最後に，第 5 節において，結論と今後の研究の方向性を示す。

2. 貨幣的経済成長モデル

生産関数と生産の最適条件

新古典派のモデルと同様に，非常に抽象化された生産過程を考える。そこにおいては，資本ストックと労働を用いて，集計された 1 種類の財を生産している。出来上がった財は，消費財として個人に消費されるとともに，資本ストックの投資にも利用できると考える。

集計された生産関数は，資本ストックを K，労働を L，産出高を Q として次の式により示される。

$$Q = F(K, L) \tag{1}$$

生産関数は，資本ストック K，労働 L について一次同次であり，通常の準凹関数の条件を満たすと仮定する。労働者一人当たりの単位を用いて示すことにより，以下のように示すことができる。

$$\frac{Q}{L} = F\left(\frac{K}{L}, \frac{L}{L}\right) = F\left(\frac{K}{L}, 1\right)$$

$$q = f(k) \tag{2}$$

ただし，(2)式において，$q \equiv \dfrac{Q}{L}$，$k \equiv \dfrac{K}{L}$とする。労働と資本の限界生産力は，次のように示される。

$$r = f'(k) \tag{3}$$

$$w = f(k) - kf'(k) \tag{4}$$

資産保有のポートフォリオ

経済の資産は，資本ストックと貨幣のみからなると仮定する。そこで，貨幣を M，価格水準を P，総資産を A とすると，資産の制約方程式が次のように示される。

$$K + \frac{M}{P} = A \tag{5}$$

(5)式に示されるように，生産される財が 1 種類の新古典派モデルにおいては，消費財と資本ストックの価格は同じになる。ここでは，それを P と示すことにしよう。

宇沢（1986）と同様に，貨幣保有の収益を，消費支出に振り向けた時には消費から得られる限界効用となり，資本ストックに投資した時には，資本収益率 (r) が得られると仮定しよう。簡単なポートフォリオの裁定条件式から，貨幣の保有関数は次のように示される[3)]。

$$K = K(r, A) \tag{6}$$

$$\frac{M}{P} = \frac{M}{P}(r, A) \tag{7}$$

したがって，実物資本と名目貨幣残高に対する需要は，資本の限界生産力 r と価格水準 P の関数として考えることができる（Tobin, 1965）。

$$K = K(r, P; K, M) \tag{8}$$

$$M = M(r, P; K, M) \tag{9}$$

3）Tobin（1965）においては，このような貨幣の意義について，支払い，交換，価値貯蔵の手段となることを述べている。

資産制約式(5)を考慮すれば，(8)式と(9)式のどちらか一方が満たされれば，もう一方も同時に満たされることになる。今，労働市場において需要と供給が等しくなるように実質賃金率が決まると，(4)式が成立し資本労働比率が決まる。また，資本の限界生産性は同じく完全雇用の下で(3)式に等しく決まり，実物資本ストックが決まる。そして，この資本ストック K の決定を受けて，資産制約式(5)より名目貨幣残高 M が決まることになる。

したがって，実物資本と貨幣残高に対する総需要は，ともに価格水準 P の関数であると考えることができる。このように，新古典派の理論では，資産保有に対する需要と供給との決定過程を通じて実物資本の市場価格 P が決定され，その価格はまた財の価格 P でもあると考えている。

貨幣の供給

新古典派の貨幣的経済成長モデルにおいては，貨幣供給のプロセスにおいても，生産体系と同様に非常に簡単な制度的仕組みを考えている（宇沢，1986）[4)]。そのような考え方に従って，ここでは，政府が貨幣を発行することにより調達した財源を，所得移転により個人に配分すると仮定する。このようにして供給された貨幣は，個人の予算制約に追加され所得と同様の効果を持つことになる[5)]。

政府支出と租税の徴収

政府が行う貨幣発行以外の役割は，政府支出 G とそのための租税 T の徴収である。租税は一括固定税として個人から徴収されると仮定する。また，議論を簡単にするために，政府支出と租税の徴収額は均衡している($G=T$)と仮定

4）新古典派貨幣的経済成長モデルにおいては，しばしば，中央銀行がトランスファーペイメントによって個人に貨幣を供給すると仮定されている。これは，いわゆる「ヘリコプター・マネー」と比喩されている（宇沢，1986）。

5）この仮定は，このようなモデルにおいては良く見られるものである。例えばTobin（1965）などを参照されたい。

する。

個人の行動

産出された財がどのように消費と投資に配分されるかは，個人の消費選択行動に依存している。また，ここでは資産に貨幣が含まれるため，個人の行った貯蓄がそのまま投資，すなわち実物資本の形成に回るわけではないことに注意しなければならない。以下では，個人の消費，投資，貨幣保有の行動を確定するため，次のようなステップを踏む。

貨幣の供給 $\dot{M}$ は移転所得として個人の予算制約に組み込まれるので，個人の名目所得は，

$$P[F(K, L) - G] + \dot{M} \tag{10}$$

と示される。ここで，期待物価上昇率 π^e をとすれば，それは次のように示される。

$$\pi^e = \left(\dot{P}/P\right)^e \tag{11}$$

実質所得は，名目所得から物価上昇に伴う貨幣の実質価値低下分 $\pi^e M$ を差し引いた値として，次のように表される。

$$Y = [F(K, L) - G] + \frac{\dot{M}}{P} - \pi^e \frac{M}{P} \tag{12}$$

名目貯蓄は，名目所得から消費を差し引いた分として示される。名目貯蓄を S とすると，これは以下のように示すことができる。

$$S = P[F(K, L) - G] + \dot{M} - PC \tag{13}$$

以下での分析を簡単にするために，政府が行う貨幣供給の増加率が政策的に決められる一定であるとし，

$$\mu = \left(\dot{M}/M\right) \tag{14}$$

とすると，これを用いて実質所得 Y は次のように表される。

$$Y=[F(K,L)-G]+(\mu-\pi^e)\frac{M}{P} \tag{15}$$

平均貯蓄性向を s とし，平均消費性向を $(1-s)$ とすれば，消費は，

$$C=(1-s)Y \tag{16}$$

と示されるので，(13)式を利用すれば，名目貯蓄は次のように示される。

$$S=s[PF(K,L)-G+\mu M]+(1-s)\pi^e M \tag{17}$$

実物資本の投資方程式

現在までの議論を集約することにより，実物資本ストックの蓄積方程式が得られる。名目貯蓄は実物資本への投資 $P\dot{K}$ と貨幣保有の増加 $\dot{M}=\mu M$ に充てられるので，以下のような関係が成立する。

$$P\dot{K}=S-\mu M=sP[F(K,L)-G]-(1-s)(\mu-\pi^e)M \tag{18}$$

したがって，実物資本ストックの投資方程式は，次のように示される。

$$\dot{K}=s[F(K,L)-G]-(1-s)(\mu-\pi^e)\frac{M}{P} \tag{19}$$

労働供給は，外生的な人口成長率 n によって増加すると仮定する。

$$n=\left(\dot{L}/L\right) \tag{20}$$

先に述べたように，価格水準 P は資産市場の均衡が成立するように決定される。資産選好がホモセティックな関数に従って行われると仮定すると，労働者一人当たり貨幣保有は一人当たり実質所得に依存して決まることになる。そこで，労働者一人当たり実質貨幣残高に関する需要関数を

$$\frac{M}{PL}=m(r,\frac{Y}{L}) \tag{21}$$

と仮定する。

3. 成長経路の動学的分析

以下での分析のために，経済のすべての変数を労働者一人当たり単位により表そう。そのために，以下のような変数の導入を行う。

$$y = {}^{Y}\!/_{L}, \quad m = {}^{M}\!/_{PL} \tag{22}$$

これらの表現を用いると(15)，(21)式は次のように示すことができる。

$$y = f(k) - g + (\mu - \pi^e)m \tag{23}$$

$$m = m(r, y) \tag{24}$$

資本の動学経路を規定する基本方程式(19)式は，(23)式と(24)式の表現を用いて次のように示すことができる。

$$\dot{k} = s[f(k) - g] - (1-s)(\mu - \pi^e)m - nk \tag{25}$$

次に，期待価格の調整メカニズムに関して，個人が価格上昇予想を現実の価格上昇率を用いて調整するメカニズムとして，次のような関係を想定する。

$$\dot{\pi}^e = \beta(\pi - \pi^e) \tag{26}$$

ここで，β は価格の調整速度であり，それが遅い場合は小さな値を取る。特に，$\beta = 0$ の場合には期待物価上昇率は一定となり，静学的な期待と呼ばれる(Nerlove and Cagan)。逆に，調整速度が速い場合には，期待物価上昇率は現実の上昇率に対して急速な調整が行われる。特に，完全調整とよばれる場合には，

$$\pi^e = \pi \tag{27}$$

となる。以下では，この完全調整のケースを仮定して貨幣的経済成長モデルを展開する[6)]。

動学方程式

(23)式に(27)式を代入すると次式を得る。

$$y-f(k)+g=(\mu-\pi)m \tag{28}$$

(28)式を(25)式に代入すると，次のような簡略化した資本蓄積方程式を得る。

$$\dot{k}=[f(k)-g]-(1-s)y-nk \tag{29}$$

他方，労働者一人当たりの実質貨幣方程式については，貨幣の追加的供給，人口成長，価格上昇を考慮すると，次のような動学方程式が得られる。

$$\dot{m}=\left(\frac{\dot{M}}{PL}\right)=(\mu-\pi)m-nm=y-[f(k)-g]-nm \tag{30}$$

経済の動学的な動きは，(29)式の資本蓄積方程式と(30)式の貨幣の蓄積方程式とに規定されて決まる。また，これらの式に含まれている実質所得 y，価格上昇率 π の変数は，補助的に(23)，(24)式と(3)式の 3 本の方程式から決まる。

以下では，この 2 本の微分方程式と補助的な 3 本の方程式から決まる均衡点の性格を検討することにより，この貨幣的成長経済の安定性，不安定性や長期的動向を検討しよう。

1） 実質所得の変動

(23)式に，期待物価の完全調整条件 $\pi^e=\pi$ を代入して全微分することにより，次の関係を得る。

$$dy=f'(k)dk+(\mu-\pi)dm-md\pi \tag{30}$$

また，(23)式に(3)式を代入し，全微分することにより，次の関係を得る。

6）したがって，以下では完全予見均衡を想定する。このモデルにおいて，これは合理的期待形成の想定と同等の効果を持つ。

$$dm = m_r f''(k)\,dk + m_y dy \tag{31}$$

(30)式と(31)式とを解くことにより，実質所得 y，価格上昇率 π と 2 つの状態変数である資本労働比率 k，一人当たり実質貨幣残高 m との間に，次のような関係を得る[7)]。

$$y_k \equiv \frac{\partial y}{\partial k} = \frac{m_r f''}{m_y} > 0 \tag{32}$$

$$y_m \equiv \frac{\partial y}{\partial m} = \frac{-1}{m_y} < 0 \tag{33}$$

$$\pi_k \equiv \frac{\partial \pi}{\partial k} = \frac{m_r f'' + m_y f'}{m \cdot m_y} 0> \tag{34}$$

$$\pi_m \equiv \frac{\partial \pi}{\partial m} = \frac{1-(\mu-\pi)\,m_y}{-m \cdot m_y} < 0 \tag{35}$$

ただし，(32)式から(35)式の符号は，貨幣需要関数に関する仮定（$m_r \equiv {}^{\partial m}/_{\partial r} < 0$，$m_y \equiv {}^{\partial m}/_{\partial y} > 0$），および生産関数に関する仮定（$f' > 0$，$f'' < 0$）より従う。また，(35)式においては，$(\mu-\pi)m_y < 1$ を想定している[8)]。

この体系の不動点（Fixed point）は，(29)式，(30)式において，それぞれ $\dot{k} = 0$，$\dot{m} = 0$ と置くことにより求められる。

$$[f(k) - g] - (1-s)\,y - nk = 0 \tag{36}$$

$$(\mu - \pi)\,m - nm = y - [f(k) - g] - nm = 0 \tag{37}$$

以下では，不動点の動学的性格を検討しよう。

7)　詳しくは付論を参照されたい。

8)　この条件は，貨幣供給率とインフレ率が大幅に乖離していない場合，また，貨幣需要の所得弾力性が十分に小さい場合に当てはまる。

2) $\dot{k}=0$ 線

(36)式を全微分することにより，次のような式を得る。

$$[sf'(k)-n+(1-s)m\pi_k]dk-(1-s)[(\mu-\pi)-m\pi_m]dm=0 \tag{38}$$

(38)式より，$m-k$ 平面における $\dot{k}=0$ 線の傾きに関する以下の式を得る。

$$\frac{dm}{dk}=\frac{(sf'-n)+(1-s)m\pi_k}{(1-s)[(\mu-\pi)-m\pi_m]}>0 \tag{39}$$

3) $\dot{m}=0$ 線

(37)式を全微分することにより，次の式を得る。

$$m\pi_k dk+[(\mu-\pi)-m\pi_m+n]dm=0 \tag{40}$$

(40)式より，$\dot{m}=0$ 線の傾きに関する以下の条件を得る。

$$\frac{dm}{dk}=\frac{-m\pi_k}{(\mu-\pi)-m\pi_m+n}<0 \tag{41}$$

4) 動学的安定性

以下では，(36)式，(37)式の 2 本の方程式体系により示される貨幣的成長経済の不動点における解の性格を，ポアンカレ－ベンディクソン（Poincare and Bendixson）の定理を用いて検討しよう。その手順として，まず第 1 に，不動点における鞍点安定性（Saddle Point Stability）の可能性を排除する。続いて，不動点が安定か，不安定かを検討する。そして，最後に，(29)式，(30)式の 2 本の微分方程式体系の位相を検討し，不変集合（Invariable Set）“D”の存在について検討する[9)]。

これらの手順を進める準備として，まず，(29)式，(30)式の 2 本の微分方程式体系を不動点の近傍においてテーラー展開し，ヤコービ行列を作る。

---

9)　この定理に関する詳しい証明については，Lefschetz（1962）などを参照されたい。

5）ヤコービ（Jacobi）行列

$$\begin{pmatrix} (sf'-n)+(1-s)m\pi_k & -(1-s)[(\mu-\pi)-m\pi_m] \\ m\pi_k & (\mu-\pi)-m\pi_m+n \end{pmatrix} \tag{42}$$

手順 1：鞍点安定性を排除するために，以下の条件を設定する。

$$[sf'(k)-n]+(1-s)m\pi_k>0 \tag{43}$$

(43)式において，左辺第 2 項$(1-s)m\pi_k>0$は一般的な条件の下で正となるが，第 1 項［$sf'(k)-n$］は，正，負両方の符号を取る可能性があり，一般的には不動点が鞍点安定性を示すことは排除できない。しかしながら，以下では，(43)式が全体として正となり，この条件が成立することを仮定して分析を行う。

手順 2:　不動点の安定，不安定性の検討。

(42)式のトレースが正となる場合，不動点が不安定となることがわかる。

$$[sf'(k)-n]+(1-s)m\pi_k+[(\mu-\pi)-m\pi_m+n]\gtrless 0 \tag{44}$$

ところが，(44)式において，左辺の［$sf'(k)-n$］と$(\mu-\pi)$は正，負の両方の符号を取るため，一般的には(44)式は，正，負両方の符号を取りうる。したがって，一般的には，安定不動点の存在を排除することができない[10)]。したがって，以下では，不安定不動点と安定不動点との両方が起こりうることを想定して分析を進めよう。

10)　Uzawa（1988）においては，不安定均衡点がリミットサイクルを発生させる場合と，安定均衡点による渦状収束点の両方が起こることが指摘されている。

手順 3：位相図

図 12‒1 には，(36)，(37) の方程式体系に関する典型的な位相図が示されている。この体系の不変集合 D は，次のように示される。

$$D = \{(k, m) \mid k_1 \le k \le k_2,\ m_1 \le m \le m_2\}$$

これは compact 集合であり，その境界におけるベクトル場はすべて内に向いていることがわかる。したがって，不動点が不安定な場合（図 12‒1）にはこの体系の均衡はリミットサイクルを示し（図 12‒3），逆に，不動点が安定な場合（図 12‒2）には，均衡経路は不動点に向かう渦状収束経路を取ることがわかる（図 12‒4）[11]。

図 12‒1　不安定均衡と "D" 集合

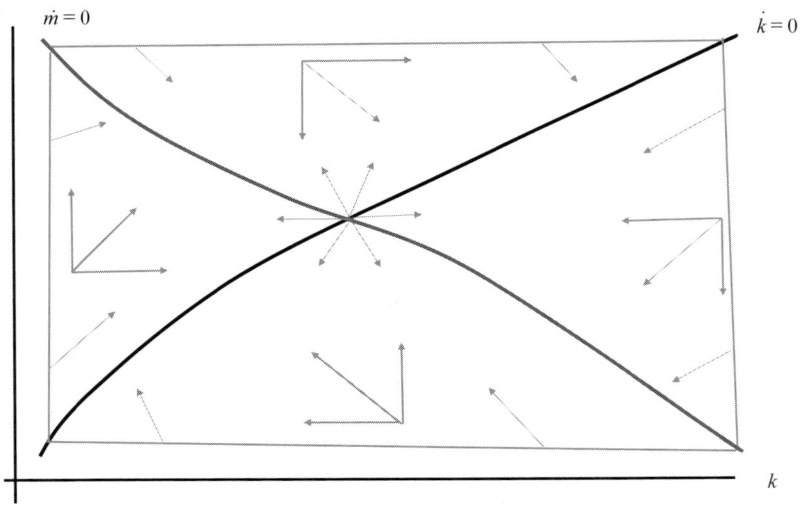

11）　例えば，Lorentz（1993）（小野崎保，笹倉和幸訳，2000）などを参照されたい。

図 12-2　安定均衡と "D" 集合

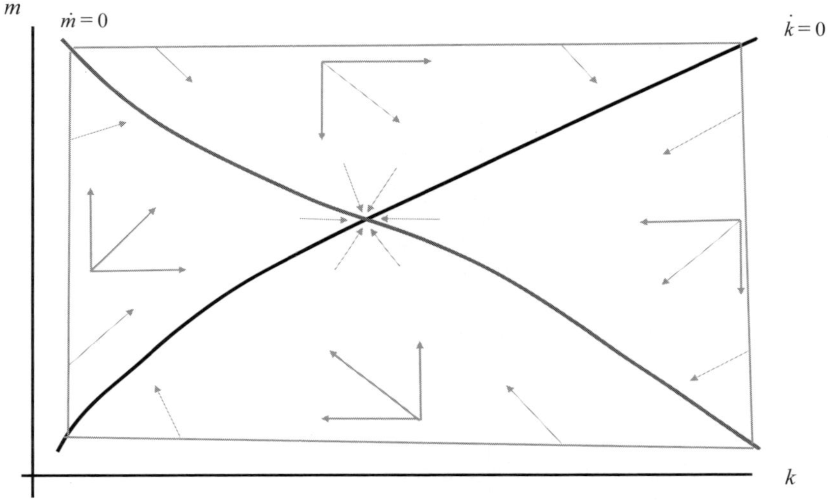

図 12-3　リミットサイクルのケース

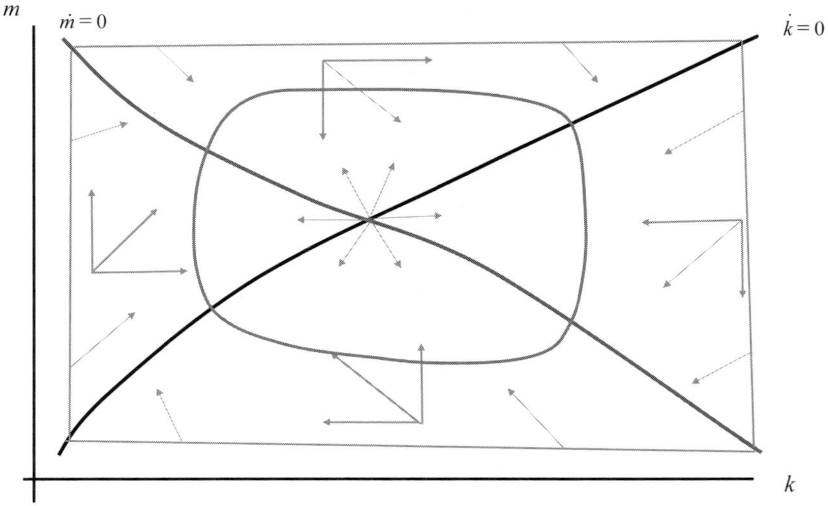

図 12-4　渦状収束点が存在するケース

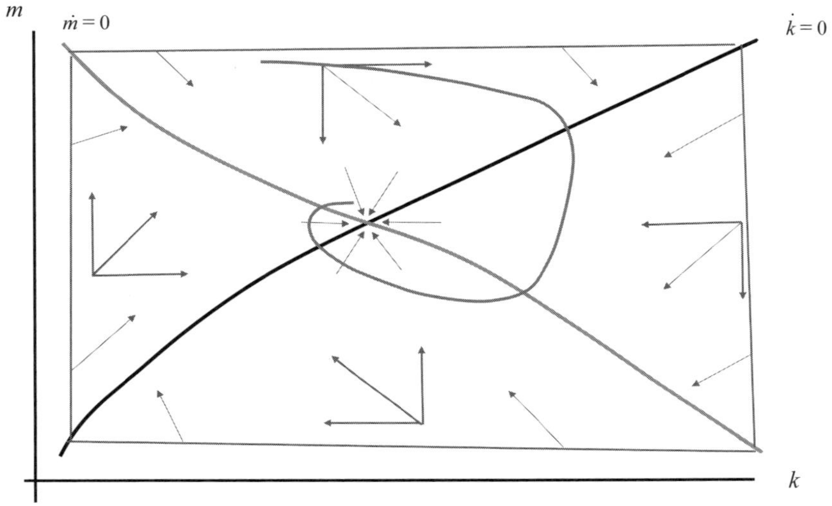

4. リミットサイクルの計量分析

前節の新古典派貨幣的成長モデルによる理論分析によって，労働者一人当たりの実質貨幣量（*m*）と労働者一人当たり実質資本ストック（*k*）の間にリミットサイクルが存在する可能性を示した。リミットサイクルが存在すれば，両変数が線形モデルではなく，非線形の TAR モデルに従っていることが Tong and Lim（1980），Tong（1983,1990）によって示されている。本節では，1955 年から 2008 年までの日本のマクロ・データを用いて，*m* と *k* の間にリミットサイクルが存在する可能性があるかどうか，すなわち，両変数の関係が TAR モデルに従うかどうかを検証する。まず，検証方法の手順と非線形性の検定方法を簡単に示したのちに，検証結果を検討する。

4-1　リミットサイクルの検証方法

TAR モデルを推定するためには，含まれる変数が定常過程に従っていないといけない。そこでまず，*m* と *k* の両変数について単位根検定を行う。単位根検定の結果，m と k から単位根が検出された。階差を取り I(0)であれば，階差系列で分析すればいいが，m と k の関係を検証したいので，本章ではトレンド定常である可能性を考え，Hodrick-Prescott（HP）フィルター[12] によってトレンドを除去した変数を分析の対象とした。実際，トレンド除去系列は定常過程に従っているので，その系列を分析することにした。

TAR モデルは，被説明変数を m か k のどちらかとし，両者のラグ変数を説明変数として特定化する。そのとき，m と k の因果性の方向を確認して，結果変数を被説明変数に設定する。そのため，m と k の 2 変量 VAR モデルを推定し，グレンジャー・テストとインパルス応答関数によって，因果性の方向とその影響の正負と大きさを確認する。

そして，線形回帰モデルと TAR モデルのどちらが選択されるかを線形性の検定によって確定する。TAR モデルが選ばれれば，リミットサイクルが存在している可能性が示唆されることになる。TAR モデルが選択された場合，選択されたモデルから得られた予測値を利用し，m と k の関係を，景気循環期単位で，高度成長期，低成長期，バブル期，失われた 15 年の期間に分割して，その動きを検討する。

以上の方法で分析した結果を検討する前に，TAR モデルの推定と線形性の検定について簡単に説明しておく。線形回帰モデルをつぎのように設定しよう。

$$y_t = X_t' \beta + Z_t' \delta_j + \varepsilon_t \tag{45}$$

ただし，y_t は被説明変数であり，右辺の説明変数は 2 つのグループに分割される。X 変数は局面によってパラメータは変わらず，Z は局面ごとにパラメータが変わる説明変数である。局面を分ける閾値が m 個，すなわち局面が（m＋1）個あるとしよう。観測可能な閾変数 q_t があり，厳密に増加する閾値（$\gamma_1 < \gamma_2 < \ldots < \gamma_m$）があり，$\gamma_j \le q_t \le \gamma_{j+1}$ のときに局面 j にいる。ここで，$\gamma_0 = -\infty$,

12）　Hodrick and Prescott（1997）を参照のこと。

$\gamma_{m+1}=\infty$である。このように，閾変数の値がj番目の閾値γ_jと（$j+1$）番目の閾値γ_{j+1}の間にあれば，その観測値は局面jに含まれる。

例えば，閾値が1つで2局面のモデルでは，つぎのようにモデルが特定化される。

$$y_t=X_t'\beta+Z_t'\delta_1+\varepsilon_t \qquad (-\infty<q_t<\gamma_1)$$

$$y_t=X_t'\beta+Z_t'\delta_2+\varepsilon_t \qquad (\gamma_1\leq q_t\leq\infty) \tag{46}$$

それが正しいときに1，違うときに0を取る表示関数$1(\cdot)$を利用すると，

$$1_j(q_t,\gamma)=1(\gamma_j\leq q_t<\gamma_{j+1}) \tag{47}$$

と定義でき，$(m+1)$局面の線形回帰モデルをひとつにまとめて，以下のように表現できる。

$$y_t=X_t'\beta+\sum_{j=1}^{m}1_j(q_i,\gamma)Z_t'\delta_j+\epsilon_t \tag{48}$$

もし閾変数q_tがy_tのd期ラグならば，(48)式はd期遅れの自己励起（self-exciting, SE）モデルと呼ばれる。本章では，従属変数のラグ変数を閾変数とする。

閾変数と回帰モデルの特定化を所与として，係数δとβ，そして閾変数γを決定したい。そこで，つぎの残差平方和を目的関数として，それをパラメータについて最小化することによって推定量を求めることができる。

$$S(\delta,\beta,\gamma)=\sum_{t=1}^{T}\Big[y_t-X_t'\beta-\sum_{j=0}^{m}1_j(q_i,\gamma)\cdot Z_t'\delta_j\Big]^2 \tag{49}$$

(49)において，γを所与$(\overline{\gamma})$として，目的関数$S(\delta,\beta,\gamma)$の最小化をするのである。すなわち，$(m+1)$個のすべての可能な閾局面を含めたモデルの誤差平方和を最小化するように閾値とOLS係数推定値を見つけることで推定を行うことができる[13)]。

13）　例えばHansen（1999）などを参照のこと。

本章で利用したソフトウェア EViews では，時系列データの構造変化を求める Bai and Perron（2003）の方法を利用している。閾変数をその大きさ順に並べ替えて，局面を分割して，分割したモデルが，分割しないモデルに比べて有意に改善されたかどうかを検定し，1 局面対 2 局面の検定を行う。これが線形性の検定といわれるものである。さらに，2 局面対 3 局面というように検定して，局面がいくつあるかを決定するのである。

4-2　データ

本節で利用するデータは以下のとおりである。

マネーストック M2：M2 + CD（期末残高）（日本銀行）

資本ストック KAT：民間資本ストック（民間計，取り付けベース）（内閣府『国民経済計算』）

デフレータ P：GDP デフレータ（内閣府『国民経済計算』）

労働者数 LA：就業者数（合計）（総務省統計局『労働力調査』）

四半期データを利用し，分析期間は 1955 年第 1 四半期 − 2008 年第 1 四半期である。マネーストックの定義が変わり，M2 + CD の継続性を考え，2008 年第 1 四半期までの期間とした。分析する 2 変数は以下のとおりである。

1人当たりマネーストック　$m = \dfrac{M2}{P \cdot LA}$（億円／万人）

1人当たり資本ストック　$k = \dfrac{KAT}{P \cdot LA}$（億円／万人）

なお，前節のモデルでは資本ストック K は実質値を想定しているが，資本ストックのデータは名目値であるので，本節の実証編では K についても GDP デフレータで割っている。両変数の基本統計量は表 12-1 のとおりである。なお，m を M2，k を KAT として示している。またこれらの変数を HP フィルターにかけてトレンドを除いた残差を RM2，RKAT とし，これらが定常性を満たすことを確認する。

表 12-1　基本統計量

（単位：億円／万人）

（1）　レベル

	標本数	平均	標準偏差	最大値	最小値	歪度	尖度
M2	213	503.2	341.1	1,192.3	48.3	0.395	1.941
KAT	213	916.8	425.2	1,883.3	380.1	0.739	2.392

（2）　トレンドからの乖離

	標本数	平均	標準偏差	最大値	最小値	歪度	尖度
RM2	213	0.00	10.27	47.67	−20.96	1.191	6.272
RKAT	213	0.00	14.25	60.29	−44.23	0.967	6.956

表 12-2　単位根検定：ADF 検定

（1）　レベル

	切片なし，トレンドなし	切片あり，トレンドなし	切片あり，トレンドあり
RM2	0.000	0.000	0.000
RKAT	0.000	0.000	0.000

4-3　単位根検定

RM2 と RKAT の関係が線形モデルに従うか，非線形の TAR モデルに従うか分析するために，まずこれらが単位根を持つかどうかを検定する必要がある。単位根検定の結果は表 12-2 のとおりである。ここでは，ADF 検定を利用した。表の値は ADF 検定の P 値を示しており，RM2，RKAT は定常であると判断できる結果を得たので，この 2 変数の間で分析を進める。また，定常時系列であるので，共和分の有無を検定する必要はない。

4-4　因果性の検証

VAR モデルによってグレンジャーの因果性検定を行った。AIC 情報量基準によると，VAR モデルのラグは 4 である。検定結果は表 12-3 のとおりである。マネーストック RM2 から資本ストック RKAT への因果性が 1% 有意水準で検出され，資本ストックからマネーストックへの因果性は検出されなかった。したがって，マネーストックから資本ストックへの一方的な因果性が検出

表 12-3　Grangerの因果性検定
VAR(4)

	P値
RKAT→RM2	0.195
RM2 RKAT	0.006

図 12-5　VARモデルによるインパルス応答関数

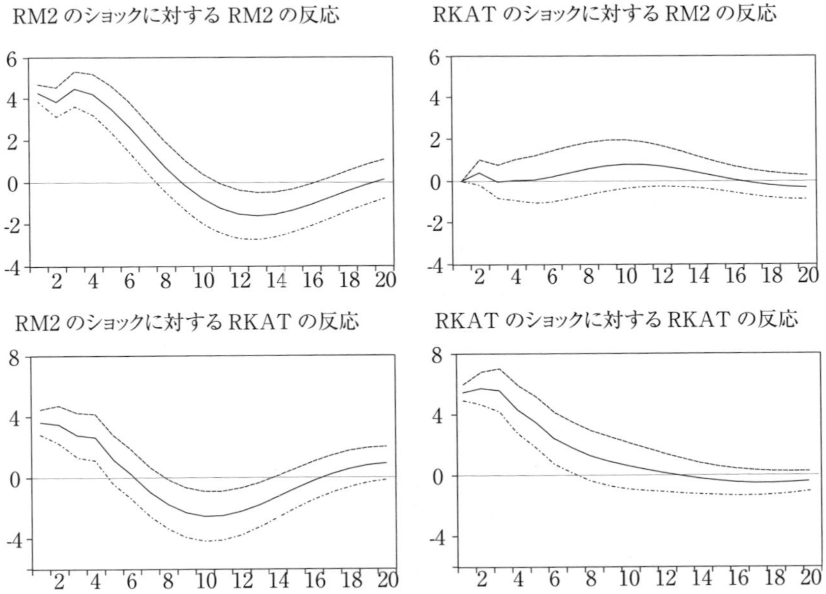

された。

グレンジャー・テストでは方向性は検定できるが，効果の正負の方向や大きさが確認できない。そこで，VARモデルの各変数のショックからのインパルス応答関数（Impulse Response Function：IRF）を検討してみよう。図 12-2 の実線がインパルス応答関数の値であり，上下の点線は 2 標準偏差の信頼区間である。図 12-5 左上，右下には RM2，RKAT のそれぞれ自身のショックからの影響が示されている。これらの図から，自身のラグ変数から影響を受けていることが確認できる。他の変数からの影響を確認すると，図 12-5 右上の RKAT のショックの RM2 への効果はプラスの時期があるものの 2 標準偏差の信頼区間では有意であるとは判断できない。他方，図 12–5 左下の RM2 ショックの RKAT への影響は，最初に 1 年にプラスの効果があり，10 期 2 年半前後でマイナスの効果が見て取れる。このように，全体としては，RM2 と RKAT にはプラスの関係があり，マネーストックから資本ストックへの因果関係が検出できていると判断できる。

4–5　TAR モデルの推定と線形性の検定

グレンジャーの因果性検定によって，マネーストック RM2 から資本ストック RKAT への因果性が検出された。そこで RKAT を被説明変数とし，RKAT と RM2 のラグ変数を説明変数とした TAR モデルによって線形性の検定を行う。モデル選択の方法はつぎのとおりである。まず，ラグ次数を 1 期，閾変数のラグを 1 期としてモデルを推定する。モデルの局面は最大 4 を設定して，線形性の検定を行いながら，モデルを選択する。そして，ラグ次数が最大 4 期までのモデルを推定し，それぞれのラグ次数について，線形性の検定を行いながら，局面数を選択してモデルを検定する。その際，ラグ次数に対して，閾変数のラグ次数 $d \leq p$ として，推定したそれぞれのモデルについて，AIC 基準によりモデルを選択する。なお，閾変数は RKAT のラグ変数とする。モデルのラグ次数，閾変数のラグ次数それぞれの推定結果について，局面数，AIC，SBIC を示したのが表 12–4 である。モデルのラグが 1 期，閾変数のラグ 1 期のモデルで，AIC，SBIC ともに最小となった。そして，局面 4 つの TAR が選択された。

選択された 4 局面の TAR（1）モデルの線形性テストの結果は表 12–5 のとおりである。最大閾値数は 3 に設定している。第 1 列に閾値がいくつの検定が

表 12–4　TAR モデルの選択

説明変数のラグ数	1	2		3			4			
閾変数のラグ数	1	1	2	1	2	3	1	2	3	4
局面数	4	4	2	4	2	3	4	3	4	2
AIC	6.209	6.245	6.521	6.283	6.520	6.818	6.317	6.515	6.496	6.627
SBIC	6.399	6.564	6.681	6.731	6.745	6.615	6.895	6.950	7.077	6.918

表 12-5　線形性の検定

最大閾値数：3

閾値の仮説	F 統計量	基準化 F 統計量	臨界値 **
0 vs. 1*	18.62997	55.8899	13.98
1 vs. 2*	19.23113	57.6934	15.72
2 vs. 3*	11.75495	35.26486	16.83

* 5％水準で有意。

** Bai and Perron (2003) の臨界値

行われたかを示している。1 行目は線形モデルと閾値が 1 つ，つまり，線形モデルと 2 局面を持つ TAR モデルのどちらが選択されるかの検定である。帰無仮説は閾値なしの線形モデルである。以下，閾値が 1 つ対 2 つ，2 つ対 3 つの検定結果が示されている。3 列目の修正 F 値が第 4 列の Bai and Perron (2003) に掲載された臨界値より大きいと帰無仮説は棄却される。その結果，3 つすべての帰無仮説仮説が 5% 有意水準で棄却され，閾値が 3 つ，すなわち 4 局面の TAR モデルが採択されている。したがって，m と k の間にリミットサイクルが存在すると考えられる。

さて，推定された TAR モデルの性質はどうなっているだろうか。表 12-6 が選択された 4 局面の TAR(1) モデル推定結果である。なお，標準誤差は Newey=West の方法で修正されたものである。すべての標本数 212 のうち，閾変数 RKAT(−1) が −10.8 以下の第 1 局面は 33，−10.8 から 0.54 の範囲にある第 2 局面は 84，0.54 から 10.9 の間を取る第 3 局面が 63，10.9 以上の第 4 局面が 31 である。いずれの局面においても RKAT が有意であるのに対し，一部の局面でしか RM2 は有意となっていない。

4-6　TAR モデルから得られたマネーストックと資本ストックの関係

最後に，TAR モデルにおける RKAT の理論値と，RM2 の散布図を描く図 12-6 に描いた。図 12-6-1～図 12-6-5 はそれぞれ，全期間（1995.II – 2007.II）と，高度成長期（1955.II – 1974.IV)，低成長期（1975.I – 1986.III)，バブル期（1986.IV – 1993.III)，失われた 15 年（1993.IV – 2007.II）に分割した散布図を示している。

表 12−6　TAR モデルの推定

標本期間：1955.II − 2007.IV　　　調整後の観測値数 =211

閾変数：RKAT（−1）

閾の選択条件：初期終期を 15%カット，最大閾数 3，5%有意水準

変数	係数推定値	標準誤差	t- 値	P 値
RKAT(−1) < −10.81238　観測値数 33				
C	−8.881	1.167	−7.610	0.000
RKAT(1)	0.502	0.079	6.351	0.000
RM2(1)	0.285	0.223	1.276	0.203
−10.81238 <= RKAT(−1) < 0.5368658　観測値数 84				
C	−2.236	0.461	−4.850	0.000
RKAT(1)	0.581	0.055	10.574	0.000
RM2(1)	0.057	0.024	2.405	0.017
0.5368658 <= RKAT(−1) < 10.86268　観測値数 63				
C	2.915	0.380	7.672	0.000
RKAT(1)	0.496	0.050	9.999	0.000
RM2(1)	−0.055	0.066	−0.829	0.408
10.86268 <= RKAT(−1)　観測値数 31				
C	7.018	1.714	4.095	0.000
RKAT(1)	0.619	0.097	6.377	0.000
RM2(1)	0.391	0.268	1.458	0.147
R^2	0.870	従属変数の平均値		−0.190
$\bar{R}^2$	0.863	従属変数の標準偏差		14.177
回帰の標準誤差	5.248	AIC		6.209
残差平方和	5,480.2	SC		6.399
対数尤度	−643.0	Hannan-Quinn 基準		6.286
F- 値	121.2	Durbin-Watson 統計量		2.433
P 値(F- 統計量)	0.000			

図 12−6−1 のように，全期間を通してみてみると，小さなサイクル，大きなサイクル，そして領域の異なるサイクルがいくつも混ざっているように見える。サンプルが長期にわたり，分析しているマネーストックや資本ストックが，一人当たりでも大きく増加している。トレンドからの乖離を取っても，その乖離幅も循環期の変動の激しかった時期とそうでない時期，また絶対値が大きい時期と小さい時期がある。また循環期によって RM2 と RKAT の関係も変化しているであろう。各循環期をひとつずつ検討しても，その時期の特殊性に影響すると考えられる。そこで，上に示したような，4 つの時期に分けて，サイクルの形状を詳しく検討してみよう。

図 12-6-1　全期間（1995.II – 2007.II）

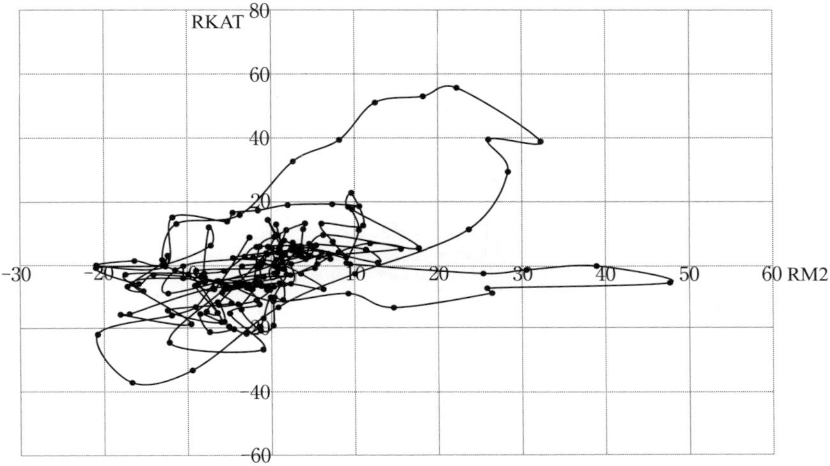

まず高度成長期（1955.II – 1974.IV，図 12-6-2）を見てみよう。小さなサイクルの渦とひとつの大きなサイクルとが存在することが確認できる。大きなサイクルは 1970 年代の第 7 循環（1971.IV – 1974.IV）に大きく変動したものである。それまでは，小さなサイクルの渦の範囲に収まっていた。このように，右上がりの楕円形をした，大小 2 つのサイクルがあったのではないかと推測できる。

つぎに低成長期（1975.I – 1986.III，図 12-6-3）はどうだろうか。この期間は第 8，9，10 循環期を含み，第 1 次石油ショック後から，第 2 次石油ショックも含む日本経済における大きな構造変化の時期でもあった。その影響で RM2 と RKAT の間の関係も不安定なものになっている。各循環期でそれぞれ異なるサイクルを描いている。

バブル期（1986.IV – 1993.III，図 12-6-4）の第 11 循環はひとつのサイクルを描いているように見える。RM2 も RKAT もマイナスから始まり，すぐに 1986.IV から RKAT が上昇し，そののちに RM2 が上昇し始め，右へのびている。その後，1989.II に RKAT が急に低下した。RKAT はそのままで，その後 RM2 が上昇し，反転して急減して元の位置に戻っている。右下がりの楕円形をしていることも他の時期とは異なっている特徴である。

図 12-6-2　高度成長期（1995.II – 1974.IV）

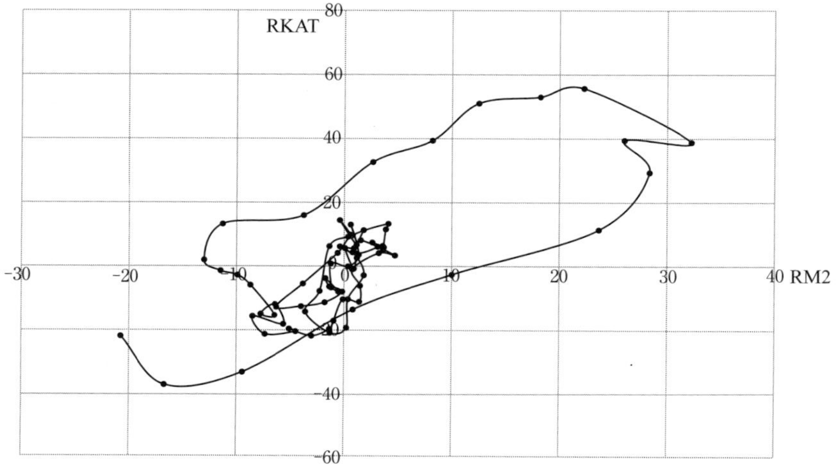

図 12-6-3　低成長期（1975.I – 1986.III）

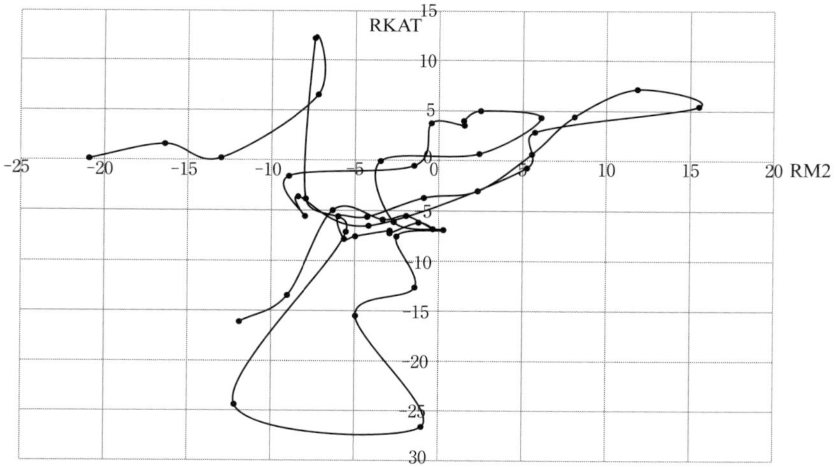

図 12-6-4　バブル期（1986.IV – 1993.III）

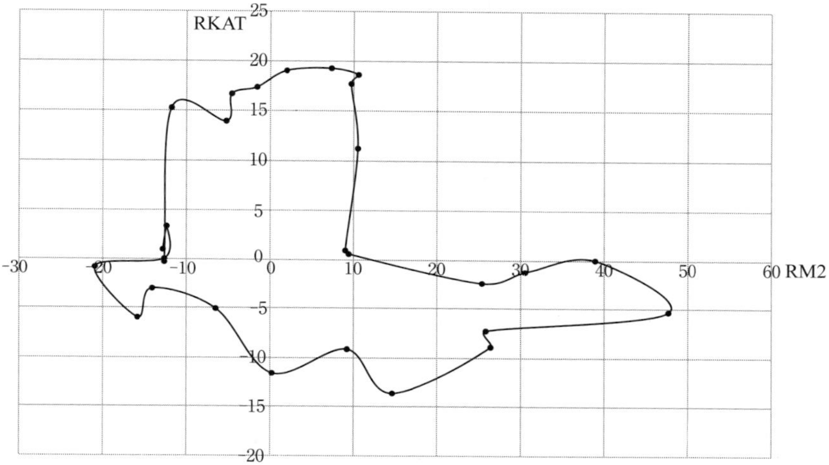

最後に，失われた 15 年（1993.IV – 2007.II，図 12-6-5）と呼ばれた第 12，13，14 循環期が含まれている最近の期間はどうだろうか。第 12，13 循環期はバブル崩壊の深刻な景気の低迷の時期であった。景気の山谷が付けられているとはいえ，日本経済は深刻な状況であった。その後の第 14 循環は，成長率は高くはないが，いざなぎ景気を超える景気拡張期間を超えた時期を含んでいる。第 12，13 循環は左下に多くの点が集まり，第 14 循環は右上に集まっている。これらが複合して，図のようなプロットを描いている。

以上のように，景気循環期の期間に基づいてプロットしてみると，景気循環期毎に異なる動きをしているが，TAR モデルで示された RM2 と RKAT の間にリミットサイクルが示唆される関係が循環を描いていることが見てとれる。

しかしながら，景気循環期の基準日付の設定が，マネーストックと資本ストックの循環と一致していないので，時期を修正して，プロットを取るとより明確にサイクルを示すことができるのだろうか。また，HP フィルターを使ってトレンドを除いた変数を使ったが，その結果，景気の基準日付とは別のサイクルを抽出しているのかもしれない。今後，さらに詳細に検討する必要があ

図 12-6-5　失われた 15 年（1993.IV – 2007.II）

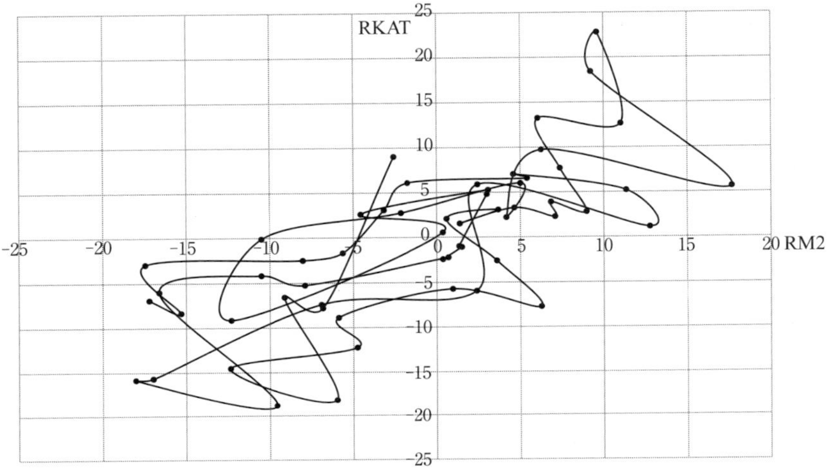

る。

5. おわりに

本章では，貨幣的経済成長モデルを用いて，経済の実物的側面と貨幣的側面の相互作用がもたらす経済成長，景気循環と均衡の不決定性の分析を行い，マクロ経済政策として近年特に重視されている金融政策との関係性において，景気循環やその政策効果の理論的検討と日本の時系列データを用いたリミットサイクルの計量分析を行った。まず，理論的な分析として，Tobin=Uzawa タイプの新古典派貨幣的経済成長モデルを発展させた貨幣的経済成長モデルを構築し，このモデルの不動点の近傍における動学的な性質を検討した。その結果，均衡が渦状収束点やリミットサイクルとして示されることを明らかにした。

理論分析に従って，一人当たり資本ストック k と一人当たりマネーストック m の関係を計量分析したところ，以下の結果を得た。

第一に，これらの関係を分析するために，HP フィルターを掛けてトレンドを除去したデータ，RKAT，RM2 を用いて分析した。その結果，これらの変数は定常時系列であった。

第二に，RKAT と RM2 の VAR モデルを推定し，因果性を分析すると，RM2（マネーストック）から RKAT（資本ストック）への方向が検出され，マネーストックのショックが初期にはプラスの効果を持ち，2 年を過ぎるとマイナスに転じ収束していくという結果が得られた。

第三に，線形性の検定を行った結果，4 局面の TAR モデルが採択され，資本ストック RKAT とマネーストック RM2 の間にリミットサイクルが存在する可能性が示唆された。

第四に，TAR モデルが示すリミットサイクルの存在を可視化するために，RKAT の予測値と RM2 の散布図を，景気循環期に基づいていくつかの時期に分けて描いてみた。その結果，時期によって循環の形状は異なるが，循環を描いていることが確認できた。

最後に，今後の研究の方向性を述べて，本章を閉じたい。まず，理論的なモデルとして，ここではリミットサイクルの存在に関するポアンカレ－ベンディクソンの定理を直接援用するために，連続時間の微分方程式モデルを用いて分析を進めた。しかしながら，本グループによる 2015 年の研究にも示されているように，離散時間の差分方程式モデルを前提にしても同様な研究を進めることは可能である。離散時間の貨幣的経済成長モデルはより複雑な位相を示すことが知られており，興味深い研究が期待される。

また，近年，公債の累積が金融市場にもたらす効果が無視できない状況となっている。分析の視野に公債を入れることにより，景気循環やリミットサイクルの研究は新たな展開を期待することができると考えられる。

参考文献

伊藤元重，西村和雄，(1989)『応用ミクロ経済学』，東京大学出版会。

宇沢弘文，(1986)『経済動学の理論』，東京大学出版会。

福田慎一，照山博司 (2004)「貨幣経済モデルにおける不決定性の再検討」，西村和雄，福田慎一編著『非線形均衡動学―不決定性と複雑性』，東京大学出版会。

Agliari, A., R. Dieci, and L. Gardini, (2007), “Homoclinic Tangles in a Kaldor-like Business

Cycle Model," *Journal of Economic Behavior and Organization*, Vol. 62, pp. 324–347.

Azariadis, C. and R. Guesnerie（1986）, "Sunspots and Cycles," *Review of Economic Studies*, vol. 53, pp.725–737.

Bai, Jushan, and Pierre Perron（2003）, "Computation and Analysis of Multiple Structural Change Models," Journal of Applied Econometrics, Vol. 18, No. 1, pp. 1 – 22.

Bec, F., M. Ben Salem, and M. Carrasco,（2004）"Tests for Unit-root Versus Threshold Specification with an Application to the Purchasing Power Parity Relationship," *Journal of Business and Economic Statistics*, Vol. 22, pp. 382–395.

Benhabib, J. and K. Nishimura,（1985）, "Competitive Equilibrium Cycles," *Journal of Economic Theory*, vol. 35, pp.284–306.

Bischi, G. I., R. Dieci, G. Rodano, and E. Saltari,（2001）, "Multiple Attractors and Global Bifurcations in a Kaldor-type Business Cycle Model," *Journal of Evolutionary Economics*, Vol. 11, pp. 527–554.

Boldrin M. and M. Woodford,（1990）"Equilibrium Models Displaying Endogenous Fluctuations and Chaos," *Journal of Monetary Economics*, vol. 25, pp.189–222.

Chang, W. W. and D. J. Smith,（1971）, "The Existence and Persistence of Cycles in a Nonlinear Model: Kaldor's 1940 Model Re-examined," *Review of Economic Studies*, Vol. 38, pp. 37–44.

Hansen, B. E.,（1999）, "Testing for Linearity," *Journal of Economic Surveys*, Vol. 13, No. 5, pp. 551–576.

Hodrick, Robert J. and Edward C. Prescott（1997）, "Postwar U.S. Business Cycles: An Empirical Investigation," *Journal of Money, Credit and Banking*, Vol. 29, No. 1, PP. 1 – 16.

Kaldor, N.,（1940）, "A Model of the Trade Cycle," *Economic Journal*, Vol. 50, pp. 78–90.

Kapetanios, G. and Y. Shin,（2006）"Unit Root Tests in Three-regime SETAR Models," *Econometrics Journal,* Vol. 9, pp. 252–278.

Koop, G. and S. M. Potter,（1999）, "Bays Factors and Nonlinearity: Evidence from Econometric Time Series," *Journal of Econometrics*, Vol. 88, pp. 251–281.

Kraeger, H. and P. Kugler,（1993）, "Non-linearities in Foreign Exchange Market: A Different Perspective," *Journal of International Money and Finance*, Vol. 12, pp. 195–208.

Lefschetz, S.,（1962）, *Differential Equations: Geometric Theory 2nd ed.*, Interscience Publishers.

Lorentz, H. W.,（1993）, *Non-linear Dynamical Economics and Chaotic Motion*, Springer-Verlag（小野崎保，笹倉和幸訳，(2000)『非線形動学とカオス』，日本経済評論社）.

Maki, D.,（2009）"Tests for a Unit Root using Three-regime TAR Models: Power Comparison and some Applications," *Econometric Reviews*, Vol. 28, pp. 335–363.

Maki, D., and S. Kitasaka,（2015）, "Residual-based Tests for Cointegration with Three-regime TAR Adjustment," *Empirical Economics*, Vol. 48, No. 3, pp. 1013–1059.

Matsuyama, K.,（1991）, "Endogenous Price Fluctuations in an Optimizing Model of a

Monetary Economy," *Econometrica*, vol. 59, pp.1617–1631.

Nishigaki Y., Y. Ikeda, and M. Satake, (2007), "A Non-Linear Approach to the Japanese Business Cycles," *Global Business and Finance Review*, Vol. 12, No. 3, pp. 41–50.

Nishigaki ,Y., Maki, D. and M. Satake, (2015) "Capital Adjustment and Limit Cycles: An Empirical Analysis Based on the Threshold Autoregressive Model," *International Journal of Economic Behavior and Organization*, vol.3, pp. 52–59.

Park, J. Y., and M. Shintani, (2014) "Testing for a Unit Root Test against Transitional Autoregressive Models," *International Economic Review*, forthcoming.

Patinkin, D. and D. Levhari, (1968) "The Role of Money in a Simple Economy," *American Economic Review*, vol. 58, pp.713–753.

Potter, S. M., (1995), "A Non-linear Approach to U.S. GDP," *Journal of Applied Econometrics*, Vol. 10, pp. 109–125.

Sarantis, N., (1999), "Modeling Non-linearities in Real Effective Exchange Rates," *Journal of International Money and Finance*, Vol. 18, pp. 27–45.

Satake, M., Maki, D., and Y. Nishigaki, (2009) "Limit Cycles in Japanese Macroeconomic Data: Policy Implications from the View of Business Cycles," *International Journal of Economic Policy Studies*, Vol. 4, pp. 37–54.

Sidrauski, M., (1967), "Rational Choice and Pattern of Economic Growth in a Monetary Economy," *American Economic Review,* vol.57, pp. 535–544.

Tobin, J., (1965), "Money and Economic Growth," *Econometrica*, vol. 33, pp.671–684.

———, (1970), "Money and Income: Post Hoc Ergo Propter Hoc?" *Quarterly Journal of Economics*, vol. 84, pp. 301–307.

Tong, H. and K. S. Lim (1980), "Threshold Autoregression, Limit Cycles and Cyclical Data," *Journal of Royal Society, Series B*, Vol. 42, No. 3, pp. 245 - 292.

Tong, H., (1983), *Threshold Models in Non-linear Time Series Analysis: Lecture Notes in Statistic 21*, Springer-Verlag.

Tong, Howel l (1990), *Non-linear Time Series – A Dynamical System Approach*, Oxford University Press

Uzawa, H., (1988), *Preference, Production, and Capital*, Cambridge University Press.

Varian, H. R. (1979), "Catastrophe Theory and the Business Cycle," *Economic Inquiry*, Vol. 17, pp. 14–28.

第 13 章

Trade Union Behavior and Wage Formation in Japan: Theoretical and Empirical Perspectives

Kazuhiko NAKAHIRA, Masahiro YABUTA

1. Introduction

The impacts of wages and prices on the macroeconomy have been in the spotlight again in Japan. It is posited that inflation expectations, mainly due to the monetary policy, increase wages and aggregate demand, leading to economic expansion. Under the recent Japanese policy framework, the price determination mechanism as well as the wage determination process is important issue.

This paper investigates the following three points. The first is to examine the wage determination mechanism. From the middle of 1980s to the early 1990s, there was a fundamental understanding that trade union behavior affects wages and the macroeconomic performance in Japan. In relation to this topic, Brunello and Wadhwani (1989) and Inoue *et al.* (2006) analyze the wage equation based on the bargaining behavior between trade unions and firms. Indeed, the influence of trade unions on wage determination seems to be smaller in the last 20 years. However, there have been some critical reviews on this matter. (for example, Noda (2004), Boeri and Ours (2013)).

The second is to examine the bargaining process in the labor market and stability of the economy in dynamic terms. Bargaining theories have specified the negotiation process within static models (for example, McDonald and Solow (1981) and Oswald (1985)). Nevertheless, this topic should be considered by a dynamic framework. As Klundert and Schaik (1990) point out, demand deficiency as well as capital accumulation have an effect on actual unemployment. It would be inappropriate for the government to increase effective demand in the case where there is no deflation gap, and to conduct a demand management policy for reducing the rate of unemployment if there is a capital shortage. In this context, it should be the second aim of our study to clarify the category of unemployment. By following Klundert and Schaik (1990), unemployment can be broken down into two categories: unemployment due to demand shortage and unemployment due to capital shortage. Keynesian-type model with market restriction assumption should be utilized to analyze this topic.

The third aim of our research is to apply bargaining theories in the course of our dynamic analysis. After examining the workings of the dynamic model, we reach the major point that the stability condition is related to the union's bargaining behavior including the bargaining power. Moreover, it is revealed that whether the Instability Principle in the Harrodian sense can be ensured depends on how the trade unions behave in the wage bargaining process. In this context, a wage equation based on trade union behavior is estimated to perceive the relation between bargaining power and wages.

The remainder of the paper proceeds as follows. In section 2 we present a basic framework for the firm's labor demand function and give a rigorous definition of unemployment. Section 3 provides the "monopoly union" model which gives the wage-unemployment relation with a specific union's monopoly power. In section 4, we analyze the features of the simple dynamic model which incorporates the investment function. In section 5, we introduce the "right to manage" model which is applicable to our empirical study. In order to examine trade union behavior empirically, estimatation of the wage equation is conducted in section 6. Concluding remarks are provided in section 7.

2. The Framework

Suppose that the production function by which output (Y) is related to notional labor demand (L) and capital (K) is given by a Cobb-Douglas form:

$$(1)\ Y=AL^{\alpha}K^{1-\alpha},\ 0<\alpha<1,\ A>0,$$

where A represents overall TFP (total factor productivity). In the short-run, both A and K must be fixed at given levels. The firm's notional real profit (π) in terms of capital stock is given by

$$(2)\ \pi=Al^{\alpha}-Rl-r,$$

where $l=\frac{L}{K}$. R is the real wage rate and r is the real cost of capital. Hence, the profit maximizing level of notional labor-capital ratio (l) can be written as

$$(3)\ l=\frac{z}{R},$$

where $z=\frac{\alpha}{1-\alpha}$. Workers are employed by a representative firm by following equation (3) unless there are supply or demand restrictions in the labor market.

As far as demand is concerned, we adopt a simple formula:

$$(4)\ X=RN+C+I+G,$$

where X, RN, C, I, and G refer to total expenditure, consumption by workers, consumption by others, investment, and government expenditure, respectively. N is actual employment by firms. Assuming workers who receive wages do not save at all, total consumption equals consumption by workers ($R{\cdot}N$) and consumption by others (C). According to the demand restriction given by equation (4), the realized (not notional) output will be given by

(5) $X=AN^{\alpha}K^{1-\alpha}$.

The rate of capacity utilization (δ) can be defined by

(6) $\delta\equiv\frac{X}{Y}$,

the ratio of actual output restricted by effective demand (X) to output (Y) that firms warrant at a normal level of capacity utilization. By utilizing equations (1), (5), and (6), we obtain

(7) $n=\delta^{\frac{1}{\alpha}}l$,

where n ($\equiv\frac{N}{K}$) denotes the labor-capital ratio. As for consumption C, a part of total consumption, a linear relationship between C and δ can be given by the following equation if we assume C is positively related to the degree of capacity utilization:

(8) $C=c\delta K$.

where c is a constant term and $c>0$. Substitution of equations (3), (7), and (8) into equation (4) yields

(9) $x=z\delta^{\frac{1}{\alpha}}+c\delta+g+f$

where $x=\frac{X}{K}$, $g=\frac{I}{K}$, $f=\frac{G}{K}$. By considering the definition of x and equations (3), (5), and (7), we obtain another formula:

(10) $x=A\left(\frac{z}{R}\right)^{\alpha}\delta$.

By using (9) and (10), we have

(11) $A\left(\frac{z}{R}\right)^{\alpha}\delta-z\delta^{\frac{1}{\alpha}}-c\delta=g+f$.

The implicit function is given by solving (11):

(12) $\Phi(\delta, R; r, \alpha, A, c, g, f) = 0$.

Differentiating (11) with respect to R and using $y \equiv \frac{Y}{K}$ to distinguish the sign of $\frac{dR}{d\delta}$, we have

$$(13)\ \frac{dR}{d\delta} = \frac{y\left\{1 - \frac{c}{y} - \delta^{\frac{1-\alpha}{\alpha}}\right\}R}{z\delta}.$$

It should be noted that $\frac{c}{y}$ is equal to $\frac{C}{X}$ (the ratio of non-worker`s consumption to actual output), and thus it is small and positive. For a given set of $\{r; g, f\}$, the slope of (12) in the R-δ space is positive if $\delta < (1 - \frac{c}{y})^{\frac{\alpha}{1-\alpha}}$. Therefore, the alternative combinations of variables in equation (12), which produce equilibrium in the product market, can be expressed as the hump-shaped curve in Figure 13-1. We have to pay attention to find that the slope of (12) becomes $-\frac{c}{n}$, per capita non-workers' consumption, when $\delta = 1$. Moreover, it should also be noted that a decrease in g induces a decline in real wages, and shift this curve downwards, as is shown in Figure 13-1.[1)]

As we have already shown, firms estimate the level of labor demand to adjust a capital operation at the normal rate. However, firms employ less workers than usual if the degree of capacity utilization is less than unity. It is the case where there is a positive output gap. Thus, the planned employment is realized if and only if there is no gap between notional and actual output. It would be natural to define the employment gap, unemployment, by the following simple formula:

$$(14)\ u \equiv \frac{M - N}{M},$$

where M represents the labor supply and u denotes the rate of unemployment. The percentage growth rate of labor supply (v) as an exogenous variable is assumed to be $v > 0$. It is apparent that the rate of unemployment is broken down into two parts —

1) As for the locus where $\frac{dR}{d\delta}$ is assured for equation (12), that is the locus of $1 - \frac{c}{y} - \delta^{\frac{1-\alpha}{\alpha}} = 0$, it is clear that $\frac{dR}{d\delta} < 0$ and $\delta \rightarrow 1$ implies $R \rightarrow 0$.

u_1 and u_2 —, if the rate of capacity utilization is less than unity so that the demand for labor is greater than the actual employment. u_1 and u_2 are defined as

$$(15)\ u \equiv u_1 + u_2 \equiv \frac{M-L}{M} + \frac{L-N}{M}\ \text{, for } M \geq L \geq N.$$

Considering (15), the percentage contribution of u_1 and u_2 are defined as

$$(16)\ u_1(\%) = 100 \cdot \frac{1-\frac{L}{M}}{1-\delta^{\frac{1}{\alpha}}\frac{L}{M}},$$

$$(17)\ u_2(\%) = 100 \cdot \frac{(1-\delta^{\frac{1}{\alpha}})\frac{L}{M}}{1-\delta^{\frac{1}{\alpha}}\frac{L}{M}},$$

where $\frac{L}{M}$ represents the employment rate. Suppose that $\frac{L}{M}$, δ, and α are 0.95, 0.95, and 0.7, respectively. In this case, u=11.7(%), u_1(%)=5 and u_2(%)=6.7, and we find that 42.3% of the unemployment rate comes from u_1 and 57.3% comes from u_2. This means that almost three quarters of the total unemployment are attributable to a deficiency of effective demand. u_1 can be referred to as *the rate of unemployment due to capital shortage* because unemployment still exists even if firms utilize their capital stock at the normal rate. However, there also exist some unemployment caused by a lack of effective demand. In this case, from equation (7), $\delta<1$ implies $L>N$ and $u_2>0$. Hence, u_2 should be referred to as *the rate of unemployment due to demand shortage* or *the rate of 'Keynesian unemployment'*. By utilizing equation (7), the rate of overall unemployment can be rewritten as

$$(18)\ u = (1-\delta^{\frac{1}{\alpha}})\frac{L}{M} = 1-\delta^{\frac{1}{\alpha}}\left(\frac{K}{M}\right)\left(\frac{z}{R}\right).$$

In the balanced growth path, the rate of capacity utilization is equal to unity and capital stock increases at the same rate as labor supply so that $\frac{K}{M}$ can keep constant. Thus, $\frac{L}{M}$ remains constant unless both z and R alter, and then the rate of unemployment would be fixed at the following level:

Figure 13-1 Equilibrium of the product market (α=0.5)

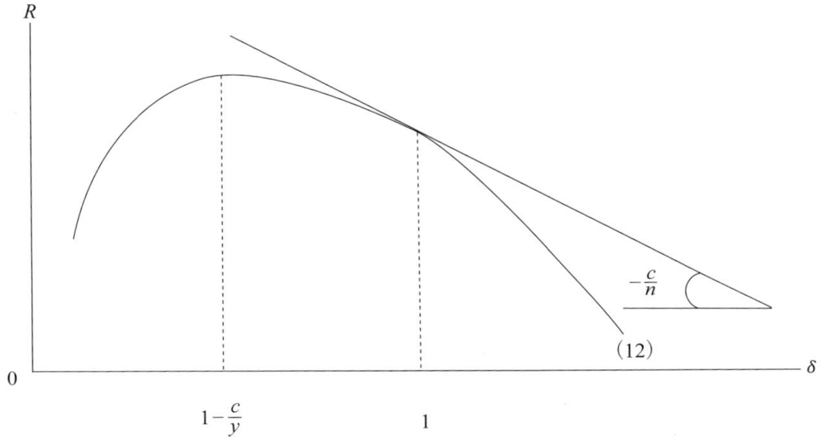

(19) $u^{*}=1-(\frac{L}{M})$.

Because a steady state requires a constant employment rate which is very likely to be less than unity, the steady state rate of unemployment, u^{*}, might be positive. Steady state also implies $L=N$ so that u^{*} is attributable to capital shortage. Therefore, we find that the steady state rate of unemployment cannot be decreased by any events or interventions in demand-side such as demand management policy.

Finally, we have a complete system including three endogenous variables — δ, R, and g — after considering how R and g are determined.

3. The Monopoly Union Model

Micro-foundations for trade union behavior play an important role in explaining the wage-employment relation. Some previous studies dealing with bargaining problems have categorized two dominant bargaining models: the monopoly union model and the efficient bargaining model (for example, MacDonald and Solow (1981), Oswald (1985), Calmfors (1985), and Booth (1995)). In this study, we use the "monopoly union" model in which the trade union can choose the wage level through bargaining whereas the level of employment is determined unilaterally by the firm.

Suppose that the trade union has the welfare function (W) concerning its members' expected utility. Using (14), we obtain the welfare function:

$$(20)\ W \equiv \frac{N}{M}R + \left(1-\frac{N}{M}\right)\underline{R} = \frac{N}{M}\left(R-\underline{R}\right)+\underline{R} = (1-u)(R-\underline{R})+\underline{R},$$

where $\underline{R}$ is the alternative wages (or the level of unemployment benefit) out of the union sector. It is assumed that the wages offered by unions must be greater than the alternative wages, $R>\underline{R}$, so as to appreciate the union's effect on the positive union–nonunion wage difference (see chapter 6 of Booth (1995) for a survey of empirical research). Introducing the markup ($m>0$) as the ratio of union wage to nonunion wage, we obtain

$$(21)\ R=(1+m)\underline{R}.$$

By substituting (18) into (20), we obtain

$$(22)\ W \equiv W(\delta, R) = \delta^{\frac{1}{\alpha}}\left(\frac{K}{M}\right)\left(\frac{z}{R}\right)(R-\underline{R})+\underline{R}.$$

$\frac{K}{M}$ is kept constant in the short-run. Simple algebra on (22) shows that the marginal rate of substitution ($MRS_{R\delta}$) between real wages and the rate of capacity utilization is given by the equation

$$(23)\ MRS_{R\delta} \equiv \frac{dR}{d\delta} = -\frac{(R-\underline{R})R}{d\delta\underline{R}}<0.$$

As for the $MRS_{R\delta}$, it is apparent by (23) that the absolute value of $MRS_{R\delta}$ tends to be zero as R decreases toward $\underline{R}$, and that it decreases as δ increases.

Assuming that the trade union maximizes W based on (20) subject to (11) for a given set $\{g, f, A, K, M, \alpha, z, \underline{R}\}$. As far as a short-run equilibrium is concerned, the first-order condition for the trade union's desired wage can be written as

$$(24)\ \frac{y(1-\frac{c}{y}-\delta^{\frac{1-\alpha}{\alpha}})R}{z\delta} = -\frac{(R-\underline{R})R}{\alpha\delta\underline{R}}.$$

Equation (24) implies that the left-hand side which represents the slope of the labor demand schedule given by (13) must be equal to $MRS_{R\delta}$, the right-hand side. Therefore, as shown by the point A in Figure 13–2, the sign of the left-hand side of (24) should be negative so that we have $\delta > (1-\frac{c}{y})^{\alpha(1-\alpha)}$, meaning that the slope of the labor demand curve is negative.[2] It is instructive to rewrite (24) by the implicit function of the form:

$$(25)\ \Psi(\delta, R; r, \alpha, A, c, \underline{R})=0.$$

Equations (12) and (25) construct a complete framework for the short-run equilibrium. Let Ω be the set which consists of equilibrium points (δ, R) satisfying both (12) and (25) for various values of the rate of capital accumulation. It is depicted in Figure13–2, and we call the locus of such points the Ω-contract curve. It is positively sloped for $R \geq \underline{R}$ and intersects the vertical line, $\delta=1$ at $R^*=(1+m^*)\ \underline{R}$ where $m^*=\frac{c\alpha}{z}$. We solve (11) explicitly for the equilibrium rate of capital accumulation, g^*;

$$(26)\ g^*=A\left(\frac{z}{R^*}\right)^{\alpha}-z-c-f,$$

at the point $(1, R^*) \in \Omega$. Thus, g^* is identical with "the warranted rate of growth" in the Harrodian sense because this assures the normal utilization of capital (see Harrod (1973)). Notice that there is no Keynesian unemployment on the warranted growth path, and only unemployment due to capital shortage matters. In this case, as observed before, the steady state rate of unemployment, u^*, given in (19), is very likely to be

---

2) Using the bordered Hessian matrix (H) for this constrained optimization problem, the second-order condition can be given by

$$\det H=\begin{vmatrix} 0 & \Phi_{\delta} & \Phi_{R} \\ \Phi_{\delta} & L_{\delta\delta} & L_{\delta S} \\ \Phi_{R} & L_{R\delta} & L_{RR} \end{vmatrix}>0,$$

where $L=W(\delta,R)-\lambda\Phi(\delta,R)$, and λ is the Lagrangian multiplier. It can be easily shown that this condition is satisfied by some additional restrictions related to a small α $(\alpha > \frac{1}{3})$ and a small m $(m < \delta^{\frac{1-\alpha}{\alpha}})$.

positive and changeable in the long-run. This is because the employment rate changes if the rate of capital accumulation, g^*, is not equal to the rate of labor supply growth, v, which is referred to the natural rate of growth in the Harrodian sense. If $g^*<v$, for example, the employment rate would fall and u^* would rise. Further, policies for raising the level of g^* should be conducted in order to prevent an increase in u^*. This may be achieved by certain supply-side procedures such as a decrease in $\underline{R}$ and a fall in c.

Differentiation of (12) and (25) leads

$$(27)\begin{bmatrix}\Phi_\delta & \Phi_R \\ \Psi_\delta & \Psi_R\end{bmatrix}\begin{bmatrix}d\delta \\ dR\end{bmatrix}=\begin{bmatrix}1 \\ 0\end{bmatrix}dg+\begin{bmatrix}\delta \\ \alpha\underline{R}\end{bmatrix}dc+\begin{bmatrix}0 \\ -\Psi_{\underline{R}}\end{bmatrix}d\underline{R},$$

in the conventional way where

$$\Phi_\delta = y\left(1-\frac{c}{y}-\delta^{\frac{1-\alpha}{\alpha}}\right)<0,$$

$$\Phi_R = -\frac{y\alpha\delta}{R}<0,$$

$$\Psi_\delta = -y\left\{(1-\alpha)\delta^{\frac{1-2\alpha}{\alpha}}\right\}\underline{R}<0$$

$$\Psi_R = \frac{-y\left(1-\delta^{\frac{1-\alpha}{\alpha}}-\dfrac{R}{\alpha\underline{R}}\right)^{\alpha^2\underline{R}}}{R}>0$$

and

$$\Psi_{\underline{R}} = y\left(1-\frac{c}{y}-\delta^{\frac{1-\alpha}{\alpha}}\right)\alpha - z<0.$$

Subscripts denote partial differentiation. Moreover, by using (27), the response of δ and R to changes in each parameter can be found by

$$(28)\begin{cases}\dfrac{d\delta}{dg}=\dfrac{\Psi_R}{J}<0,\\[2ex] \dfrac{d\delta}{dc}=\dfrac{-\alpha\underline{R}\,\Phi_R}{J}<0,\\[2ex] \dfrac{d\delta}{d\underline{R}}=\dfrac{\Psi_{\underline{R}}\Psi_R}{J}<0,\end{cases}$$

and

Figure 13-2 Ω-contract curve (α=0.5)

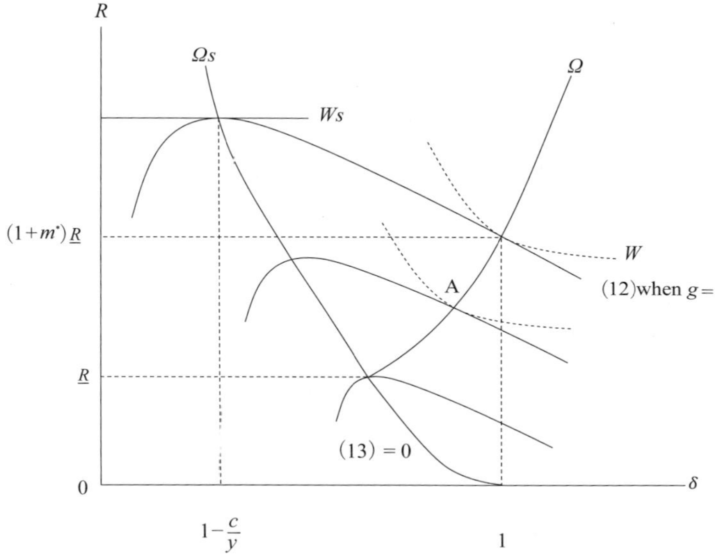

$$
(29)\begin{cases} \dfrac{dR}{dg} = -\dfrac{\Psi_\delta}{J} < 0, \\ \dfrac{dR}{dc} = \dfrac{\alpha R\Phi_\delta - \delta\Psi_\delta}{J} \gtrless 0, \\ \dfrac{dR}{d\underline{R}} = \dfrac{-\Phi_\delta\Phi_{\underline{R}}}{J} > 0, \end{cases}
$$

where $J \equiv (\Phi_\delta\Psi_R - \Psi_\delta\Phi_R) < 0$.

An increase in g lowers both the rate of capacity utilization in addition to the union's real wage rate, and seems to increase the effective demand so as to raise the rate of capacity utilization. However, this is not the case. A rise in g leads a fall in R as well as a rise in y, and causes an excess supply for goods. Hence, the rate of capacity utilization must decline to keep the balance in the market. Moreover, it is clear from (28) and (29) that an increase in alternative wages raises the union's wage rate but lowers the rate of capacity utilization. On the other hand, it is also notable that the effect of a change in g on the rate of capacity utilization depends on the type of trade union's welfare function. To consider this topic, assuming a different type of welfare function based on (20), which is simply obtained as

$$(30)\ W_s = R - \underline{R}.$$

This welfare function implies that the trade union simply considers the union–nonunion wage gap rather than employment-oriented bargaining.[3)] Taking into account this equation, it is apparent that $MRS_{R\delta}(\equiv \frac{dR}{d\delta})$ becomes zero. The best wage for the union is determined by the tangency of the welfare function (30) and the labor demand curve (12) as depicted in Figure 13–2. Let Ω_s be the set of equilibrium points in this case in comparison with Ω. The Ω_s-contract curve in Figure 13–2 is negatively sloped for $R > \underline{R}$. To verify the effects of changes in g on R and on δ, we obtain

$$\frac{dR}{dg} < 0,\ \frac{d\delta}{dg} > 0,\ \text{for } R > \underline{R}.$$

It should be noted that the effect of a rise in g on the rate of capacity utilization is opposite to the one given by (29) if the union's welfare is given by (30) instead of (20). The implication of the sign of $\frac{d\delta}{dg}$ in the context of dynamic system is taken up in the next section.

4. A Dynamic System

In the case where the output gap arises either from the excess demand for goods or from the deficiency of effective demand, hence, $\delta \gtreqless 1$, the gap gets smaller over time by two operating mechanisms: *the price mechanism* by which prices change with the degree of capacity utilization and *the investment mechanism* by which the stock of capital changes with the degree of capacity utilization. In this section, we assume that prices are fixed and that there is no Pigou effect, in order to examine the trade union's behavi-

3) In the seniority model, it is proved that there is a seniority rule among union members by which their jobs are ensured at least in the short-run and the union is bound to bargain over the wages. Therefore, this case may be classified as a trade union model from the aspect of a seniority rule (see Oswald (1984)).

or described by a welfare function defined in real terms. Based on this set, the effect of investment on the growth path of the economy is considered.

As for the investment mechanism, we assume that the rate of capital accumulation is a function of the rate of capacity utilization:

$$(31)\ \dot{g}=\beta(\delta-1),\ \beta>0,$$

where dot (·) denotes the change in variables over time. It should be noted that there is no incentive for firms to consider unemployment problem due to demand shortage, even if demand shortage causes unemployment. Equation (31) implies that firms are sure to enhance their production capacity to avoid capital shortage if firms employ more workers than those they plan to employ in order to attain the optimality ($\delta>1$). It is referred to as "Harrod-type" investment function (see Harrod (1973)). It is easy to show that the system for $\{\delta, R, g\}$ composed of (12), (25), and (31), can be summarised by the following reduced equation:

$$(32)\ \dot{g}=\beta(\delta(g)-1),\ \delta'<0.$$

Therefore, as far as the Ω-contract curve is concerned, the stability of the system can be ensured without any additive conditions $\frac{d\dot{g}}{dg}=\beta\delta'<0$. As we have already noted in the former section, this system is related to short-run stability because the equilibrium rate of capital accumulation must warrant the normal rate of capacity utilization so that the actual growth path becomes identical with the warranted growth path. It does not mean that the economy actually grows at the natural rate, that is, the growth rate of labor supply.

It should be remarked that the system developed here offers a remarkable contrast to the Instability Principle that the Harrodian models have proved. The stability results of the system, therefore, may be attributable not only to the type of investment function but also to the characteristic of the union's welfare function. Moreover, it is also notable that if there is a competitive labor market for the nonunion sector and the nonunion wages can be affected by the demand-supply conditions of the labor market, then long-run stability can be ensured concerning the relationship between the warranted growth path and the natural growth path. To account for these aspects, we should consider the following adjustment equation:

$$(33)\ \dot{\underline{R}}=\gamma(g-v),\ \gamma>0.$$

If $g>v$, for example, then the employment rate increases so that u^* in (19) decreases on the warranted growth path. Hence, the lowering unemployment rate leads nonunion wages to a higher level. Elimination of (12) and (25) and substitution into (31) and (33) give a reduced form of the dynamic system at the rate of capital accumulation and the nonunion wages:

$$(34)\ \begin{cases} \dot{g}=\beta(\delta(g,R)-1),\ \delta_g<0,\ \delta_{\underline{R}}<0, \\ \\ \dot{R}=\gamma(g-v). \end{cases}$$

As can be easily corroborated, the dynamic system presented by (34) is stable because we obtain the trace of $J_\Omega=\beta\delta_g<0$ as for the Jacobi matrix of the system (J_Ω) evaluated at the steady state. Therefore, the dynamic path in the Ω-contract curve possibly converge to the steady state in due course of time where the actual growth path is identical both with the warranted growth path and the natural growth path. Hence, the long-run steady state can be attained when $g^*=v$, $\delta^*=1$, and $R^*=(1+\frac{c\alpha}{z})\underline{R}^*$ are assured with no unemployment due to demand shortage.

The stability of the system is obviously conditional on the union's bargaining behavior, namely, the MRS_{RS} is evaluated at the contract curve. With respect to the Ω_s-contract curve, using equations (12), (13) and (31), the short-run dynamic system in the Harrodian sense is given by the following equations:

$$(35)\ \begin{cases} R=R(\delta),\ R'<0, \\ \varphi(\delta, R; r, \alpha, A, c, g, f)=0,\ \varphi_\delta<0,\ \varphi_R<0,\ \varphi_g=-1<0, \\ \dot{g}=\beta(\delta-1), \end{cases}$$

where the first equation of (35) is derived by setting the right-hand side of (13) is zero. (35) can be easily summarized by

$$(36)\ \dot{g}=\beta(\delta(g)-1),\ \delta'>0$$

for a comparison with (32). Thus, the short-run instability, or the Instability Principle, can be ensured in the case of Ω_s-contract curve.

As explained above, whether the system becomes stable depends on the characteristics of the contract curve given by (24). As Johnson and Layard (1986) have proved, the monopoly power of the trade union can be explained by the elasticity of labor demand with respect to the union wages and its reciprocal as measured by the left-hand side of (24). The monopoly power is also proved to be positively related to the union's markup (see, for example, Yabuta (1993)). Moreover, by considering (24), it is apparent that the slope of the labor demand schedule is equal to $MRS_{R\delta}$ on the contract curve. Hence, the smaller $MRS_{R\delta}$ is, the higher the union's markup and the bargaining power. As shown above, the Ω_s-contract curve is the case where the trade unions have the smallest $MRS_{R\delta}$, namely, zero. Therefore, if the bargaining power of the monopoly union is strong enough, meaning that the union's markup is sufficiently large, then the system with the Harrod-type investment function might be unstable. In contrast, the stability of the economy can be ensured in the case where the monopoly power of the trade union is weak enough, and the contract curve intersects the line $\delta=1$ at the point E in Figure 13-3. Furthermore, the balanced growth path is attained in the course of time if there is a mechanism by which the nonunion wages are continuously adjusted in order to clear the labor market. Thus, the stability condition depends on the union's bargaining power.

Trade union behavior seems to be of central importance because it determines the stability of the system. Therefore, it should be considered that how the trade union's behavior as well as its bargaining structure is determined in the economy; why they differ from nation to nation, and how they affect the dynamic growth path. One way to deal with these issues seems to lie within the theory of Corporatism, which argues the institutional structure of wage bargaining in the 1980s and 1990s. (see, for example, Calmfors and Driffill (1988), Moene *et al.* (1993) or Booth (1995) for a survey). One of the major results of the corporatist model is that the confederation of trade unions considers the trade-off between higher wages and lower employment so that it constrains wage demand by taking account of the impact of higher union wages on overall unemployment. It means that the centralized wage setting leads the lower union markup or the higher $MRS_{R\delta}$.[4] In this sense, it is possible to conclude that trade union behavior with centralized wage bargaining helps the capitalist economy to keep the balanced growth path stable.

5. The Empirical Model

In the previous sections, a dynamic analysis with the monopoly union model that

Figure 13-3 Stability of the system (α=0.5)

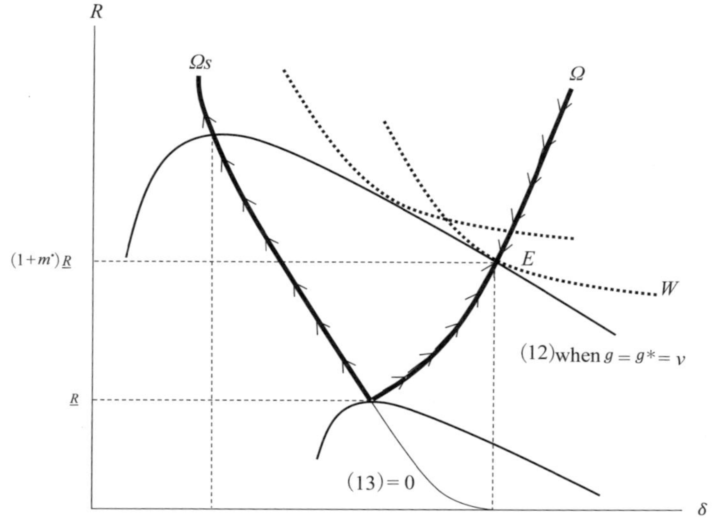

4) Because the level of wage markup is low in the system of centralized wage setting in Nordic countries, their economy becomes more stable.

incorporates the relationship between trade union behavior and macroeconomic performance was examined. However, it is hard for us to conduct empirical analysis utilizing the monopoly union model because of the difficulty in obtaining relevant data. Instead, the "right to manage" model, which also includes the framework of bargaining structure, can be used for our empirical study. It was initially developed mainly by Nickell (1982) and Nickell and Andrews (1983). In this section, the basic structure of the "right to manage" model is introduced based on Yabuta (1989).

The "right to manage" model assumes that employment is determined respectively by the firm but the wage is decided by a bargaining process between the trade union and the firm. The firm is assumed to choose an optimal employment level in order to maximize its profits once wages are determined through negotiations between the unions and the firm. The utility function of the union (U) is

$$(37)\ U=U\left(\frac{w}{P^e}, L, h\right),$$

where w is the hourly wage rate, P^e is the price of consumption goods presumed by workers, L is the level of employment, h is the number of working hours in a set period. We assume

$$U_{\frac{w}{P^e}}>0, U_L>0 \text{ and } U_h<0.$$

While the utility function of the representative firm (V) is given by

$$(38)\ V=f(L, h, X, \delta K)-\left(\frac{w}{P}\right)hL-\left(\frac{Px}{P}\right)X-rK$$

where f is a production function, X is resources, K is the capital stock, and it is in operation at δ% of its capacity as well as labor-related inputs (L and h), P_x is the price of raw materials, r is the rental cost of capital. For (38), we assumed $f_L>0$, $f_h>0$, $f_x>0$, $f_{\delta K}>0$, $f_{LL}<0$, $f_{hh}<0$, $f_{Lh}<0$, $f_{L\delta K}>0$, and $f_{LX}>0$, respectively. Hence, it is apparent that $V_w<0$, $V_{Lw}<0$, and $V_{LL}<0$.

If we represent the outcome of the bargaining process by an asymmetric Nash bar-

Table 13-1 Summary of comparative statics

	condition			
	None	Optimum	$\lambda \to 1$	$\lambda \to 0$
p	+			
h		0		
r	−			
δ			+	−
X		−	?	?
P_x	−			
K		−	?	?

gaining solution, this model is expressed as:

(39) Max. $\lambda logU + (1-\lambda) logV$

Subject to $V_L = f_L - (\frac{w}{P})h = 0$,

where λ $(1 \geq \lambda > 0)$ represents the bargaining power of the union. The bargaining system between the trade unions and the firm of (39) is the "right to manage" model. (39) is identical with the monopoly union model when $\lambda = 1$

The solution to (39) satisfies

(40) $\lambda\Lambda - (1-\lambda)\Phi = 0$ *and* $V_L = 0$

where $\Lambda = \epsilon(U; \frac{w}{P^e}) - \epsilon(U; L) \cdot \left[\frac{\epsilon\left(V_L; \frac{W}{P}\right)}{\epsilon(V_L; L)}\right]$ and $\Phi = -\frac{Vww}{V}$. ϵ represents elasticities. For example, $\epsilon\left(U; \frac{w}{P^e}\right)$ shows the elasticity of the union's utility with respect to expected real wage. From (40), we have the solution that must satisfy $\Lambda \geq 0$ for $1 \geq \Lambda > 0$ because $\Phi \geq 0$. Therefore, $\frac{\partial\Phi}{\partial\lambda} \geq 0$ and $\frac{\partial\Phi}{\partial\Lambda} \geq 0$.

The comparative statics of (40) with some assumptions imply that $\frac{dw}{d\delta}$ becomes positive if the union's preference prioritizes wages rather than employment with a given level of λ, and vice versa. The solution of the model can be written as:

(41) $w = w(p, h, r, \delta, X, P_x, K)$,

where the sign pattern of (41) is realized when the economy is in the optimal condition. w also depends on various factors such as bargaining power and production conditions which do not appear in (41). It can be said that of all the parameters shown in Table 13-1, only the rate of capacity utilization is straightforward. Hence, as mentioned above, the sign of $\frac{dw}{d\delta}$ would play the key role in our analysis.

6. Empirical Results

This section concerns our empirical study for the wage equation derived through the "right to manage" model explained in section 5 for manufacturing industries in Japan. Our analysis aims not only to assess the statistical properties of the model but also to investigate the stability of Japanese wage determination process. If there were a structural change in Japanese trade unions' behavior, we would be able to find the instability through the econometric test for a structural break.

Our estimation covers the sample period from January 2008 to June 2016. The dataset is composed of the following variables.[5)]

w : Real Wage Index, Total Cash Earnings, for Manufacturing Industry (for firms with 30 employees or more, 2015 average = 100)

P_x: Corporate Goods Price Index for Raw Materials (index by stage of demand and Use, CY2010 average=100)

P : Corporate Goods Price Index for Manufacturing Industry Products (major group, CY2015 average = 100)

h : Hours Worked Indices for Manufacturing Industry (total hours worked, 2015 average

---

5) The data on "Real Wage Index," and "Hours Worked Indices" can be retrieved from the website of the Ministry of Health, Labour, and Welfare. The "Indices of Operating Ratio," and "Index of Producer's Shipments" can be obtained from the website of the Ministry of Economy, Trade and Industry. The "Corporate Goods Price Index," "Corporate Goods Price Index for Raw Materials," and "Average Contracted Interest Rates on Loans and Discounts" are available from the website of the Bank of Japan. The data on "Gross Capital Stock of Private Enterprises" can be obtained from the Economic and Social Research Institute, Cabinet Office's website.

= 100)

r : Average Contracted Interest Rates on Loans and Discounts (outstanding loans and bills discounted, long-term loans, domestically licensed banks)

δ : Indices of Operating Ratio for Manufacturing Industry (indices of industrial production, original indices by industry, manufacturing, 2010 = 100)

X : Index of Producer's Shipments (indices of industrial production, original Indices by industry, manufacturing, 2010 = 100)

K : Gross Capital Stock of Private Enterprises for manufacturing industry (preliminary quarterly estimates released on Sep.30, 2016, 93SNA, excluding construction in progress, tangible fixed assets, at market prices in calendar year of 2005 Million Yen)

"r" is a proxy variable for rental cost of capital and "X" is the proxy for index of raw materials consumption. All items except "K" are monthly data series. The quarterly data on "K" are converted into monthly series by utilizing the quadratic interpolation method. It adjusts a local polynomial for the respective observation in the low frequency series, then executes this polynomial with respect to all observations in the high frequency series of the concerned period.[6)]

The specification for our estimation is constructed as

$$ln\ w = \alpha_0 + \alpha_1 lnRP + \alpha_2 lnH + \alpha_3 lnR + \alpha_4 lnD + \alpha_5 lnX + \alpha_6 lnK,$$

where "RP" is the relative price of corporate goods price index for raw materials in terms of manufacturing industry products, in short, $\frac{P_x}{P}$. Because of this variable, the sign pattern of (41) is revised as

6) The quadratic polynomial is constructed by sets of three adjacent points from the original series, fitting a quadratic function in order to match either the average or the sum of the high frequency points with the observed low frequency data. In our study, "average of the high frequency points" is utilized.

(42) $w = w(RP, h, r, \delta, X, K)$.
　　　　$-$　0　$-$　$?$　$-$　$-$

This specification is based on the implication that an increase in input costs, such as resource price or cost of capital, should result in a decrease in wage rate since it reduces profit, and an increase in output price should cause wages to increase because of the union's preference for raising real wages.

The results of the estimation of our wage equation for manufacturing industries using OLS are indicated in Table 13-2. The standard errors and covariances are computed based on the Newey-West Heteroscedasticity and Autocorrelation Consistent (HAC) weighting matrix. The coefficient on the hours worked index (for total hours worked) is significant at the 1% level. However, all other coefficients are insignificant, and thus cannot be used as a basis to form inferential conclusions.

Moving forward, we should pay attention to the possibility of a structural change vis-à-vis wage determination based on our estimation specification. In order to examine this, three kinds of test — the Quandt-Andrews Unknown Breakpoint Test, the CUSUM test, and the CUSUM of Squares Test — are implemented. Table 13-3 displays the results of the Quandt-Andrews unknown breakpoint test. The test statistic denies the possibility of a structural break. Further, Figure 13-4 and 13-5 illustrate the results of the CUSUM and CUSUM of Squares tests, respectively; they do not provide any indication that structural change has occurred.

In terms of other diagnostics, the Durbin-Watson test statistic in Table 13-1 falls in the ambiguous region of the Durbin-Watson table of critical values. Thus, we cannot draw a conclusion with respect to serial correlation. In this respect, it is instructive for us to explore another estimation method.

As the next step, we implement a GMM (Generalized Method of Moments) estimation by considering the correlation (between the explanatory variables and the error term) and the endogeneity of the variables. Our GMM estimation is conducted with the assumption

Table 13-2: OLS Estimation

Variable	Coefficient	Std. Error	t-Statistic	Prob.
C	−88.02579	67.80001	−1.298315	0.1973
$\log RP$	−0.003508	0.125621	−0.027926	0.9778
$\log h$	2.038764	0.508178	4.011907	0.0001
$\log r$	0.567867	0.472869	1.200897	0.2328
$\log \delta$	−0.681537	0.693554	−0.982674	0.3283
$\log X$	0.709809	0.672609	1.055308	0.2940
$\log K$	4.184558	3.430012	1.219983	0.2255
Adjusted R-squared	0.089424	F-statistic		2.653138
S.E. of regression	0.272051	Durbin-Watson stat.		1.659557

Notes: Dependent Variable: Change from the previous month of real wage index. Sample（adjusted）: 2008M01 - 2016M06. Included observations = 102（after adjustments）. Standard errors and covariance computed using HAC weighting matrix（Bartlett kernel, Newey-West fixed bandwidth = 5）.

Table 13-3: Quandt-Andrews Unknown Breakpoint Test

Statistic	Value	Prob.
Maximum LR F-statistic（2012M12）	1.192070	0.9419

Notes: Null Hypothesis: No breakpoints within 15% trimmed data. Equation Sample: 2008M01 2016M06. Test Sample: 2009M05 2015M03. Number of breaks compared: 71. Probabilities calculated using Hansen's（1997）method.

Figure 13-4: CUSUM Test

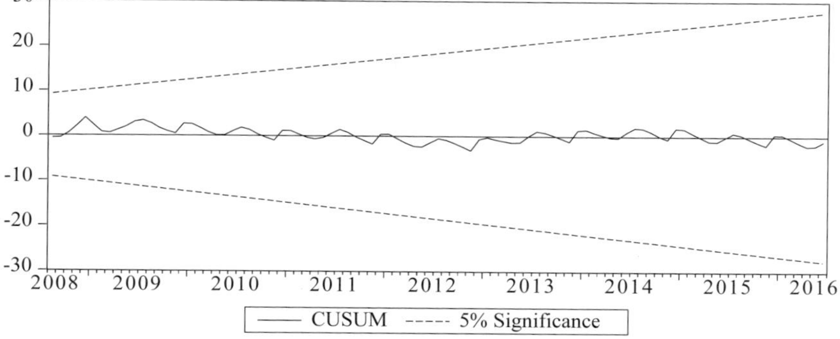

Figure 13-5: CUSUM of Squares Test

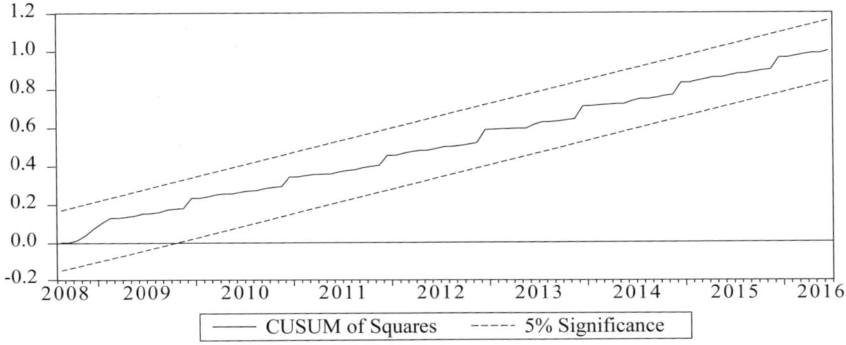

Table 13-4: GMM Estimation

Variable	Coefficient	Std. Error	t-Statistic	Prob.
C	−259.9863	75.53828	−3.441782	0.0009
log RP	0.613836	0.178243	3.443818	0.0009
log h	1.588880	0.285302	5.569119	0.0000
log r	2.145905	0.567609	3.780604	0.0003
log δ	1.029531	0.280463	3.670819	0.0004
log X	−0.257997	0.263018	−0.980910	0.3292
log K	12.76654	3.790077	3.368411	0.0011
S.E. of regression	0.318899		J-statistic	15.64827
Instrument rank	18		Prob (J-statistic)	0.154699

Notes: Dependent Variable: Change from the previous month of real wage index. Sample (adjusted) : 2008M03 - 2016M06. Included observations = 100 (after adjustments) . Estimation weighting matrix: HAC (Bartlett kernel, Newey-West fixed bandwidth = 5) . Standard errors and covariance computed using HAC weighting matrix (Bartlett kernel, Newey-West fixed bandwidth = 5) . Convergence achieved after 55 weight iterations. Instrument specification: Constant, log RP, log $RP(-1)$, log $RP(-2)$, log h, log $h(-1)$, log $h(-2)$, log $r(-1)$, log $r(-2)$, log δ, log $\delta(-1)$, log $\delta(-2)$, log X, log $X(-1)$, log $X(-2)$, log $K(-1)$, log K (-2).

Table 13-5: Orthogonality C-Test for Instrumental Variables

Test instruments	Difference in J-stats			Restricted	Unrestricted
	Value	d.f.	p-value	J-statistic	J-statistic
log RP	0.123355	1	0.7254	15.64827	15.52492
log $RP(-1)$	0.199293	1	0.6553	15.64827	15.44898
log $RP(-2)$	0.199097	1	0.6555	15.64827	15.44918
log h	0.364213	1	0.5462	15.64827	15.28406
log $h(-1)$	1.440697	1	0.2300	15.64827	14.20758
log $h(-2)$	0.611420	1	0.4343	15.64827	15.03685
log $r(-1)$	0.026469	1	0.8708	15.64827	15.62180
log $r(-2)$	0.020043	1	0.8874	15.64827	15.62823
log δ	0.009132	1	0.9239	15.64827	15.63914
log $\delta(-1)$	0.056042	1	0.8129	15.64827	15.59223
log $\delta(-2)$	0.001019	1	0.9745	15.64827	15.64725
log X	0.001392	1	0.9702	15.64827	15.64688
log $X(-1)$	0.697599	1	0.4036	15.64827	14.95067
log $X(-2)$	0.093196	1	0.7602	15.64827	15.55508
log K	0.051570	1	0.8204	15.64827	15.59670
log $K(-1)$	0.019396	1	0.8892	15.64827	15.62888
log $K(-2)$	0.011024	1	0.9164	15.64827	15.63725

Table 13-6: Endogeneity Test

Test instruments	Difference in J-stats			Restricted	Unrestricted
	Value	d.f.	p-value	J-statistic	J-statistic
log r	0.00000331	1	0.9985	15.64885	15.64885

Table 13-7: Weak Instrument Diagnostics

Cragg-Donald F-stat 1401.373		
Stock-Yogo critical values (relative bias)	5%	21.01
	10%	11.52
	20%	6.53
	30%	4.75
Stock-Yogo critical values (size)	10%	43.27
	15%	23.24
	20%	16.35
	25%	12.82

that the rental cost of capital is endogenous, and with the Newey-West HAC weighting matrix to accommodate the possibility of serial correlation. Further details regarding this estimation are provided in the note under Table 13-4. Since we should take a critical stance toward this type of estimation, Hansen's test for over-identification, the C-test for instrumental variable's orthogonality, endogeneity test for variables, test for weak identification and bias, and the test utilizing Cragg-Donald statistic and Stock-Yogo critical values are conducted.

Table 13-5 displays the results of the orthogonality C-tests for each instrumental variable (except constant term). Namely, the test detects whether each instrumental variable satisfies the orthogonality condition. The instrumental variables used in our GMM estimation are the constant term and the variables indicated in the test instruments column in Table 13-5. The results suggest that the null hypotheses of respective instrumental variable's orthogonality to the error term cannot be rejected at the conventional level for all cases. Moreover, the result of the endogeneity test for variables - rental cost of capital and gross fixed capital stock - is shown in Table 13-6. The null hypothesis of exogeneity cannot be rejected at the conventional level by the test statistic.

Further, to investigate the weak identification problem pointed out by some studies including Mavroeidis (2004), we use the Cragg and Donald (1993) statistic and Stock and Yogo (2005) critical values.[7] In Table 13-7, the Cragg-Donald F-statistic is larger than Stock-Yogo critical values for both relative bias and size; thus, the null hypothesis of weak identification is rejected. Therefore, the test result implies our instrumental variables are not weak.

Table 13-4 reports the GMM estimation results. Considering the diagnostic test, the null hypotheses of over-identification for GMM estimation cannot be rejected according to Hansen's test, supporting the validity of the moment conditions, as shown by the

7) See Cragg and Donald (1993), Stock, Wright, and Yogo (2002), and Stock and Yogo (2002) for details.

J-statistic and the p-value in the table. With regard to the estimated parameters, the coefficient on h is noticeably larger than 1, and the signs of the coefficients on RP, r, and K are positive. In spite of significance, they are not consistent with expectations according to equation (42). On the other hand, we have to consider the problem with regard to the coefficient on the index of operating ratio vis-à-vis the bargaining position of Japanese trade unions. It is significantly estimated with a positive sign. Therefore, it might be interpreted that λ in equation (39) is close to one and the bargaining structure of the monopoly union is on a strong bargaining position.

Overall, we have mixed and inconclusive estimation results. Firstly, we cannot identify a structural change in wage determination structure for manufacturing industries. Secondly, our wage equation estimations do not always testify to the applicability of the "right to manage" model in the context of the contemporary Japanese labor market, although we have an interesting result with respect to the index of operating ratio in our GMM estimation.

7. Concluding Remarks

This paper examined the dynamic bargaining process over wages between the monopoly union and the firm. We provided a rigorous definition of unemployment broken down into two categories: unemployment due to capital shortage and unemployment due to demand shortage. Moreover, we considered how the employment and wages (or the capacity utilization and wages) change as a result of wage bargaining. By introducing a specific type of investment function, we came to the following conclusions: the stability of the economy depends on the bargaining power of the monopoly union, and the balanced growth path is realized where the union's monopoly power is sufficiently weak even if the investment function is of the Harrod-Okishio type that is usually regarded as the major factor of instability. Furthermore, we also investigated the relation between the bargaining structure in the corporatist model and the stability condition, and concluded that a trade union's behavior lead the capitalist economy to the balanced growth path.

As for the empirical analysis concerning the effect of the wage bargaining process, we conducted some estimations utilizing the "right to manage" model. Firstly, we did not detect a structural change in wage determination structure for manufacturing industries. Secondly, our wage equation could not always testify to the applicability of the "right to manage" model in the context of the contemporary Japanese labor market although we had an interesting result with respect to the index of operating ratio.

Acknowledgments

The authors would like to thank Professor Yasuhide TANAKA (Okayama Shoka University) for useful comments during the 15th International Conference of the Japan Economic Policy Association held in October 2016.

References

Bean, C. R. Layard, P. R. G. and S. J. Nickel (1986), "The Rise in Unemployment: A Multi-Country Study," *Economica*, Vol. 53, pp.S1-S22.

Boeri, T. and J. V. Ours (2013), *The Economics of Imperfect Labor Market* 2nd ed., Princeton University Press.

Booth, Alison L. (2014) "Wage Determination and Imperfect Competition," *IZA Discussion Paper*, No.8034, Bonn: Institute for the Study of Labor.

Brunello, G. and S. Wadhwani (1989) "The Determinants of Wage Flexibility in Japan: Some Lessons from a Comparison with The UK Using Micro-data," *Centre for Labour Economics Discussion Paper*, No.362, London School of Economics.

Bruno, M. (1986), "Aggregate Supply and Demand Factors in OECD Unemployment: An Update," *Economica*, Vol.53, No.210, Supplement: Unemployment, pp.S35-S52.

Booth, A. L. (1995), *The Economics of the Trade Union*, Cambridge university Press.

Calmfors, L. and J. Driffill (1988), "Bargaining Structure, Corporatism and Macroeconomic Performance," *Economic Policy*, Vol.6, pp.13–62.

Carruth, A. A. and A. Oswald (1987), "On Union Preferences and Labour Market Models: Insider and Outsiders," *Economic Journal*, Vol.97, pp.431–445.

Cragg, John G. and S. G. Donald (1993), "Testing Identifiability and Specification in Instrumental Variables Models," *Economic Theory*, Vol.9, No.2, pp. 222–240.

Farber, H. S. (1986), "The Analysis of Union Behavior" in Ashenfelter, O. and R. Layard, ed., *Handbook of Labor Economics*, Vol.11, Elsevier Science Publisher BV, pp.1039–89.

Harrod, R. F.（1973）, *Economic Dynamics*, Macmillan Press.

Hansen, B. E.（1997）, "Approximate Asymptotic *P* Values for Structural-Change Tests," *Journal of Business and Economic Statistics*, Vol.15, No.1, pp.60–67.

Inoue, Y. Arima, M. Nakano, T. and H. Ibaraki（2006）, "Kigyo no Chingin Kettei Koudo no Henka to sono Haikei," *Keizaizaiseibunseki Discussion Paper,* Economic Research Bureau, Cabinet Office, Government of Japan, DP/06–1.（in Japanese）

Johnson, G. E. and R. Layard（1986）, "The Natural Rate of Unemployment: Explanation and Policy," in Ashenfelter, O. and R. Layard, ed. *Handbook of Labor Economics*, Vol.11, Elsevier Science Publisher BV, pp.921–999.

Klundert, T. V. and A. V. Schaik（1990）, "Unemployment Persistence and Loss of Productive Capacity: A Keynesian Approach," *Journal of Macroeconomics*, Vol.12, No.3, pp.363–380.

Layard R. Nickell, S. and Jackman, R.（1993）. *Unemployment-Macroeconomic Performance and the Labour Market*, Oxford, Oxford Univ. press.

Mavroeidis, S.（2004）, "Weak Identification of Forward-looking Models in Monetary Economics," *Oxford Bulletin of Economics and Statistics*, Vol.66, No.s1, pp.609–635.

McCallum, J.（1985）. "Wage-Gaps, Factor Shares and Real Wages," *Scandinavian Journal of Economics*, Vol.87, pp.436–459.

McDonald, I. M. and R. M. Solow（1981）, "Wage Bargaining and Employment," *American Economic Review*, Vol.71, pp.896–908.

Moene, K. O. M. Wallerstein, and M. Hoel（1993）, "Bargaining Structure and Economic Performance," in R. J. Flanagan, K. O. Moene and M. Wallerstein（ed.）, *Trade Union Behavior, Pay-Bargaining, and Economic performance*, Oxford, Clarendon Press, pp.65–135.

Nickell, S. J.（1982）, "A Bargaining Model of the Phillips Curve," *Centre for Labour Economics Discussion Paper,* no.130, London School of Economics.

Noda, T.（2010）, "Rodo Chosei to Koyo Cyosei,"in Higuchi, Yoshio（ed.）, *Rodosijyo to Shotokubunpai*, Keio University Press, pp.199–226.（in Japanese）

Okishio, N.（1992）, *Business Cycles-Dynamische Wirshafttheorie Bd.12*, Peter Lang.

Oswald, A. J.（1984）, "Efficient Contracts are on the Labour Demand Curve: Theory and Facts." *Princeton University Working Paper*, No.178.

Oswald, A. J.（1985）, "The Economic Theory of the Trade Unions: An Introductory Survey," *Scandinavian Journal of Economics*, Vol.87, pp.160–193.

Shah. A.（1985）, "A Macro Model with Trade Unions," *Journal of Macroeconomics*.Vol.7, pp.175–179.

Solow, R.（1985）. "Insiders and Outsiders in Wage Determination," *Scandinavian Journal of Economics*, Vol.1, No.1, pp.411–428.

Stock, J. H. and M. Yogo（2005）, "Testing for Weak Instruments in Linear IV Regression," in Andrews, Donald W. K., and James H. Stock（eds.）, *Identification and Inference for Econometric Models: Essays in Honor of Thomas Rothenberg*, Cambridge: Cambridge University Press, pp.80–108.

Stock, J. H. Wright, J. H. and M. Yogo（2002）, "A Survey of Weak Instruments and Weak Identification in Generalized Method of Moments," *Journal of Business and Economic Statistics*, Vol.20, No.4, pp.518–529.

Todate, M.（2009）, "Rodo Kumiai no Keizai Koka," *Nippon Rodo Kenkyu Zasshi*（issued by The Japan Institute for Labour Policy and Training）, No.591, pp.15–24.（in Japanese）

Yabuta M.（1989）, "Wage Formation and Trade Union Behaviour in Japan," *Discussion Paper, Faculty of Economics, Fukuoka University*, No.9.

Yabuta M.（1993）, "Economic Growth Models with Trade Unions: NAIRU and Union Behavior," *Journal of Macroeconomics,* Vol.15, No.2, pp.381–400.

Verbeek, M.（2012）, *A Guide to Modern Econometrics*, 4th ed., New York: Willey.

執筆者紹介（執筆順）

松本昭夫（まつもと あきお）　研究員（中央大学経済学部教授）
浅田統一郎（あさだ とういちろう）　研究員（中央大学経済学部教授）
大畑勇輔（おおはた ゆうすけ）　客員研究員
髙橋青天（たかはし はるたか）　客員研究員（明治学院大学経済学部教授）
室　和伸（むろ かずのぶ）　（明治学院大学経済学部教授）
村上弘毅（むらかみ ひろき）　研究員（中央大学経済学部助教）
田村威文（たむら たけふみ）　研究員（中央大学経済学部教授）
中山惠子（なかやま けいこ）　（中京大学経済部教授）
白井正敏（しらい まさとし）　（中京大学経済部教授）
平井秀明（ひらい しゅうめい）　客員研究員（西南学院大学経済学部准教授）
福住多一（ふくずみ まさかず）　客員研究員（筑波大学人文社会系准教授）
小川　健（おがわ たけし）　（専修大学経済学部准教授）
野中康生（のなか やすお）　客員研究員（関東学院大学経済学部准教授）
西垣泰幸（にしがき やすゆき）　（龍谷大学経済学部教授 ）
佐竹光彦（さたけ みつひこ）　（同志社大学経済学部教授）
牧　大樹（まき だいき）　（同志社大学商学部准教授）
中平千彦（なかひら かずひこ）　客員研究員（明海大学経済学部准教授）
藪田雅弘（やぶた まさひろ）　研究員（中央大学経済学部教授）

経済理論・応用・実証分析の新展開
中央大学経済研究所研究叢書　72

2017年11月10日　発行

編著者　松本昭夫
発行者　中央大学出版部
代表者　間島進吾

東京都八王子市東中野 742-1
発行所　中央大学出版部
電話 042(674)2351　FAX 042(674)2354

ISBN978-4-8057-2266-4　藤原印刷㈱

中央大学経済研究所研究叢書

6. 歴史研究と国際的契機　中央大学経済研究所編　A5判　1400円

7. 戦後の日本経済——高度成長とその評価——　中央大学経済研究所編　A5判　3000円

8. 中小企業の階層構造——日立製作所下請企業構造の実態分析——　中央大学経済研究所編　A5判　3200円

9. 農業の構造変化と労働市場　中央大学経済研究所編　A5判　3200円

10. 歴史研究と階級的契機　中央大学経済研究所編　A5判　2000円

11. 構造変動下の日本経済——産業構造の実態と政策——　中央大学経済研究所編　A5判　2400円

12. 兼業農家の労働と生活・社会保障——伊那地域の農業と電子機器工業実態分析——　中央大学経済研究所編　A5判　4500円〈品　切〉

13. アジアの経済成長と構造変動　中央大学経済研究所編　A5判　3000円

14. 日本経済と福祉の計量的分析　中央大学経済研究所編　A5判　2600円

15. 社会主義経済の現状分析　中央大学経済研究所編　A5判　3000円

16. 低成長・構造変動下の日本経済　中央大学経済研究所編　A5判　3000円

17. ME技術革新下の下請工業と農村変貌　中央大学経済研究所編　A5判　3500円

18. 日本資本主義の歴史と現状　中央大学経済研究所編　A5判　2800円

19. 歴史における文化と社会　中央大学経済研究所編　A5判　2000円

20. 地方中核都市の産業活性化——八戸　中央大学経済研究所編　A5判　3000円

中央大学経済研究所研究叢書

21.	自動車産業の国際化と生産システム	中央大学経済研究所編 Ａ５判　2500円
22.	ケインズ経済学の再検討	中央大学経済研究所編 Ａ５判　2600円
23.	AGING of THE JAPANESE ECONOMY	中央大学経済研究所編 菊判　2800円
24.	日本の国際経済政策	中央大学経済研究所編 Ａ５判　2500円
25.	体制転換──市場経済への道──	中央大学経済研究所編 Ａ５判　2500円
26.	「地域労働市場」の変容と農家生活保障 ──伊那農家10年の軌跡から──	中央大学経済研究所編 Ａ５判　3600円
27.	構造転換下のフランス自動車産業 ──管理方式の「ジャパナイゼーション」──	中央大学経済研究所編 Ａ５判　2900円
28.	環境の変化と会計情報 ──ミクロ会計とマクロ会計の連環──	中央大学経済研究所編 Ａ５判　2800円
29.	アジアの台頭と日本の役割	中央大学経済研究所編 Ａ５判　2700円
30.	社会保障と生活最低限 ──国際動向を踏まえて──	中央大学経済研究所編 Ａ５判　2900円 〈品　切〉
31.	市場経済移行政策と経済発展 ──現状と課題──	中央大学経済研究所編 Ａ５判　2800円 〈品　切〉
32.	戦後日本資本主義 ──展開過程と現況──	中央大学経済研究所編 Ａ５判　4500円
33.	現代財政危機と公信用	中央大学経済研究所編 Ａ５判　3500円
34.	現代資本主義と労働価値論	中央大学経済研究所編 Ａ５判　2600円
35.	APEC 地域主義と世界経済	今川・坂本・長谷川編著 Ａ５判　3100円

中央大学経済研究所研究叢書

53.	現代経営戦略の展開	A５判	林・高橋編著 3700円
54.	ＡＰＥＣの市場統合	A５判	長谷川聰哲編著 2600円
55.	人口減少下の制度改革と地域政策	A５判	塩見・山﨑編著 4200円
56.	世界経済の新潮流 ――グローバリゼーション，地域経済統合，経済格差に注目して――	A５判	田中・林編著 4300円
57.	グローバリゼーションと日本資本主義	A５判	鳥居・佐藤編著 3800円
58.	高齢社会の労働市場分析	A５判	松浦　司編著 3500円
59.	現代リスク社会と3・11複合災害の経済分析	A５判	塩見・谷口編著 3900円
60.	金融危機後の世界経済の課題	A５判	中條・小森谷編著 4000円
61.	会計と社会 ――ミクロ会計・メソ会計・マクロ会計の視点から――	A５判	小口好昭編著 5200円
62.	変化の中の国民生活と社会政策の課題	A５判	鷲谷　徹編著 4000円
63.	日本経済の再成と新たな国際関係 (中央大学経済研究所創立50周年記念)	A５判	中央大学経済研究所編 5300円
64.	格差対応財政の新展開	A５判	片桐・御船・横山編著 5000円
65.	経済成長と経済政策	A５判	中央大学経済研究所経済政策研究部会編 3900円
66.	フランス―経済・社会・文化の実相	A５判	宮本　悟編著 3600円
67.	現代経営戦略の軌跡 ――グローバル化の進展と戦略的対応――	A５判	高橋・加治・丹沢編著 4300円
68.	経済学の分岐と総合	A５判	益永　淳編著 4400円

中央大学経済研究所研究叢書

69.	アジア太平洋地域のメガ市場統合	A5判	長谷川聰哲編著	2600円
70.	世界から見た中国経済の転換	A5判	中條・唐編著	2900円
71.	中国政治経済の構造的転換	A5判	谷口洋志編著	3800円

＊価格は本体価格です．別途消費税が必要です．